GEROLD VORLÄNDER

Als die Mönche die Heimat verliessen

Historische Geschichten mit Impulsen für heute

SCM
R.Brockhaus

SCM
Stiftung Christliche Medien

SCM R.Brockhaus ist ein Imprint der SCM Verlagsgruppe,
die zur Stiftung Christliche Medien gehört, einer gemeinnützigen Stiftung,
die sich für die Förderung und Verbreitung christlicher Bücher, Zeitschriften,
Filme und Musik einsetzt.

© 2023 SCM R.Brockhaus in der SCM Verlagsgruppe GmbH
Max-Eyth-Straße 41 · 71088 Holzgerlingen
Internet: www.scm-brockhaus.de; E-Mail: info@scm-brockhaus.de

Die Bibelverse wurden folgender Ausgabe entnommen:
Lutherbibel, revidiert 2017, © 2016 Deutsche Bibelgesellschaft, Stuttgart

Lektorat: Christiane Kathmann, www.lektorat-kathmann.de
Umschlaggestaltung: Jan Henkel, www.janhenkel.com
Titelbild: Komposition: Mönche und Landschaft; shutterstock
Autorenfoto: © Jan-Erik Nord
Illustrationen: Jan Henkel (Karte), shutterstock
Satz: typoscript GmbH, Walddorfhäslach
Druck und Bindung: GGP Media GmbH, Pößneck
Gedruckt in Deutschland
ISBN 978-3-417-00060-3
Bestell-Nr. 227.000.060

INHALT

Vorwort von Steffen Kern 5
Einleitung: Historische Geschichten
mit Impulsen für heute 7
Personen, Orte und Aussprachehinweise 8
    Personen 8
    Ortsnamen 10
Vorgeschichte 11
    Hintergründe und Denkanstöße 19
1. Kapitel 23
    Pilgerschaft, Teamgedanke und Segen 36
2. Kapitel 40
    Demut und Augenhöhe 49
3. Kapitel 52
    Gemeinsamkeiten und Unterschiede 66
4. Kapitel 69
    Traumdeutungen 78
5. Kapitel 80
    Geschichten, Zivilcourage und Versöhnung 94
6. Kapitel 98
    Die weltweite Gemeinde 108
7. Kapitel 111
    Leid und Bewahrung 121
8. Kapitel 123
    Geistlicher Missbrauch 136
9. Kapitel 138
    Sprache, Zweifel, Seelenfreunde 151

10. Kapitel	154
Kultur, Nähe und Distanz	168
11. Kapitel	171
Mechanismen der Angst und Gebets-Support	184
12. Kapitel	187
Dienen und Empfangen	198
13. Kapitel	201
Abschiedswinken	215
14. Kapitel	216
Vertrauens-Dünger	228
15. Kapitel	230
Ansehen und der Umgang mit (geistlichen) Störungen	244
16. Kapitel	246
Der gute Hirte und ein hilfreicher Abschied von Illusionen	259
17. Kapitel	262
Geschlechterrollen	276
18. Kapitel	278
Lebenswenden	292
19. Kapitel	295
Milieuverengung überwinden	307
Grundthemen keltischer Spiritualität	309
Ein offenes Weltbild	310
Die Rolle von Frauen und die Hierarchie	311
Pilgerschaft	313
Nachwort	316
Danksagung	317
Ausgewählte Literatur	318
Anmerkungen	319

VORWORT

Liebe Leserin, lieber Leser,

Sie halten ein wunderbares Buch in der Hand. Es ist ein einzigartiges Buch, das zwei Wunder zugleich vollbringt. Beide für sich genommen sind schon selten, dass sie aber gemeinsam geschehen, ist faszinierend. Der Autor Gerold Vorländer entführt Sie wie durch einen historischen Roman in die Vergangenheit, in die Welt der Kelten, der Mönche und Nonnen, der Könige und Druiden, der alten Kämpfer und der weisen Frauen. Zugleich eröffnet er neue Zukunftshorizonte, thematisiert Abschiede und Neuanfänge, redet über Angst, Illusionen und begründete Hoffnungen. Diese Kombination ist – wie gesagt – einzigartig. Sie ist gewagt. Und sie ist geglückt.

Selten habe ich so etwas Inspirierendes gelesen für Kirche, Gemeinde und alle, die ihre Hoffnung noch nicht begraben haben und bereit sind, neue Aufbrüche zu wagen. Dieses Buch macht eine Tradition lebendig, die Innovation schon in sich trägt. Es schöpft aus den Quellen der Geschichte und findet frische Impulse für heute und morgen.

Ich selbst habe nach dem Lesen motivierende Klänge von Fiddle und Whistle im Ohr und lege Ihnen dieses Buch ans Herz. Viel Freude beim Erkunden neuer Welten!

Ihr
Steffen Kern,
Präses des Evangelischen Gnadauer Gemeinschaftsverbandes

EINLEITUNG:
Historische Geschichten mit Impulsen für heute

Liebe Leserin, lieber Leser,

dieses Buch ist ein Zeitreise-Experiment, zu dem ich dich einladen möchte.

Es gibt viele theologische oder geistliche Abhandlungen, die Erkenntnisse vermitteln, Zusammenhänge erklären, Denkanstöße und Lebensimpulse geben. Ebenso verbreitet sind historische Romane – ich liebe sie! Da wird man beim Lesen mitgenommen in eine andere Zeit, fremde Lebensverhältnisse und Kulturen, begegnet Helden und Schurken und Protagonisten mit Licht und Schatten. Mit manchen Figuren kann man sich identifizieren, andere stoßen einen ab. Man hofft und bangt mit – und lernt nebenbei einiges über die vergangene Welt.

In diesem Buch verbinde ich beide Formen miteinander. Ich glaube, dass dies besondere Lernmöglichkeiten bietet – nicht nur über vergangene Zeiten, sondern auch für unsere heutige. Dazu reisen wir in jedem Kapitel ins längst versunkene Jahrhundert der frühen keltischen Christen, nehmen an ihrem Leben teil – und kehren dann zurück in die Gegenwart, um uns bewusst zu machen, wie uns die Erfahrungen der damaligen Mönche heute inspirieren und helfen können, die christliche Botschaft in einer nachchristlichen Gesellschaft zu leben.

Ihr
Gerold Vorländer

PERSONEN, ORTE UND AUSSPRACHEHINWEISE

Gälische Namen auszusprechen ist eine Wissenschaft für sich. Ich möchte hier aber Hinweise geben, die eine grobe Annäherung möglich machen:[1]

Vokale mit Akzent sind lang und betont wie in Sohn [sǫn].

Ein h nach einem Konsonanten schwächt ihn ab (Ausnahme: die Verbindungen ch, gh, sh, mh), z. B. wird th gar nicht oder wie h gesprochen.

a	offenes ŏ wie im Oberbayrischen
ae	ä
ai	langes ī
o, u	fast wie a, ein wenig abgedunkelt
r	vorne gerollt
c	k
ch	hartes ch wie ach
gh	ʁ, gutturales r, fast »ch«
mh	w
sh	sch

Personen

In Irland und auf Iouan

Brendan* [Brendŏn]	Abt von Birr
Columcille* [Kalumkilje]	Priester, Abt und Klostergründer
Cruithne* [Kruīne]	Priester, Hauslehrer von Columcille
Finian* [Finjŏn]	Abt von Clonard, Lehrer Columcilles
Gemman* [Gemmŏn]	Druide, Dichter, Lehrer Columcilles
Mo Laisse von Devenish* [Mo Lißße]	Einsiedler, Berater von Columcille
Padraig [Pŏrīg]	(Bei-)Koch

Die Mönche am Loch Carron

Aodhán [Aydŏn]	Koch
Braínach [Brŏĭnŏch]	junger Schreiber
Cailton* [Kilton]	Priester
Cadog [Kŏdag]	Steinmetz
Cormac [Karmŏk]	junger Schreiber, Segelkünstler
Oswald [Aswŏld]	Zimmermann
Ternan [Ternŏn]	Schmied

Die Dorfbewohner

Garnaíd [Gŏrnŏĭd]	Häuptling
Braan [Brŏ'ŏn]	Häuptlingssohn
Gwid [Guidd]	Häuptlingstochter
Wulfric [Walfrik]	Druide
Morrigan [Marrigŏn]	alte weise Frau
Fearchara [Fjŏrchŏrŏ]	Tochter von Morrigan
Ailean [Ihljŏn]	Enkelin von Morrigan
Haerviu [Ärvju]	Aileans Mann, Fischer
Muadnat [Muŏdnŏt]	freier Bauer, Brents Herr
Brent [Brent]	Landarbeiter
Scod [Scadd]	Brents Frau
Bressal [Bressŏl]	freier Bauer, Moéns Herr
Moén [Ma̱en]	Landarbeiter
Clídna [Klĭdnŏ]	Moéns Frau
Feoras [Fiarŏs]	Bauer
Nuallan [Nuŏllŏn]	Kumpan von Feoras
Brothaigh [Brahieʁ]	Kumpan von Feoras

Die späteren Mönche und Nonnen

Amhuinn [Ŏwuĭn]	Ehemann von Moire
Bedran [Bedrŏn]	Bootsführer
Ceallach [Keŏlljŏch]	Schreiber
Cian [Kiŏn]	Bootsführer
Domnall [Dawnŏll]	Fischer
Lúach [Lūŏch]	Ehefrau von Máranáin
Máranáin [Mŏrŏnnŏin]	Ehemann von Lúach
Moire [Maīre]	gälische Form von Maria, Ehefrau von Amhuin

Könige

Brude Mac Maelchon* [Brade Mŏk Mäilchan]	König des Piktenreichs Fortríu
Conall mac Comgall* [Canŏll mŏc Camgŏll]	König von Dál Riata
Diarmait mac Cerbaill* [Diŏrmīt mac Kerbīl]	Hochkönig der Fünf Königreiche
Niall Nóigiallach* [Niŏll Naigjŏllŏch]	früherer Hochkönig Irlands

Ortsnamen

An t-Eilean Sgitheanch [Anteljŏn Sgijŏnᵉch]	Insel
Cul Dreinme [Kal Dreinᵉme]	Schlachtfeld im Norden Irlands
Dál Riata [Dŏl Riŏtŏ]	Königreich der gälischen Skoten
Doire [Dorje]	das heutige Londonderry
Dun I [Dann-i]	einziger Berg auf der Insel Iona
Fortriu [Far trju]	Landschaft und Königreich der Pikten im Nordosten Schottlands
Iouan [Iuŏn]	Iona, heilige Insel Columcilles
Laighean [Lījian]	Königreich im Südosten Irlands
Loch Carron [Lach Kŏrran]	Fjord an der Westküste Schottlands
Loch Oich [Lach Aich]	See im Kaledonischen Graben

*Historische Personen

VORGESCHICHTE

in der eine konfliktreiche Vergangenheit zurückgelassen und Neuland erreicht wird

»Der Wind dreht und frischt immer mehr auf. Wir müssen das Segel reffen. Sonst schaffen wir es nicht. Seht ihr die Felsen dahinten? Direkt vor der Insel?! Dreht bei!«

Columcille, der im Bug auf einer großen Kiste saß, drehte sich um und nickte zustimmend. Er beobachtete, wie der Steuermann, der das Kommando gegeben hatte, auf dem schwankenden Boot behände zwischen den Ruderern nach vorne kletterte. Vier von ihnen halfen ihm, das Segel an der Rah festzuzurren, die anderen sechs hielten mit ihren Rudern das Boot im Gleichgewicht.

»Puh, das war höchste Zeit«, schnaufte der Steuermann, als er wieder im Heck auf den schweren Truhen saß und die Ruderpinne ergriff. Eigentlich war das Curragh, mit dem die dreizehn Männer die offene See überquerten, nicht mehr als eine Nussschale: ein mit Leder bespanntes Holzrahmenboot mit einem einfachen Segel und zehn Rudern. Curraghs waren perfekt für Binnengewässer und Küsten, aber nicht für eine Fahrt quer übers offene Meer. Sie hatten es trotzdem gewagt, aber die letzten fünfzehn Meilen hatten es in sich.

Columcille blickte wieder konzentriert nach vorne. Er war kein Seefahrer, sondern Mönch und Priester, auch wenn er schon oft in den Gewässern rund um Irland unterwegs gewesen war. Daher musste er sich voll und ganz auf die Fähigkeiten seiner zwölf Gefährten verlassen. Sie waren zwar ebenfalls Mönche, wie man an ihren braunen Kutten und ihrer keltischen Tonsur sofort erkennen konnte, aber als Laienbrüder hatten sie die unterschiedlichsten Berufe und waren alle erfahrene Seemänner. Genau deshalb hatte er sie ausgesucht.

Vor zwei Wochen waren sie von Doire, dem Nordhafen Irlands, aufgebrochen. Bei ruhigem Wetter hatten sie mit ihrem Lederboot die fünfzehn Meilen zur schottischen Halbinsel Kintyre mühelos zurückgelegt und waren dann ein Stück die Westküste hoch an Land gegangen. Hier hatte Columcille seine Gefährten an dem kleinen Hafen von Clachan zurückgelassen und König Conall mac Comgall von Dál Riata aufgesucht, einen entfernten Verwandten. Er hatte gehofft, von diesem ein geeignetes Stück Land, am besten eine Halbinsel oder Insel, zur Verfügung gestellt zu bekommen. Es war ein Wagnis, so wie die ganze Unternehmung. Wie erleichtert war er, als ihn Conall ausgesprochen freundlich empfing. Offenbar hatte der schon gehört, was passiert war, und wollte Columcille gern zu einem Neuanfang verhelfen.

Drei Tage später war Columcille ausgesprochen zufrieden zu seinen Gefährten zurückgekehrt, die bereits ungeduldig auf ihn warteten, und hatte ihnen die freudige Nachricht zugerufen, noch bevor sie nach seinem Erfolg fragen konnten: »König Conall mac Comgall von Dál Riata hat mir Land geschenkt! Iouan ist zwar nur ein winziges Eiland an der Westküste von Mull, aber dort werden wir als Pilger Christi Ruhe finden.«

Nun lag die besagte Insel vor ihnen, etwa eineinhalb Meilen entfernt, umringt von Klippen.

Von Kintyre waren sie in mehreren Etappen nach Westen gesegelt und gerudert, durch die Meerenge zwischen den Inseln Islay und Jura mit ihren 2300 Fuß[2] aufragenden kahlen Felsgipfeln und anschließend hinüber zu den Zwillingsinseln Oronsay und Colonsay, die bei Ebbe miteinander verbunden waren. Von der Kiloran-Bucht im Norden hatten sie am Horizont bereits die Berge von Mull gesehen. Links davon lag eine kleine Erhebung – das musste ihre Insel sein.

Was für ein erhebendes Gefühl! »Unsere Insel!« Columcilles Vorfreude war beim Anblick der Insel sprunghaft angestiegen. Da würde er als Abt mit seinen Gefährten neu anfangen und ein ganz besonderes Kloster gründen.

Aber diesmal spannten die seeerfahrenen Gefährten seine Geduld auf die Folter, denn sie wollten möglichst gute Bedingungen für das letzte Stück ihrer Reise haben. Und so hatten sie noch ein paar Tage gewartet, bis der raue Wind auf Süden drehte und abflaute und die See sich beruhigte. Früh am Morgen waren sie heute endlich aufgebrochen. Jetzt war es später Nachmittag und sie hatten ihr Ziel fast erreicht.

Der Wind hatte wieder gedreht, war immer stärker geworden und drückte seitlich gegen das Boot, sodass es sich schräg legte. Weiße Gischt tanzte auf den Wellen ringsum, bis sie vom Wind fortgerissen wurde.

»Los, legt euch in die Riemen, es ist nicht mehr weit!«, rief der schmächtige Steuermann von hinten.

Columcille saß aufrecht auf seiner Truhe und spähte nach vorne. Immer wieder schlug ihm die Gischt ins Gesicht, aber er verzog keine Miene. Auch wenn er kein Seemann war, in solch einer Situation wollte er bewusst Stärke und Unbeirrbarkeit zeigen, das war er seinen Leuten schuldig. Er kniff die Augen zusammen, damit ihm das Salzwasser den Blick nicht trübte. Jetzt konnte er erkennen, wonach er Ausschau hielt, und zeigte mit ausgestrecktem Arm nach vorne.

»Wir müssen östlich an den Felsen vorbei«, rief er seinen Gefährten zu. »Conall hat es mir genau beschrieben. Hinter dem sechsten drehen wir nach Westen gerade gegen den Wind. Nach etwa tausend Fuß finden wir links von einer schroffen Felsnadel eine geschützte Bucht. Keine Angst. Gleich haben wir es geschafft.«

Das Manöver mit dem wild schaukelnden Curragh gelang. Eine Bucht mit unzähligen leuchtend weißen und bunten Kieselsteinen lag vor ihnen. Wenig später knirschte der Kiel auf dem Sand im flachen Küstenwasser. Columcille atmete erleichtert auf. Dann sprangen er und seine Gefährten ins Wasser und zogen das Boot an Land.

»Weiter«, rief der Steuermann. »Wir haben erst auflaufende Flut und bekommen heute Abend noch Sturm und Regen.«

Ächzend brachten die dreizehn Männer ihr Curragh am Ufer in Sicherheit.

»Gott sei Dank«, seufzte einer erleichtert. »Und jetzt?«

»Jetzt beten wir und bringen unserem dreieinigen Gott den Dank, der ihm gebührt«, antwortete Columcille und schaute von einem zum anderen. Stolz erfüllte sein Herz, leuchtend wie eine Sonnenblume. Sie hatten es geschafft! Genau wie erhofft am Vorabend des heiligen Pfingstfestes.

»… und dann schlagen wir unser Nachtlager auf«, fuhr er fort.

»Werden wir hier siedeln?«, fragte einer.

»Nein, hier nicht. Quer über die Insel verläuft eine Niederung mit fruchtbarem Ackerland. Dort leben Bauern von einem kleinen keltischen Stamm. Mit ihnen wollen wir zusammenleben und ihnen das Evangelium bezeugen. Im Nordosten gibt es noch mehr fruchtbares Land, die Felsenkuppe von Dun I schützt es vor dem Westwind. Dreihundert Fuß ist sie hoch und man kann von dort außer Mull noch viele andere schottische Inseln sehen. Da werden wir unser Kloster gründen. Nach Schottland wollen wir blicken, nicht mehr nach Irland. Das ist Vergangenheit.«

Bald nach Sonnenuntergang schliefen die zwölf Laienbrüder, erschöpft von dem harten Rudertag, tief und fest unter dem als Dach aufgespannten Segel. Columcille dagegen lag noch lange wach. Der Wind rüttelte an dem Tuch, aber er nahm es kaum wahr. Mit seinen Gedanken war er in der Vergangenheit und ließ Stück für Stück sein bisheriges Leben vor seinem inneren Auge vorbeiziehen.

Als Prinz des stolzen irischen Fürstenhauses der Cenél Conaill war er geboren worden. Seine Eltern hatten ihn Crimthann genannt – Fuchs. Welch passender Name!

Weise Lehrer hatten ihn von klein auf begleitet. Priester Cruithne hatte ihm mit Brotstücken, die er in Buchstabenform ausgeschnitten hatte, Lesen und Schreiben beigebracht. Columcille schmunzelte bei der Erinnerung an diese besonderen Lehrmethoden.

Bilder der beiden Klosterschulen in Moville und Clonard tauchten aus seiner Erinnerung auf, ehrwürdige Gebäude aus Feldsteinen. Es war eine glückliche Zeit gewesen. Besonders von Abt Finian von Clonard hatte er viel gelernt. Überhaupt war ihm das Lernen nie schwergefallen. Die anderen Schüler waren manchmal neidisch gewesen, weil er immer die besonders interessanten Aufgaben erhalten hatte.

Schon mit Anfang zwanzig war Crimthann zum Priester geweiht worden und in den nächsten Jahren hatte er zwei berühmte Klöster gegründet, eins in Doire, von wo aus er nun mit den Gefährten gestartet war, und eins in Durrow am malerischen Fluss Erkina. Und er hatte bei dem Druiden Gemman die Dichtkunst der Barden gelernt. Zwanzig Jahre war das her. Nun war er 43 und buchstäblich aufgebrochen zu neuen Ufern.

Eine Windböe rüttelte an dem provisorischen Zeltdach und Regen setzte ein. Heftig prasselte er auf das dicke Tuch, aber die Gefährten schliefen ruhig weiter.

Der Mönch seufzte tief. Das zurückliegende Jahr war eine einzige Katastrophe gewesen! Lange hatte es gedauert, bis er eingesehen hatte, dass er selbst einen gehörigen Anteil daran gehabt hatte. Er hatte sich etwas auf seine Position, sein Ansehen, seine Intelligenz und seine Schlagfertigkeit eingebildet.

Angefangen hatte es damit, dass er auf ein kostbares Manuskript gestoßen war: die Psalmen, von Hieronymus auf Latein übersetzt. Heimlich hatte er begonnen, es nachts bei Kerzenlicht zu kopieren, obwohl Abt Finian ihm das ausdrücklich verboten hatte. Kurz vor dem Ende hatte er ihn jedoch erwischt. Auf Befehl des Hochkönigs Diarmait mac Cerbaill musste Crimthann das Manuskript Abt Finian übergeben.

Columcille schüttelte den Kopf über sich selbst und dachte: »Mit ein bisschen Demut wäre die Geschichte bestimmt anders ausgegangen.«

Doch es kam noch schlimmer. Er gewährte einem Prinzen aus Connaught Kirchenasyl, nachdem dieser den Sohn eines königlichen Verwalters beim Hurling-Spiel versehentlich mit seinem Schläger tödlich verletzt hatte. Der Hochkönig ließ den Prinzen entführen und umbringen, ein Rechtsbruch und eine Demütigung für Crimthann!

Er verfluchte den Hochkönig öffentlich, trommelte die Kämpfer der O'Neill zusammen und zog in die Schlacht. Sie gewannen in einem fürchterlichen Gemetzel: Dreitausend Männer hatte der Hochkönig zu beklagen! Was für ein grauenvoller Sieg.

Es dauerte nicht lange, bis aus allen Landesteilen Vorwürfe gegen Priester Crimthann erhoben wurden. Hinrichten müsse man ihn oder wenigstens exkommunizieren.

Wie sollte er sich bloß vor der Rache und – schlimmer noch – vor den Selbstvorwürfen schützen? Wie konnte Crimthann weiterleben, ein Prinz, Mönch und Priester, der Tausende Menschenleben auf dem Gewissen hatte? In seiner Verzweiflung wandte er sich an den alten Einsiedler Mo Laisse von Devenish, der ihm einen weisen Rat erteilte: »Verlass deine Heimat, pilgere in ein anderes Land und gewinne so viele Seelen für Christus, wie du bei der Schlacht von Cul Dreinme auf dein Gewissen geladen hast.«

Das wollte Crimthann tun. In Abt Brendan von Birr fand er einen Fürsprecher und die Synode von Taitiu beschloss: Wenn er ins Exil ginge, würden sie keine weiteren Schritte gegen ihn einleiten. Er fand zwölf Gefährten, die mit ihm die Pilgerreise in ein neues Land antreten wollten. Und er suchte sich demütig einen neuen Namen für sein neues Leben: Nicht mehr Crimthann, der Fuchs, sondern Columcille, die Taube, wollte er heißen.

Inzwischen hatte der Regen aufgehört und der Wind wurde schwächer. »Das Wetter ändert sich hier noch schneller als in Irland«, dachte Columcille.

Jetzt waren sie auf diesem kleinen, stürmischen Eiland. Iouan. Hier würden sie ihr Kloster aufbauen, einen Ort der Gelehrsamkeit, des Gebets und des fleißigen Arbeitens. Und von hier würden sie irgendwann wieder aufbrechen und die Pilgerreise fortsetzen – dann aber hoffentlich nicht aus dem Fluch heraus, sondern aus dem Segen.

Der nächste Morgen begrüßte sie mit hellem Sonnenschein und spiegelglatter See. Columcille war als Erster auf den Beinen, trotz der halb durchwachten Nacht. Nach und nach kamen auch die anderen zu sich, rieben sich die Augen, reckten und streckten sich. Die letzten drei weckte Columcille mit einem Klaps auf die Schulter und einem freundlichen Wort. Anschließend lud er seine Gefährten ein, sich mit dem Blick nach Osten hinzuknien. Laut sprach er ein Morgengebet, während das Glück wie Schmetterlinge in seinem Bauch flatterte:

»Wir preisen dich aus vollem Herzen, du unser Herr, du Schöpfer von Himmel, Meer und Land, du Erlöser, der neue Anfänge schenkt, und du Geisteskraft, die jeden Atemzug durchdringt…«

Als er zum Schluss kam, antworteten alle mit lautem Amen, bekreuzigten sich, beugten ihre Stirn auf den Boden und erhoben sich. Der Tag konnte beginnen. Pfingsten auf ihrer Insel!

Nach dem kargen Frühstück wurde das provisorische Nachtlager abgebaut. Dann schoben die Mönche mit vereinten Kräften ihr Boot zurück ins Wasser und ruderten an der Ostseite der Insel nach Norden, vorbei an steilen Felsklippen und an einer fruchtbaren Niederung, wo einige Bauernkaten und bunte Felder zu sehen waren. An einem kleinen Sandstrand zwischen Felsen gingen sie ein zweites Mal an Land.

»Wartet hier«, befahl Columcille seinen Gefährten, »ich will betend das Land unter den Hügeln erkunden. Ich will spüren, wo die Anderswelt besonders nah und der Schleier dünn ist.« Die Gefährten konnten nur erahnen, was er damit meinte, das sah er an ihrem Blick. Aber sie vertrauten ihm. Er würde den richtigen Platz für ihr Kloster finden.

So wanderte er los, mit langen bedächtigen Schritten. Eine erhabene Gestalt. Seine schlichte braune Kutte mit der Kapuze trug er wie einen Königsmantel. Die Sonne spiegelte sich auf seiner Stirn und dem Vorderschädel, wo nach Art der irischen Mönche die Haare von einem Ohr zum anderen abrasiert waren. Seine Gefährten sahen ihm tief bewegt hinterher. »Fast wie ein Heiligenschein«, murmelte Cailton, der Einzige von ihnen, der auch eine geistliche Laufbahn eingeschlagen hatte.

Columcille aber war mit seinen Sinnen nicht bei sich selbst, sondern streckte sich aus nach dem Dreieinigen und zugleich nach dem Land unter seinen Füßen. Er lauschte auf das Raunen des Windes im Gras und auf das Singen der Vögel. Er sah die wandernden Wolkeninseln im Blau des Himmels und deren Schatten auf dem vielfältigen Grün der Hügel. Er blinzelte in das sonnenglitzernde Wasser der Meerenge und erspürte die Schwingungen des torfigen Bodens. Es war ihm, als würde seine Seele immer weiter und verschmölze mit der Natur um ihn herum und mit dem Schöpfer, der alles umfasst. Tief atmete er ein und sein Herz betete ohne Worte. So wanderte er umher ohne Zeit.

Irgendwann wurde ihm bewusst, dass seine Füße immer wieder zu einer bestimmten Stelle zurückkehrten. Er blieb stehen, schloss die Augen, wandte sein Gesicht in die Sonne und hielt inne. Dann formten seine Lippen das Wort »danke«.

Langsam öffnete er die Augen und sah sich um. Ja, das war ein guter Ort.

Es war später Nachmittag, als Columcille endlich zum Boot zurückkehrte. Er schaute seine Gefährten mit einem sonderbaren Blick an, einer Art glücklicher Verträumtheit, die sie lange nicht mehr bei ihm gesehen hatten.

»Kommt«, sagte er. »Es ist nicht weit.«

Sie schleppten die Truhen mit all dem, was sie zum Leben, Beten, Arbeiten und Studieren mitgebracht hatten, durch ein Stück Grasland zu der Stelle, die Columcille erspürt hatte. Am nächsten Tag begann die Arbeit. Abt Columcille musste die Aufgaben kaum aufteilen, die Brüder wussten, was zu tun war. Das Leben des Klosters Iouan hatte begonnen.

Hintergründe und Denkanstöße

Damals und heute
Seit ich im Jahr 2004 zum ersten Mal die schottische Insel Iona besucht habe, lässt mich die Frage nicht los, was wir von den irischen Mönchen der christlichen Frühzeit lernen können. 1938 gründete George McLloyd dort, wo nur noch Ruinen an einstige Blütezeiten erinnerten, die Iona-Community. Diese geistliche Gemeinschaft knüpft an die Tradition der alten keltischen Mönche an und ist geprägt von ihrer Spiritualität, ihrer Weltsicht und ihrem Missionsverständnis.

Im Jahr 563 hatte der irische Prinz Columcille auf Iona ein Kloster gegründet. Von hier aus segelten seine Mönche in kleinen Gruppen los und »missionierten« innerhalb weniger Jahrzehnte den gesamten Norden Schottlands – nicht als heldenhafte Missionare, sondern als kleine Gemeinschaften, die mit den Menschen lebten, zu denen sie kamen. So auch die Mönche in der eigentlichen Geschichte, die etwa zehn Jahre nach der Gründung des Klosters auf Iouan beginnt. In ähnlicher Weise durchzogen die »iroschottischen« Mönche bald von Norden her den Kontinent, besonders die germanischen Gebiete, und gründeten schließlich das Kloster St. Gallen.

Durch die schrittweise Eingliederung in die römisch-katholische Kirche seit der Synode von Whitby 664 geriet dieser wichtige Strom des christlichen Glaubens ab dem Hochmittelalter mehr und mehr in Vergessenheit. Nur dadurch war es möglich, dass in der westlichen Kirche die Bedeutung der Schöpfung und des Heiligen Geistes so in den Hintergrund rücken konnte, wie es bis ins 20. Jahrhundert geschehen ist.

Ich bin überzeugt, dass wir in einer zunehmend nachchristlichen Gesellschaft vieles von den Christen in jener vorchristlichen Gesellschaft lernen und uns von ihrer Klarheit inspirieren lassen können. In gewisser Weise nähert sich die Lage der Kirche heute derjenigen der Kirche der ersten Jahrhunderte unserer Zeitrechnung an, als Christen eine verschwindende Minderheit waren und die Menschen, denen sie begegneten, keine Ahnung vom Glauben an Christus und den dreieinigen Gott hatten.

Die Frage ist, ob es uns heute gelingen wird, diese Situation mit dem Mut der frühen Christen fröhlich anzunehmen und unserer Umwelt nach Kräften die Botschaft Christi zu bezeugen: mit einem erkennbar christlichen Leben und verständlichen Worten. Wenn wir das tun, wird zugleich unser eigener Glaube lebendiger, tiefer und kraftvoller, weil wir ihn im Hier und Jetzt leben.

Historischer Hintergrund

In dieser Geschichte folge ich, soweit es mir möglich war, den historischen Kenntnissen. Besonders das Leben und das Werk Columcilles sind recht gut erforscht. Auch die Lebensweise der Kelten und die geistlichen Grundlagen der christlichen Mönche waren damals in etwa so, wie ich es erzähle. Manches, was auf uns fast esoterisch wirkt, wie die Suche nach dem Standort für das Kloster, entsprach der tiefen Schöpfungsverbundenheit und der prophetischen Gabe Columcilles.

Die meisten Personen (abgesehen von Columcille, Priester Cailton und den politischen Größen) sind frei erfunden. Aus erzählerischen Gründen habe ich mir folgende weitere Freiheiten erlaubt:

Die Pioniergruppe habe ich auf sechs verkleinert. In aller Regel sandte Columcille aber Zwölfergruppen aus.

In vielen der frühen keltischen Klöster lebten Mönche und Nonnen auch als Ehepaare, zum Teil mit ihren Kindern, zusammen. Für Iona ist das nicht bezeugt, ich habe mir aber erlaubt, diese Form dort anzusiedeln, weil das ein wichtiges Wesensmerkmal der frühen keltischen Christen war und zugleich besser zu unserer Zeit passt als der Zölibat.

Die Anzahl der Stundengebete habe ich auf drei reduziert, wahrscheinlich wurden aber der Regel Benedikts entsprechend sieben am Tag und eines in der Nacht gefeiert. Die frühesten erhaltenen Zeugnisse der keltischen Liturgien stammen aus dem 8. und 9. Jahrhundert. Man kann aber davon ausgehen, dass sie zur Zeit von Columcille schon ähnlich waren, sodass ich mich daran orientiert habe.

Das berühmte keltische Kreuz mit dem Kreis wurde in der Frühzeit nur aus Holz und erst zweihundert Jahre später aus Stein gefertigt.

Wo Ende des 6. Jahrhunderts die Grenze zwischen Dál Riata, also dem Kleinkönigreich der aus Irland stammenden keltischen Gälen, und den keltischen Pikten verlief, ist unklar. Ich habe Loch Carron, den Fjord, an dem sich die ausgesandte Mönchsgruppe in meiner Geschichte ansiedelt, Dál Riata zugeordnet, um die Geschichte nicht mit der Problematik unterschiedlicher Sprachen zu überlasten.

Natürlich sind umgekehrt (geistliche) Erfahrungen und Reflexionen von heute in die Geschichte eingeflossen, denn ich bin ein Mensch und Theologe des 21. Jahrhunderts und kann nur als solcher schreiben. Insofern spiegelt die Erzählung selbst bereits einen Dialog zwischen Vergangenheit und Gegenwart wider.

Denkanstöße

Nach jedem Kapitel gibt es einige Impulse, was wir aus dem Erzählten für unseren persönlichen Glauben und unser Leben einerseits sowie die christlichen Kirchen und Gemeinden andererseits mitnehmen können. Dabei beschränke ich mich jeweils auf wenige Aspekte, vertraue aber darauf, dass schon die Erzählung selbst immer wieder eigene Gedanken-Zeitreisen auslöst.

Zum Schluss der jeweiligen Rückreise ins Heute lade ich dich jedes Mal ein, dir ein paar persönliche Fragen zu stellen, die sich aus der jeweiligen Episode ergeben.

Beginnen wir bei der Vorgeschichte:

Vor der Neugründung des Klosters auf Iouan steht ein fundamentales Scheitern. Ein übersteigertes Selbstbewusstsein und Selbstüberschätzung haben Columcille in die persönliche Katastrophe und eine tiefe, existenzielle Krise gestürzt. Vermutlich kennen wir ebenfalls tiefe Krisen, bei uns selbst oder in unserem Umfeld, vielleicht nicht immer so gravierend und aus anderen Gründen. Aber immer stellt sich die Frage: Wie finden wir heraus aus der Krise? Oder zerbrechen wir daran? Werden wir anschließend ähnlich weitermachen wie vorher, »noch mehr desselben«? Oder gelingt wirklich ein Neuanfang?

Die Bibel erzählt von vielen grundlegenden Neustarts: Abraham, der dem Impuls Gottes folgt, in ein fremdes Land aufzubrechen (1. Mose 12); Hanna, die die Verzweiflung über ihre Kinderlosigkeit vor Gott ausschüttet und erhört wird (1. Samuel 1); David, dem nach seinem Ehebruch und dem Auftragsmord von Nathan der Kopf zurechtgerückt wird und der daraufhin seine große Schuld einsieht, um Vergebung bittet und sie erfährt (2. Samuel 12). Solche Neuanfänge gelingen aus hilfreichen Impulsen anderer und aus der Kraft des Glaubens heraus.

Columcille bekam doppelte Hilfe: Er fand bei der Synode in Abt Brendan von Birr einen Fürsprecher, der die Folgen seines Irrwegs abmilderte. Und er hatte in dem Einsiedler Mo Laisse von Devenish einen Ratgeber, der ihm den entscheidenden Tipp gab, um wirklich neu anzufangen. Das ermöglichte es dem Priester, sein bisheriges Leben mit allen Vorteilen und Fallen hinter sich zu lassen.

- Welche Unterstützer hast du oder suchst du dir?
- Was hält dich davon ab, Vergangenes hinter dir zu lassen und wirklich neu anzufangen?
- Was bedeutet Gottvertrauen in solchen Situationen?

1. KAPITEL

in dem ein Wall gebaut, Neugier geweckt
und ein kleiner Finger gesegnet wird

Braínach wischte sich den Schweiß von der Stirn und seufzte. Dann ließ er die Hacke fallen, drückte die Hände in den Bereich der Lendenwirbel und streckte seinen schmerzenden Rücken. Sein noch jugendlicher Körper steckte in einer braunen, grob gewebten Kapuzen-Kutte, die an den schlanken Hüften mit einer Kordel zusammengehalten wurde. Die blonden Haare mit einem Hauch von Rot fielen ihm hinter der hohen Stirntonsur in lockeren Wellen in den Nacken. Seine dunkelbraunen Augen, mit denen er aufgeweckt in die Welt schaute, bildeten einen interessanten Kontrast zu seinem hellen Schopf. Er schüttelte seinen Kopf, dass die Schweißtropfen aus dem Nackenhaar in alle Richtungen spritzten.

Die finsteren Regenwolken der letzten Tage hatten sich verzogen, heute war es fast windstill und die Sonne brannte regelrecht vom tiefblauen Himmel. Braínach wandte sich um und betrachtete den ebenso blauen, hier und da kräftig türkisfarbigen Meeresarm, der sich wie ein riesiger Finger von Südwesten her weit ins Landesinnere Schottlands erstreckte: Loch Carron.

Eine knappe Viertelmeile unterhalb ihres Siedlungsplatzes ragte eine Landzunge mit einem kleinen bewaldeten Hügel ins Wasser. Der Weg dorthin war bei Flut nur etwa zwanzig Schritte breit, wie ein natürlicher Damm. Links davon lag eine flache Bucht, in der ein paar Fischerboote auf den Wellen schaukelten. Auf der anderen Seite des Meerarms erstreckten sich steile Berghänge, so weit das Auge reichte. Da, wo der riesige Finger begann, verengte sich das Meer. Kurz danach weitete sich Loch Carron und ging noch weiter draußen in den Inneren Sund zwischen dem Festland und der zerklüfteten, gebirgigen Insel Ant-Eilean Sgitheanch über. Auf ihrer Herfahrt waren sie daran vorbeigekommen.

Im Nordosten lief der Meeresarm in ein flaches, sumpfiges Tal aus. Dort ragten zu beiden Seiten gewaltige Berge empor. Über den ausgedehnten Wäldern schimmerten karge Felsgipfel, die sicherlich um die dreitausend Fuß hoch waren.

Ihr Siedlungsplatz lag an einem Weg, der von einem Skoten-Dorf zu einer kleinen Befestigungsanlage führte, die sich ein Stück oberhalb des Ufers an der Meerenge befand. Das Dorf lag eine gute Viertelstunde entfernt Richtung Norden. Von hier aus waren zwischen den großen Bäumen nur Teile des Palisadenzauns zu erkennen.

Vater Cailton, der Leiter ihrer Pilgergruppe, hatte bewusst diesen Ort ausgewählt: in der Nähe eines Skoten-Dorfes und zugleich mit ein wenig Abstand. So konnte sich die Nachbarschaft langsam entwickeln. Es war etwa die gleiche Entfernung, die ihr Heimatkloster auf Iouan von den Insel-Bauern hatte. Dort war die Nachbarschaft längst zu einer vertrauten Einheit geworden, hier war dagegen noch alles fremd.

Links oberhalb des Weges lagen einige wilde Wiesen und dahinter ein Bergwald, der sich zu einer kahlen Kuppe hin erstreckte. Von dort hatte man einen wunderbaren Blick auf das entstehende Kloster, auf das Dorf und über Loch Carron zu den hohen Bergen hin. Dort oben arbeitete Bruder Cadog, der Steinmetz.

Am Anfang hatte Braínach den muskelbepackten Hünen mit dem wilden dunklen Bart und den buschigen Augenbrauen immer ein wenig gefürchtet. Seine Kräfte waren unvorstellbar. Der junge Mönch hatte einmal versucht, seinen Oberarm zu umfassen, aber als der Steinmetz die Muskeln anspannte, reichten Braínachs Hände bei

Weitem nicht aus. Dabei war Cadog ein durch und durch gutmütiger Mensch mit einem warmen Lächeln, das sein auf den ersten Blick finsteres Gesicht nicht selten völlig verwandelte.

Cadog war auf Iouan in einer einfachen Bauernfamilie aufgewachsen. Schon in jungen Jahren hatte er seinem Vater immer wieder geholfen, Marmorblöcke an der Südspitze der Insel zu brechen und in einem Lederboot zum Dorf zu transportieren. Nach und nach hatte sich gezeigt, wie geschickt seine riesigen Hände mit Hammer und Meißel umzugehen verstanden. So hatte er den Menhir oben auf einem der Iouan-Hügel mit dem Symbol der Sonne und einem rankenartigen Muster verziert. Er war einer der Ersten aus seinem Dorf, der nach der Ankunft von Abt Columcille Freundschaft mit den neuen Siedlern und ihrem neuen Glauben geschlossen hatte.

Fast zwei Wochen war es jetzt her, dass Cadog und Braínach mit vier anderen Mönchen in einem winzigen Segelboot auf ihre Pilgerfahrt nach Norden gestartet waren. Schon am dritten Tag nach ihrer Ankunft waren sie gemeinsam auf die kahle Bergkuppe oberhalb von ihrem Siedlungsplatz gestiegen, hatten einen riesigen Granit-Stein ausgesucht und mühsam zu dem weithin sichtbaren Aussichtspunkt gerollt. Seitdem bearbeitete Cadog diesen Felsbrocken tagsüber unermüdlich mit Hammer und Meißel. Nur am heiligen Sonntag ruhte er. Man konnte schon erahnen, was aus dem Felsbrocken werden sollte: ein keltisches Kreuz, mit einem Ring um den Schnittpunkt der Balken.

Wenn das Werk im Groben fertig war, würden sie dieses Zeichen auf der Höhe aufrichten. Jeder sollte schon von Weitem sehen können, wem dieses Land gehörte, wer es in Zukunft richten und segnen würde: nicht mehr die alten Götter, sondern ihr christlicher Gott, der Schöpfer, der Erlöser, der Tröster.

Ein wunderschönes Fleckchen Erde war es, wo sie gelandet waren, jedenfalls wenn man so eine wilde Landschaft mochte. Braínach war sich noch nicht sicher, ob er das tat. Es war schon ziemlich anders hier als in den lieblichen Hügeln Irlands, wo er seine Kindheit verbracht hatte, und auch anders als auf der überschaubaren Insel Iouan.

Wenn er ehrlich war, hatte Brainach schreckliches Heimweh nach dem Kloster auf Iouan. Dort war alles klar geordnet gewesen. Dort waren sie sicher. Dort hatte Vater Columcille ihr Leben geleitet, hatte sie täglich gesegnet. Dort kannte er sich aus. Dort waren die Menschen freundlich. Hier aber war alles fremd und bedrohlich. Schon die tagelange Seereise gleich zu Beginn des Frühjahrs durch das Inselgewirr der Inneren Hebriden hatte ihm fürchterlich zugesetzt. Der starke Wind. Das im wahrsten Sinne des Wortes üble Schaukeln des Bootes. Die Nässe von allen Seiten.

Wie erleichtert war der junge Mönch, als sie endlich ihr Ziel erreicht hatten und mit ihren Habseligkeiten an Land gegangen waren. Sie hatten vor allem Werkzeuge mitgebracht und natürlich ihr Heiliges Buch mit den Psalmen, dem Markusevangelium und einigen Hymnen, sicher verpackt in einer festen Truhe. Erst als sie alle Seiten kopiert hatten, hatte Vater Columcille sie auf die Pilgerreise geschickt.

Brainach seufzte wieder und dachte an die Schreibstube auf Iouan zurück, wo er viele Seiten des Buchs abgeschrieben hatte. »Warum habe ich mich bloß zu dieser Pilgerfahrt bereit erklärt?«, dachte er. »Ich bin grad mal sechzehn und hätte es noch ein paar Jahre bequem haben können.«

Auf Iouan gab es viele Kinder und junge Leute, mit denen er sich gut verstand. Hier war er mit Abstand der Jüngste der kleinen Pilgergruppe.

Auf eigenen Wunsch war er mit elf Jahren von Irland nach Iouan gekommen, denn er wollte ein Gelehrter werden. Da er aus einer vornehmen Familie stammte, die in früheren Zeiten bedeutende Druiden hervorgebracht hatte, war das durchaus naheliegend. In der berühmten Klosterschule von Iouan hatte er sich zum Schreiber ausbilden lassen und kürzlich seine Ausbildung abgeschlossen. Die Auszeichnung hatte ihm Vater Columcille selbst überreicht, worauf er mächtig stolz war. Gleichzeitig war er offiziell vom Novizen zum Mönch erhoben worden. Seitdem trug er wie die anderen eine braune Kapuzenkutte und die keltische Tonsur. Der nächste Schritt wäre die Priesterweihe in einigen Jahren. Priester und Gelehrter auf Iouan, was für ein Ziel!

Aber gerade war er dabei, seine feinen Schreiber-Hände durch Handlangerdienste und Schwerstarbeit zu ruinieren. Und ob er hier in der Wildnis je zum Priester geweiht werden würde?

Natürlich hätte er die Berufung zu dieser Reise auch ablehnen können. Aber wer sagt schon Nein, wenn Abt Columcille einen bittet? Was für ein Leben ihn hier erwartete, hatte Braínach sich allerdings nicht vorstellen können. Sonst hätte er vielleicht tatsächlich Nein gesagt.

Er betrachtete seine Hände, die voller Schwielen und Blasen waren. Sie schmerzten höllisch. Trotzdem griff er entschlossen zur Schaufel, um die gelockerten Steine aus dem Graben zu einem Wall aufzuwerfen.

Vater Columcille hatte ihnen vor der Reise genau erklärt, welche Aufgaben jeder von ihnen übernehmen sollte, jedenfalls am Anfang. Sie waren nach dem ausgewählt worden, was sie besonders gut konnten – oder wenigstens ein bisschen. Sie waren ganz unterschiedliche Menschen, die aber irgendwie auch prima zusammenpassten.

Cailton war ihr geistlicher Vater für die Pilgerreise. Er war mit Columcille aus Irland nach Iouan gekommen, als der Priester seine Verbannung in eine Pilgerfahrt umgewandelt hatte. Wie der Abt und Braínach stammte Cailton aus herrschaftlichem Haus. Als einer seiner engsten Freunde und geistlichen Vertrauten hatte Columcille ihn auf Iouan zum Priester geweiht. Cailton war sicher bald fünfzig Jahre alt. Sein hinteres Haupthaar schimmerte in edlem Silbergrau, ebenso wie der stets sorgfältig geschnittene Bart. Aber sein Rücken war völlig ungebeugt, trotz der unermüdlichen Gelehrtenarbeit in der Schreibstube. Und seine hellblauen Augen blickten so wach und lebendig, als sei er ein junger Mann. Manchmal schaute er seine Mitbrüder mit solch einem Ernst und einer Strenge an, dass sie es niemals gewagt hätten, ihm zu widersprechen. Ein anderes Mal wiederum leuchtete sein Blick voller Wärme und Zuneigung und die unzähligen kleinen Falten um seine Augen wirkten wie die Strahlen der Sonne.

Obwohl nur von mittlerer Größe, war er eine durchaus eindrucksvolle Gestalt. Sein Wort hatte schon im Kloster von Iouan gegolten, umso mehr hier in ihrer kleinen Pilgergruppe. Für Braínach war er eine Respektsperson, die er bewunderte. Ob er selbst irgendwann auch einmal so werden würde? Wobei – die Nebentätigkeit, der sich Cailton leidenschaftlich widmete, war nichts für ihn: Auf Iouan hatte der Priester ganz alleine den Kräutergarten angelegt und liebevoll gepflegt, bevor er diese Arbeit teilweise in jüngere Hände übergeben hatte. Und hier war Cailton nun dabei, einen neuen Kräutergarten anzulegen. Braínach sah ihn neben ihrer provisorischen Unterkunft den Boden umgraben und irgendetwas hineinstopfen.

»Nein, natürlich nicht irgendetwas hineinstopfen«, wies Braínach sich selbst in Gedanken zurecht. Für den jungen Mönch war es nur Grünzeug, aber Vater Cailton kannte jedes seiner Pflänzchen mit Namen. Er konnte genau beschreiben, welche Wirkung die Pflanzen hatten und wie sie dazu aufbereitet werden mussten. Er verstand sich auf heilende Kräuter und heilende Gebete wie kaum ein anderer.

Dass Cailton der Leiter ihrer Pilgergruppe war, gab Braínach ein tiefes Gefühl von Sicherheit, ein wichtiges Gegengewicht zu all dem, was ihn hier verunsicherte. Der Priester Cailton hatte am Tag nach ihrer Ankunft dem benachbarten Dorf einen Besuch abgestattet, um sich dem Häuptling vorzustellen und die Erlaubnis zu einer neuen Ansiedlung ganz in der Nähe einzuholen, sofern das nötig war. Er besaß einiges an diplomatischem Geschick und kam zufrieden von dem Antrittsbesuch zurück. Häuptling Garnaíd, so berichtete er abends, habe zwar eine strenge Miene gemacht, aber am Ende keine Einwände gegen ihre Pläne gehabt, wohl auch, weil er sich eine Belebung des Handels erhoffte, so weit weg von den belebten Handelsrouten.

Oswald, der Zimmermann, hatte zufrieden genickt und ihnen innerhalb der nächsten Tage ein brauchbares Dach über ihrem Kopf errichtet. Während Cailton und Cadog auf sehr unterschiedliche Weise auffällige Erscheinungen waren, gab es bei Oswald nichts, wodurch er sich hervorhob. Er war von mittlerer Größe, hatte rotblonde glatte Haare wie so viele Iren und ein freundliches Gesicht. In ihrer Sechsergruppe war er aber genau dadurch etwas Besonderes, denn die verbleibenden beiden Mitglieder ihrer Gruppe waren wiederum echte Unikate:

Aodhán mit seiner rundlichen Figur und dem schelmischen Blick war ihr Koch. Schon seine Körperfülle war für einen Kelten ungewöhnlich, denn in manchen traditionellen Stämmen mussten Männer, deren Bauchumfang nicht mehr in die einheitliche Länge von Gürteln passte, Strafe zahlen. Zum Glück für Aodhán gab es diesen Brauch in Iouan nicht und die locker fallende Kutte verzieh selbst eine füllige Figur.

Der sechste Bruder war Ternan, ein kunstfertiger Schmied, der sich auch auf allerlei nützliche Dinge des Alltags verstand und erfolgreich seine Fischreusen auszulegen wusste. Ternan war zwar nicht ganz so groß wie Cadog, aber fast ebenso stark. Seine dunklen Haare standen ihm hinter der Tonsur immer wild zu Berge. Er trug einen beeindruckenden Zinken im Gesicht, das durch den imposanten Schnauzbart und unzählige kleine Narben regelrecht kriegerisch wirkte. Braínach fragte sich, ob diese Narben die Folge einer früheren Krankheit waren oder durch den ständigen Funkenflug bei seiner Arbeit an der Esse verursacht worden waren.

Gerade in ihrer großen Unterschiedlichkeit waren sie insgesamt eine wirklich gute Pilgergruppe, die sich in vielerlei Hinsicht ergänzte, auch wenn sie nur ein halbes und kein ganzes Dutzend waren, wie ihr Abt es ursprünglich geplant hatte. In jedem Fall hatte Columcille sie mit Bedacht genau so zusammengestellt. Nicht nur, damit sie selbst gut zurechtkämen, sondern auch, um den Menschen, bei denen sie eine Zeit lang wohnen würden, ihre Dienste anzubieten.

Braínachs Blick verlor sich in der Ferne Richtung Heimat, wo Vater Columcille vor ihrer Abreise das ganze Kloster zusammengerufen hatte, um sie feierlich auszusenden: »Ihr alle wisst«, hatte er mit seiner weithin klingenden Stimme gerufen, »ihr alle wisst, dass die höchste Form der Nachfolge unseres Herrn Jesus Christus darin besteht, um seines Namens willen die Heimat zu verlassen, wie geliebt sie auch sei. Denn wer in der alten Heimat bleibt, wird auch in alten Gewohnheiten gefangen bleiben. Nur wer aufbricht, wirklich aufbricht zu unbekannten Ufern, ist Christus nahe. Das ist die wichtigste Form, das ist unsere Form des Fastens. Speiseregeln sind nicht so wichtig, wie Christus selbst schon gesagt hat. Aber Heimat zu fasten, Sicherheit und Vertrautheit zu fasten, ist wirkliche Nachfolge. Wir Mönche von Iouan sind berufen zur *peregrinatio propter Christum*, zur Pilgerschaft um Christi willen.«

Wie immer, wenn Columcille predigte, riss er Braínach mit. Das alles klang so überzeugend und bedeutsam. Aber inzwischen merkte der junge Mönch, wie hart diese Sorte Fasten sein konnte. Zugleich war er gespannt darauf, was sie hier erleben würden.

Auch davon hatte Columcille gesprochen: »Ich habe euch sechs ausgewählt für die nächste *peregrinatio propter Christum*, damit ihr in der Fremde lebt, betet und arbeitet, Gelehrsamkeit und Nachbarschaft pflegt. Wo auch immer ihr hinsegelt, Christus ist längst schon dort. Sucht ihn an diesem Ort. Soviel an euch liegt, haltet Frieden mit allen Menschen und untereinander. Wo möglich, segnet und stärkt das Gute. Wo nötig, wehrt dem Bösen mit dem Schwert des Wortes und der Kraft des Geistes. Seid ohne Furcht. Denn Gott, der den Himmel, die Erde und das Meer geschaffen hat, ist bei euch. Zieht nun aus in seinem Frieden. Seid gesegnet im Namen des einen und dreifaltigen Gottes, Vater, Sohn und Heiliger Geist. Amen.«

Aus tiefstem Herzen hatte Braínach mit seinem Amen geantwortet, wie auch seine Gefährten. Und dann waren sie Richtung Norden losgesegelt und -gerudert unter Segenswünschen und langem Winken ihrer Mitbrüder und -schwestern. Gereist waren sie mit einem lederbespannten Curragh, wie es damals auch die Gründer bei ihrer Reise benutzt hatten.

Er war ein Abgesandter der Heiligen Insel, wie Iouan von vielen genannt wurde! Eben noch hatte er Heimweh gehabt, jetzt aber klopfte sein Herz vor Stolz, dass er würdig war, zu diesen Auserlesenen zu gehören.

Braínach warf die Schaufel beiseite, griff wieder zur Hacke und schlug auf den steinigen Boden ein, dass die Funken spritzten.

»Was machst du da?«, hörte er unverhofft eine helle Kinderstimme direkt neben sich. Er fuhr herum. Über ihm auf dem Stückchen Wall, das er schon fertiggestellt hatte, stand ein rothaariger Junge, etwa zwei Köpfe kleiner als Braínach, vielleicht acht oder neun Jahre alt. Er trug ein ärmelloses, locker fallendes, buntes Hemd und eine braune Hose, die ein bisschen zu kurz war. Die Schuhe aus weichem Leder an seinen Füßen zeigten seine Herkunft aus einer bessergestellten Familie. Der Junge schaute ihn aus blaugrünen Augen neugierig an. Braínach war froh, dass sie noch innerhalb des Skoten-Gebietes waren. So hatte er keine Mühe, sich mit dem Jungen zu verständigen, auch wenn dessen Akzent etwas anders klang.

»Ich baue einen *vallum*, einen Wall mit Graben«, gab Braínach zurück.

»Wozu?«, fragte der Junge.

»Damit jeder sehen kann, wo unser Stück Land anfängt – oder aufhört«, antwortete Braínach.

»Darf da dann keiner mehr rein?«, wollte der Junge wissen.

Braínach zögerte ein bisschen: »Das kommt darauf an.«

»Worauf?«

»Nun, ob er Böses will oder Gutes.«

»Versteh ich nicht.«

Braínach legte seine Hacke hin, kletterte auf den Wall, setzte sich neben den Jungen und sagte: »Wir sind christliche Pilger von der Insel Iouan und bauen hier bei euch einen Brückenkopf des Himmels.«

»Einen was?«, fragte der Junge skeptisch.

»Wie du siehst, schütte ich in einem großen Kreis um unsere Hütte einen Wall auf. Innerhalb des Walls wollen wir ein Gleichnis des Paradieses leben«, erklärte Braínach.

»Versteh ich nicht«, gab der Junge fast ärgerlich zurück. »Was is'n das schon wieder: Paradies?«

»Hm, wie soll ich dir das am besten erklären? Also Paradies ist die Welt, wie Gott sie am Anfang geschaffen hat, ohne das Böse, ohne Gewalt und Hass, wo die Menschen in Frieden miteinander und mit der ganzen Natur gelebt haben. Und hier bei uns wollen wir versuchen, diesen Frieden auch zu leben. Verstehst du? Deshalb darf keiner hier rein, der etwas Böses tun will.«

Der Junge drückte die Beine durch und bohrte nachdenklich und ausgiebig in der Nase, die über und über mit Sommersprossen bedeckt war.

»Und«, sagte er nach einer Weile, zog den Finger energisch wieder heraus und wischte ihn an der Hose ab, »und wenn einer mal was Böses getan hat, darf der auch nicht rein?«

»Das kommt darauf an«, antwortete Braínach, »ob er lernen will, besser zu werden. Dann nämlich ist er herzlich willkommen.«

»Hm«, sagte der Junge und sein Finger näherte sich zielstrebig dem anderen Nasenloch. »Bei uns gibt es ziemlich viel Böses.« Dabei sah er zum Dorf hinüber, in dem er offenbar wohnte.

Braínach war vor ein paar Tagen hinübergelaufen, um es sich aus der Nähe anzuschauen. Hinter der Palisade mit den angespitzten Pfählen waren gut zwei Dutzend Rundhütten unterschiedlicher Größe erkennbar. Anhand des Umfangs konnte man wohl auf den Reichtum oder die Bedeutung der Besitzer schließen. Neben den Hütten gab es Verschläge für die Schafe und Ziegen und verschiedene Sorten von Obstbäumen. Sowohl innerhalb als auch außerhalb der Umzäunung lagen kleine Felder, auf denen Getreide angebaut wurde. Aus den Dächern einiger Hütten stieg Rauch auf und überall tollten Kinder herum. Auf den ersten Blick ein friedliches Bild.

»Was hast'n du für komische Haare?«, fragte der Junge in Braínachs Gedanken hinein.

Braínach strich sich über die Stirn. »Du meinst die Tonsur?«

»Was ist das, 'ne Tonsur?«

»So nennt man meinen Haarschnitt. Wie du siehst, wurden vorne auf meinem Kopf alle Haare von einem Ohr zum anderen abrasiert. Diese Tonsur tragen alle christlichen Mönche in Iouan und in Irland. Das ist ein Zeichen, an dem man von Weitem erkennen kann, dass sie zur Bruderschaft gehören.«

»Und dein komischer Kapuzenmantel ist auch so'n Zeichen?«

Braínach lachte: »Ja, richtig erkannt.«

In diesem Augenblick ertönte von der Unterkunft der Brüder her der blecherne Klang einer Handglocke. Der Junge zuckte zusammen: »Was ist das?«

»Unsere Glocke, die mich zum Abendessen und Nachtgebet ruft. Ich muss los. Sehen wir uns morgen wieder?«

»Hm«, machte der Junge und zuckte mit den Schultern.

Braínach sah ihn an und ihm fiel ein, was ihnen Abt Columcille eingeschärft hatte: »Wenn du einem Menschen begegnest, der das Gute sucht, dann segne ihn.«

Galt das etwa hier bei diesem Jungen? Durfte er, musste er jetzt? Er hatte doch noch nie einen Segen ...

In aller Eile überlegte er, was er sagen könnte. Aber kein Bibelwort fiel ihm ein. Schon drehte sich der Junge um und wollte nach außen vom Wall herunterspringen. Aber Braínach hielt ihn fest: »Halt, warte noch!« Und dann wusste er's.

»Wie heißt du?«, fragte er den Jungen.

»Braan heiß ich«, antwortete er ängstlich.

Braínach streckte seine Hände über ihm aus und sagte: »Braan, gesegnet sei dein Name. Gesegnet sei deine Neugier und – deine roten Haare. Gesegnet sei – dein Finger, der in der Nase bohrt und dir beim Denken hilft.« Er stockte kurz. »Was für ein komisches Segens-Gebet!«, wunderte er sich über sich selbst. Laut fügte er hinzu: »Und gesegnet bist du, wenn du wiederkommst. Im Namen des einen Gottes, Vater, Sohn und Heiliger Geist. Amen.«

Er ließ den verdutzten Jungen stehen, sprang in den Graben, griff nach Hacke und Schaufel und eilte zum Gebet.

Am nächsten Morgen stand Braan schon auf dem Wall, als Braínach dort ankam. »Guten Morgen, Braan«, rief Braínach ihm freundlich zu. »Na, du bist ja schon früh unterwegs. Wie geht's dir?«

Der Junge ließ sich auf dem *vallum* nieder und schaute Braínach an. Als keine Antwort kam, zuckte der junge Mönch mit den Schultern, griff nach seiner Hacke und machte mit seiner Arbeit weiter.

»Wie heißt denn du?«, kam es nach einiger Zeit von oben. Braínach war richtig in Schwung und wollte sich nicht gleich wieder unterbrechen lassen. »Braínach heiß ich«, antwortete er zwischen zwei Hackenschlägen.

»Hm«, kam es vom Wall und dann wieder Schweigen. Braínach arbeitete intensiv weiter, mal hackte er, dann schaufelte er wie wild. Vielleicht wollte er den kleinen Jungen auch ein wenig beeindrucken mit seinen Kräften, wobei er nicht so zügig vorwärtskam, wie er sich das vorgestellt hatte.

»Du kommst aber nicht aus einer Bauernfamilie«, meinte Braan nach einiger Zeit mit einem gewissen Vorwurf in der Stimme.

Braínach sah auf, bog den Rücken gerade und stützte sich auf seine Schaufel. »Wie kommst du darauf?«

»Na, so wie du arbeitest!«, kam es trocken zurück.

»Was meinst du damit? Gefällt es dir nicht?«

Der Junge kicherte und stand auf. »Ob mir das gefällt, ist wurscht. Aber dir tut heute Abend der Rücken weh. Man sieht, dass du keine Übung hast.«

»Waas?«, antwortete Braínach leicht verärgert. »Das willst du Dreikäsehoch beurteilen?«

»Na klar«, meinte Braan und kicherte wieder. »Soll ich dir mal zeigen, wie das geht? Hier im Dorf lernt man so was direkt nach der Geburt.«

Jetzt war es Braínach, der losprustete: »Och, du kleiner Angeber. Komm, lass mich in Ruhe arbeiten.«

»Nein, im Ernst«, rief Braan und kam vom Wall herunter. »Du verbrauchst viel zu viel Kraft. Du musst das mit Schwung machen.«

Er ergriff die Hacke, hob sie hoch über den Kopf und ließ sie in den Graben sausen. Dann ließ er die Hacke fallen, griff zur Schaufel, stieg in den Graben und schaufelte von dort aus. Braínach hingegen hatte immer seitlich neben dem Graben gestanden.

Braan grinste, dass sich seine Nase kräuselte. »So jetzt du. Probier's aus.«

»Na gut«, seufzte Braínach. Er hatte ja gelernt, möglichst mit jedem Frieden zu halten.

Als er Braans Methode ausprobierte, musste er zugeben, dass es zwar nicht schneller ging, aber viel leichter.

»Na gut«, sagte er wieder. »Du hast recht.« Und nach einer kleinen Pause. »Danke!«

»Gern geschehen«, antwortete Braan fröhlich. »Aber erzähl mal. Wenn du kein Bauer bist, was hast du denn dann gelernt?«

Und so erzählte Braínach, wo er herkam und wie er lesen und schreiben gelernt hatte und die Kunst, kostbare Bücher zu kopieren.

»Hm«, machte Braan und sein kleiner Finger war bereits auf seinem gewohnten Weg in Richtung Nase. »Bücher gibt es bei uns nicht. Unser Druide hat alles Wissen in seinem Kopf. Und mein Vater weiß auch eine ganze Menge. Der ist nämlich unser Häuptling.«

Pilgerschaft, Teamgedanke und Segen

Pilgerschaft

Die Aussendungsrede Columcilles beschreibt ein Grundelement der keltischen Theologie und des Missionsverständnisses: Im Kern ging es weniger darum, Heiden vor der ewigen Verdammnis zu retten, sondern schlicht und ergreifend darum, Christus nachzufolgen. Die höchste Form dieser Nachfolge war es, die Heimat zu verlassen (vgl. Hebräer 13,13). Dadurch ergaben sich ständig neue Kontakte in neuen Kontexten, die sozusagen automatisch missionarische Wirkung hatten, denn die Mönche lebten konsequent ihren Glauben und bezeugten ihn.

Das ist meiner Ansicht nach richtungweisend für Christsein heute: Statt eines womöglich verkrampften Missionsverständnisses sollten wir einfach rausgehen aus dem (gemeindlichen) Komfortbereich und Menschen in ihrer Lebenswelt begegnen, mitten im Sozialraum, und dort das Evangelium erkennbar machen.

Viele Gemeinden wollen »einladend« sein. Sie verstehen darunter, attraktive Veranstaltungen und freundliche Begegnungsmöglichkeiten zu organisieren und zu bewerben. Das nennt man Komm-Struktur. Menschen ohne Bezug zur Kirche erreicht man dadurch kaum. Sie nehmen auch bei bester Öffentlichkeitsarbeit die Angebote gar nicht wahr. Deshalb wurde die »Geh-Struktur« entwickelt: aus den Gemeinderäumen in den öffentlichen Raum gehen und dort einladen. Wohin: zu den eigenen Veranstaltungen. Aber auch dieses Modell bleibt letztlich in einem Angebotsdenken verhaftet, einem »ekklesiozentrischen Weltbild«, wo die Gemeinde den Mittelpunkt des Glaubens bildet. Die Angebote sind immer ein »Heimspiel«.

Der Gedanke der Pilgerschaft aber bedeutet: die »Heimspiele« aufzugeben zugunsten von »Auswärtsspielen«. Christsein leben dort, wo nicht unsere eigene Gemeindekultur den Ton angibt. Wo sich ganz andere Herausforderungen stellen als innergemeindliche Auseinandersetzungen. Wo es darum geht, bei den Menschen zu bleiben und ihnen zu dienen. In England wurde im Zusammenhang mit der Fresh-X-Bewegung (Fresh expressions of Church – neue Formen von Gemeinde) der Begriff »ministry of presence« geprägt, d. h. der Dienst, »präsent zu sein«. Dies ist eine Art Neuauflage der keltischen Pilgerschaft um Christi willen.

Aus meiner Erfahrung mit Gemeindeentwicklung und -beratung kenne ich viele Gemeinden, die durch diese Haltung grundlegend verändert und für andere relevant wurden. Dabei reicht es schon, wenn sich eine kleine Gruppe aus der Gemeinde auf diese »Pilgerschaft« begibt.

- Welche der drei Grundvorstellungen (Komm-Struktur, Geh-Struktur, Präsentsein) prägt deine Gemeinde?
- Was macht der Aufruf zu einer Pilgerschaft, wie die keltischen Mönche sie verstanden haben, mit dir?

Team

Unter Christen ist der Gedanke verbreitet, dass es Teil eines engagierten Glaubenslebens ist, in der Gemeinde für das persönliche Zeugnis im Alltag, z. B. am Arbeitsplatz, ermutigt und zugerüstet zu werden. Im Alltag ist man dagegen auf sich allein gestellt, ein Einzelkämpfer (der womöglich schnell als Sonderling abgestempelt wird). Das kommt immer wieder vor, lässt sich oft auch nicht so leicht ändern, sondern nur mit Rückendeckung in der Gemeinschaft und Weisheit im Alltag bewältigen. Es sollte aber keinesfalls die einzige praktizierte Form von Dienst in der Welt sein.

Die keltischen Mönche waren zutiefst von der gemeinschaftlichen Aussendung überzeugt, und zwar nicht nur zu zweit wie in den Evangelien, sondern als ganze Gruppe. Dabei legten sie großen Wert auf eine breite Mischung an Fähigkeiten, einem »Gaben-Mix«. Man könnte auch von »multiprofessionellen Teams« sprechen.

Solche Teams waren (und sind) ideal, um außerhalb des innerchristlichen Komfortbereichs wahr- und ernst genommen zu werden und etwas Positives zum Gemeinwesen beizutragen. Im Zusammenhang mit Gemeindeneugründungen entschließen sich oft Personen aus dem Kernteam zum »move in«, das heißt: Sie ziehen ganz bewusst in den Stadtteil, in das Wohnquartier, in dem sie dienen wollen, und bilden so ein wirkungsvolles Team vor Ort.

So zog Mitte der 90er-Jahre – ausgesendet vom Christustreff Marburg – eine ganze Gruppe junger Erwachsener (Ehrenamtliche mit den verschiedensten Berufen) in den Stadtteil Richtsberg, einen sozialen Brennpunkt mit Menschen aus ca. 95 verschiedenen Nationen. Ihre Vision: durch gemeinsames Nachbarschaftsleben und christliches Zeugnis aus dem »Richtsberg« einen »Lichtberg« entstehen zu lassen. Inzwischen ist die Arbeit des CENTRAL[3] so gewachsen, dass die angemieteten Räume nicht mehr reichen und ein multifunktionales Gebäude als Begegnungsort gebaut wird.

Ein multiprofessionelles »Pilgerteam« kann auf dreierlei Weise einen Unterschied machen:

1. Das höchste Ziel des Teams ist es, den Frieden zu fördern: »Suchet der Stadt Bestes (= den Schalom) ... und betet für sie zum Herrn« (Jeremia 29,7).
2. Die Mitglieder wollen demütig Lernende sein, das heißt nicht alles besser wissen oder als die großen Helfer auftreten (Braínach lernt von Braan).
3. Sie wollen mit den eigenen Fähigkeiten anderen dienen. Dazu gibt es in den folgenden Kapiteln viele Beispiele.

- Welche Bedeutung haben solche Teams in deiner Gemeinde?

Segnen

Irische Segenssprüche sind als Kalender oder Postkarten sehr beliebt, weil sie irgendwie konkreter und lebensnaher wirken als Segensworte unserer kirchlichen Tradition. Oft zeigen die Fotos aber nur idyllische Bilder einer heilen Welt.

Ursprünglich gehörten Segen und Fluch eng zusammen, denn im Lebensumfeld der keltischen Mönche glaubten die Menschen an die Macht der Worte von Druiden, oft in Form von Zaubersprüchen. Die keltischen Mönche setzten ebenfalls auf die Macht der Worte, füllten sie aber neu: Sie segneten und gaben damit konkret all dem geistlichen Rückenwind, was in Übereinstimmung mit dem dreieinigen Gott stand. Man kann sich das gar nicht konkret und lebensnah genug vorstellen.

Außerdem zogen sie im Namen Gottes mit prophetischen Worten sehr klare Grenzen (vgl. Kapitel 5).

- Traust du dich, über deinen Schatten zu springen und Menschen, denen du begegnest, konkret Gottes Segen zuzusprechen (so improvisiert wie Braínach oder mit einem irischen Segen, wie man sie u. a. im Internet findet)?[4]

2. KAPITEL

in dem hart verhandelt wird und erste nachbarschaftliche Annäherungen geschehen

Einige Tage später rief Cailton Braínach zu sich und sagte: »Cadog und ich wollen heute ins Dorf gehen und Schafe und Ziegen kaufen. Möchtest du mitkommen? Du könntest einiges lernen.«

Natürlich wollte Braínach das! Das war endlich mal eine echte Abwechslung zu der harten körperlichen Arbeit. Und er war schon lange neugierig, wie es wohl in dem Dorf zuging.

Auf dem Weg fragte Cailton: »Cadog, stimmst du mit mir überein, dass wir drei Mutterschafe kaufen sollten, die noch Milch geben, dazu drei Lämmer, zwei Ziegen und einen Ziegenbock?« Cadog nickte und erkundigte sich: »Und wie genau sollen wir verhandeln?«

»Gutes Geld für gute Ware«, antwortete Cailton und klopfte auf seinen Lederbeutel mit den Silberstücken, die er aus Iouan mitgebracht hatte. Cadog nickte wieder zustimmend.

Als sie an das Dorftor kamen, liefen ihnen etliche Kinder neugierig entgegen. Die Jungs trugen einfarbige ärmellose Hemden und Hosen, die Mädchen Kleider in bunten Farben und die Kleinsten einfache Kittelchen. Einige machten einen recht sauberen Eindruck, andere waren ziemlich verwahrlost. Alle waren sie barfuß und mehr oder weniger rotblond. Braan befand sich nicht unter ihnen.

»Könnt ihr uns das Haus eures Häuptlings zeigen?«, fragte Cailton freundlich und die Kinder nickten eifrig. Es war zwar nicht schwer zu erraten, welche der Rundhütten dem Oberhaupt des Dorfes gehörte, aber so war mit den Kindern schon mal ein erster Kontakt aufgebaut.

Schon einige Schritte vor der Hütte riefen die Kinder: »Häuptling Garnaíd, hier sind Fremde. Die wollen zu dir.«

Gleich darauf trat der Häuptling aus seinem Haus. Garnaíd war mittelgroß, Mitte dreißig, mit rotblondem Haarschopf und kräftigem Schnurrbart. Über seinem an den Ärmeln bunt abgesetzten Hemd trug er einen mantelähnlichen Umhang aus gutem, schwerem Stoff. Seinen Hals zierte ein fein gearbeiteter Torques, ein Kupferreif, der deutlich seine Würde anzeigte. An den Handgelenken und einigen Fingern trug er verschieden geformte Ringe und Reifen.

Garnaíd begrüßte die Gäste höflich, aber er führte sie nicht in sein Haus, wie die Mönche erwartet hatten. Trotz seiner Häuptlingswürde schien er ein wenig verunsichert, wie er mit den Gästen umgehen sollte, Fremde gab es hier wohl so gut wie nie. Er rief etwas ins Haus hinein und führte sie dann zu der großen Eiche in der Mitte des Dorfs. Dort standen einige grobe Holzbänke, die im Kreis angeordnet waren, offenbar der Ort für die Dorfversammlungen. Auch kein schlechter Platz für Geschäfte.

Kurz darauf kam ein junges Mädchen aus dem Haus, dem man auf den ersten Blick ansah, dass es die Schwester von Braan sein musste: die gleichen roten Haare, die gleiche mit Sommersprossen gesprenkelte lustige Nase. Dass sie eine Häuptlingstochter war, erkannte man unschwer an ihrem Kleid aus feinem, farbigem Tuch und den zierlichen Reifen, die sie um den Hals und die Handgelenke trug. Sie brachte vier Humpen mit Met, die sie den Gästen und dem Häuptling geschickt überreichte, obwohl sie dabei ein beträchtliches Gewicht stemmen musste. Aus den Gesprächen mit Braan wusste Braínach, dass die Mutter der Kinder bei der Geburt des Jungen gestorben war. Inzwischen kam also seiner Schwester die Rolle der Hausfrau zu.

Garnaíd legte ihr die Hand auf die Schulter und sagte stolz: »Das ist Gwid, meine Erstgeborene. Ein geschicktes Mädchen. Dreizehn Sommer zählt sie. Bald im heiratsfähigen Alter.« Er lachte und meinte an seine Tochter gewandt: »Keine Eile, nicht wahr, Gwid?« Für einen Sekundenbruchteil flog ihr Blick zu Braínach. Dann sah sie betreten zu Boden.

»Gwid«, dachte der junge Mönch, »ein schöner Name! Irgendwie voller Lebenslust. Ob sie wohl so lustig ist wie ihr Name und ihre Nase?«

»Meinen Sohn Braan kennt ihr ja schon«, fügte Garnaíd hinzu.

Braínach wunderte sich über den verdächtig neutralen Tonfall und betrachtete aufmerksam Gwid, deren Blick immer noch auf den Boden gerichtet war. Braan hatte ihm schon öfter von seiner großen Schwester erzählt und davon, wie sehr ihr Vater sie liebte, obwohl doch er der männliche Nachkomme war. Die beiden stritten sich manchmal gehörig. Aber das war wohl normal unter Geschwistern. Wenn's drauf ankam, waren sie füreinander da.

Nachdem Cailton und Garnaíd ein paar Freundlichkeiten über das allgemeine Ergehen, das gute Wetter in diesem Frühjahr und die Winter hier im Norden ausgetauscht hatten, fragte Garnaíd: »Und was führt euch zu uns?«

»Wir möchten Geschäfte mit euch machen«, antwortete Cailton recht unbestimmt.

»Aha, und was genau?«, hakte Garnaíd nach.

Cailton schaute Cadog an, um ihn in die Verhandlungen einzubeziehen. Der Steinmetz holte Luft und sagte: »Wir möchten Vieh kaufen. Drei Mutterschafe, die noch Milch geben, dazu drei Lämmer, zwei Ziegen und einen Ziegenbock.«

»Soso«, erwiderte Garnaíd, »und woher wisst ihr, dass wir so viele Tiere erübrigen können?«

Braínach war zuerst irritiert über diese abwehrende Reaktion, bis ihm klar wurde, dass damit bereits das Feilschen begonnen hatte.

Cailton antwortete unbeeindruckt: »Wir können ja deine Leute fragen, wer von ihnen uns Tiere verkaufen möchte.« Dabei machte er eine einladende Geste. Längst hatten sich etwa zwei Dutzend Dorfbewohner eingefunden, um mitzubekommen, wer die Fremden waren und was da verhandelt wurde. Der Häuptling konnte Cailtons Vorschlag schlecht widersprechen, sonst hätte er seinen Dörflern womöglich ein gutes Geschäft verdorben.

»Ihr habt gehört, was unsere Gäste kaufen wollen. Wer von euch möchte ihnen etwas anbieten?«, fragte er in die Runde.

Einige meldeten sich und verschwanden, um ihr Vieh zu holen. Bald darauf blökte und mähte und meckerte es unter der Dorfeiche, dass man kaum sein eigenes Wort verstehen konnte.

Cadog untersuchte die Tiere sorgfältig, aber bei jedem schüttelte er den Kopf. Schließlich richtete er sich auf und brummte: »Ihr wollt uns also das Viehzeugs andrehen, das schwach, alt oder krank ist und das ihr am liebsten loswürdet? Dann müssen wir wohl ins nächste Dorf gehen. Das ist zwar lästig, weil es eine Tagereise entfernt ist. Aber so«, er zeigte mit seinem mächtigen Arm auf die armseligen Tiere, »so kommen wir nicht ins Geschäft.«

Braínach hielt die Luft an. War das nicht zu gewagt? Und sollten sie nicht mit allen Menschen Frieden halten? Schon stand Garnaíd auf. Doch er wandte sich nicht gegen die Fremden, sondern rügte die Dorfbewohner: »Was ist das? Wollt ihr meine Gäste beleidigen? Schafft gefälligst gute Tiere heran. Aber schnell! Wird's bald?«

Eilig brachten die Dörfler ihr angeschlagenes Vieh weg und kamen wenig später mit einer neuen Auswahl zurück. Wieder prüfte Cadog jedes einzelne Tier und diesmal nickte er meistens zufrieden. Schließlich wählte er die Mutterschafe, Lämmer und Ziegen aus, die ihm am meisten zusagten, und Cailton handelte mit den Besitzern die Preise aus. Natürlich wurde gefeilscht, aber man einigte sich recht schnell, denn die Mönche waren alles andere als geizig.

»Guter Preis für gute Ware«, sagte Cailton abschließend und Garnaíd nickte zufrieden. Die Mönche und die Dorfbewohner bedankten sich für das Geschäft, wünschten sich den Segen der Götter einerseits und den Segen des *einen* Gottes andererseits und verabschiedeten sich.

Cadog hatte die Tiere in Dreiergruppen zusammengebunden, und so zogen sie los: Cadog führte die kräftigen Ziegen, Cailton die Mutterschafe und Braínach die Lämmer. Als er am Palisadentor angekommen war, drehte er sich noch einmal kurz um. Während die anderen Dörfler sich bereits zerstreuten und ihr restliches Vieh wegbrachten, standen Gwid und ihr Vater immer noch an der Bank unter der Eiche und sahen ihnen nach. Die Häuptlingstochter hob die Hand und winkte kurz zum Abschied. Braínach winkte zurück.

»Nun, Braínach«, fragte Cailton auf dem Heimweg, »was hast du gelernt?«

»Eine Menge über Höflichkeit und Verhandeln.«

Cailton nickte und schmunzelte in sich hinein, sagte aber nichts. Er wusste, dass der Junge bald mit seinen Fragen herausrücken würde. Und daran würde er den Lernerfolg besser ablesen können als durch Nachfragen.

»Ich frage mich«, kam es da auch schon von Braínach, »ich frage mich, weshalb ihr so hart verhandelt habt. Ich hab zwischendurch die Luft angehalten und dachte, es kommt gleich zum Streit.«

»Und«, fragte nun Cailton zurück, »hast du eine Idee, weshalb?«

Braínach überlegte: »War das Ganze vielleicht so etwas wie ein Spiel, eine Art Wettkampf? Angefangen mit Garnaíd, der meinte, vielleicht hätten sie gar keine Tiere übrig, über die miserable erste Auswahl von Tieren bis zum guten Preis, den wir gezahlt haben?«

»Und wenn es so wäre, was würde das bedeuten?«, fragte Cailton wieder.

Braínach kaute auf seiner Lippe. Plötzlich hellte sich seine Miene auf und er lächelte, als er antwortete: »Wenn ihr nicht hart verhandelt hättet, wärt ihr ganz schwache Kämpfer. Und dann würden die Leute uns in Zukunft überhaupt nicht ernst nehmen.«

Cailton und Cadog lächelten nun auch und nickten.

»Und dann würden sie immer wieder versuchen, uns übers Ohr zu hauen. Was sie jetzt nicht tun werden. Auch weil sie wissen, dass wir gut bezahlen.« Braínachs Gehirn kam richtig in Schwung. »Ah!

Und sie würden unseren Glauben auch nicht ernst nehmen, all das, was wir ihnen über den einen Gott erzählen wollen. Schwächlingen glauben die bestimmt nichts. Aber wenn wir stark und zugleich fair sind, dann werden sie uns ernst nehmen.«

»Sehr gut«, meinte Cailton wieder, »sehr gut. Es hat sich gelohnt, dass du mitgekommen bist.«

Die Sonne neigte sich bereits dem Horizont zu, als sie ihre Neuerwerbungen in das Gatter brachten, das Cadog für die Tiere vorbereitet hatte. Als Bauernsohn war ihm das nicht schwergefallen.

An diesem Abend schloss Cailton zum ersten Mal die Bewohner des Dorfes in sein Fürbittengebet mit ein. Braínach dachte dabei besonders an seinen kleinen Freund, den Häuptlingssohn Braan, und dessen Schwester Gwid.

Am nächsten Tag, nach Morgengebet und Frühstück, kam Cadog zu Braínach und sagte: »Im Gatter haben unsere Tiere kaum etwas zu fressen, deshalb werden wir sie auf die große Wiese unten am Meeresarm bringen. Dabei sollst du mir von nun an morgens und abends helfen. Den Dörflern ist die Wiese zu weit weg, außerdem haben sie umzäunte Weiden für ihr Vieh.«

»Ja, aber da laufen uns die Tiere doch weg«, wandte Braínach ein. »Zurück ins Dorf zu den anderen.«

»Klar«, antwortete Cadog grinsend. »Deshalb werden ich ein paar Pfähle einschlagen, daran binden wir die Tiere fest. Alle zwei Tage müssen wir die Pfähle versetzen. Aber erst melken wir die Mutterschafe. Komm, ich zeig dir, wie das geht.«

Viehhaltung war ein völlig neues Gebiet für Braínach. In seiner adeligen Herkunftsfamilie waren ganz andere Leute für die Tiere zuständig und in Iouan hatte er die meiste Zeit in der Schule und der Schreibstube verbracht. Schafe zu melken und Ziegen anzupflocken war eine echte Herausforderung für ihn. Aber weil er längst begriffen hatte, wie alle Aufgaben zusammenhingen, sträubte er sich nicht dagegen.

Während er seine ersten Melkversuche machte, fiel Braínach eine Geschichte ein, die Vater Columcille erzählt hatte. Sie zeigte, dass der

Abt in seinem früheren Leben längst nicht so demütig und bescheiden gewesen war wie heute.

Columcille, der damals ja noch Crimthann hieß, sollte von Bischof Etchen zum Priester geweiht werden. Etchen war von schlichter Herkunft und sich nicht zu schade, auch einfache Tätigkeiten zu verrichten. Am Tag vor der geplanten Priesterweihe pflügte er mit seinen Ochsen einen Acker. Columcille empörte sich darüber und erklärte: Von einem Bauern, sei er Bischof oder nicht, würde er, ein Nachfahre des Hochkönigs Niall Nóigiallach, sich niemals zum Priester weihen lassen. Es bedurfte viel guten Zuredens von Abt Finian und seinen Freunden, bis er es sich doch gefallen ließ.

Vater Columcille hatte diese Geschichte mit folgenden Worten abgeschlossen: »Hochmut hat mir viele Fallen gestellt. Deshalb ist Demut eine so wichtige Tugend. Sie bewahrt vor vielem.« Diese Lehre wollte sich Braínach – wie eigentlich alle Worte von Abt Columcille – zu Herzen nehmen. Aber er musste sich eingestehen, dass ihm das ziemlich viel abverlangte.

Drüben im Dorf begannen die Leute, sich immer häufiger über diese merkwürdigen neuen Siedler in ihrer Nähe zu unterhalten. Was wollten die sechs Männer hier? So geschickt, wie sie in verschiedenen Handwerken waren, hatten sie es doch nicht nötig, sich in der wilden Landschaft des Nordens anzusiedeln! Händler waren es sicher auch nicht, die würden nicht in Kutten herumlaufen, sondern in vornehmen Kleidern, und sich an einem Hafen oder einer Kreuzung von Handelswegen niederlassen. Eher schon konnten es fromme Männer sein. Dazu würde jedenfalls das merkwürdige Steinzeichen oben auf dem Hügel passen, an dem einer von ihnen täglich arbeitete. Außerdem versammelten sie sich oft zum Beten und ließen dafür ihre Arbeit liegen.

Einige Neugierige machten gelegentlich einen Spaziergang, bei dem sie wie zufällig gerade dann in der Nähe der Einfriedung vorbeikamen, wenn sich dort einer der Fremden aufhielt. Immer erhielten sie freundliche und ausführliche Antworten. Und die frommen Männer waren auch aufmerksame und geduldige Zuhörer.

Eines Tages wagte sich ein Dorfbewohner, den Brainach schon öfter um ihr Anwesen hatte herumstreichen sehen, zu ihnen hinein, als sie sich zum Abendbrot versammelten.

»Guten Tag«, sagte der Dörfler unsicher, ohne jemand Bestimmtes anzuschauen. »Ich... ich bin, mein Name ist Brent. Und... und ich wohne drüben im Dorf.«

»Sei willkommen, Brent«, begrüßte ihn Cailton. »Was führt dich zu uns?«

»Ja also«, stotterte Brent weiter, »an meiner Hütte ist einiges kaputt. Und ich würde das gerne reparieren, ähm, bevor der, der Herbst kommt und die Stürme. Aber ich habe kein Werkzeug. Also kein richtiges. Jedenfalls nicht so gutes wie ihr. Keiner im Dorf. Und deshalb wollte ich fragen, ob ihr mir vielleicht eine Axt und eine Säge leihen könntet.«

Cailton sah zu Oswald hinüber.

»Eigentlich kein Problem«, sagte der Zimmermann, »aber wenn ihr keine solchen Werkzeuge habt, dann hast du wahrscheinlich auch keine Erfahrung, wie man damit umgeht. Meine Werkzeuge sind scharf und nicht ungefährlich.«

Brainach sah, wie peinlich Brent die Situation war. Seine Hütte musste in einem erbärmlichen Zustand sein, dass er sich mit seinen Schwierigkeiten an die Fremden wandte.

»Also, das is' ein Problem«, druckste Brent herum.

»Aber kein unlösbares«, meinte Cailton und nickte Oswald zu.

»Kein unlösbares«, wiederholte der und grinste. »Was hältst du davon, wenn du mir deine Hütte zeigst, und dann schauen wir mal?«

»Ja, ähm...« Brent sah ihn fragend an. Er gehörte wohl nicht zu den Hellsten, doch langsam dämmerte ihm, was der Mönch meinte. »Ja, wenn du das für mich tun würdest! Das wäre natürlich, das wäre...« Ein Strahlen ging über sein Gesicht, auch wenn ihm schon wieder die Worte fehlten. Dann aber verschwand das Strahlen wieder und er fragte: »Und was würde das kosten?«

»Mach dir mal keine Sorgen, wir werden uns schon einig«, beruhigte Oswald ihn. »Pass auf, diese Woche habe ich hier noch einiges zu tun.

Der erste Tag der Woche ist unser Feiertag. Aber am zweiten Tag der kommenden Woche schauen wir uns an, was bei dir repariert werden muss. Holst du mich ab?« Oswald streckte ihm seine Hand hin.

Brent sperrte den Mund auf, nickte begeistert und schlug kräftig ein. »Danke«, stammelte er.

Oswald hatte alle Hände voll zu tun, um Brents Rundhütte, die mehr als baufällig war, wieder in einen vernünftigen Zustand zu versetzen. An den letzten beiden Tagen nahm er Brainach als Unterstützung mit. Der war für jede Abwechslung und Gelegenheit dankbar, die Dörfler besser kennenzulernen. Vielleicht würde er dabei auch der hübschen Häuptlingstochter begegnen?

Daraus wurde allerdings nichts, denn Brents Hütte lag direkt neben dem Tor.

Brent war als Handlanger gut brauchbar, aber alleine hätte er seine Hütte nie herrichten können, auch nicht in der doppelten oder dreifachen Zeit. »Gelernt ist halt gelernt«, meinte Oswald, während der Skote ihn bewundernd ansah. Als Brent schließlich auf die Bezahlung zu sprechen kam, lachte Oswald nur und schüttelte den Kopf: »Lass man gut sein. Hat mir Spaß gemacht. Und wer weiß: Irgendwann kannst du uns auch mal helfen.«

Er gab Brainach einen Wink mit dem Kopf und sie packten zügig die Werkzeuge zusammen. Noch bevor Brent irgendein weiteres Wort herausbrachte, hatte sich der Zimmermann schon verabschiedet: »Alles Gute weiterhin und Gott befohlen.«

Diese Begebenheit sprach sich schnell im Dorf herum. So viel Hilfsbereitschaft waren die Leute nicht gewohnt. Und so richtig einordnen konnten sie das auch nicht. Aber immer mehr trauten sich, bei den Fremden um Rat und Hilfe zu bitten. Die Ärmsten erhielten beides umsonst, die Wohlhabenderen hatten für die Unterstützung einen angemessenen Preis zu zahlen, aber das sahen sie gern ein.

Doch nicht alle Menschen im Dorf waren über diese Entwicklung glücklich.

Demut und Augenhöhe

In diesem Kapitel begegnen uns zwei Pole, die eine große Auswirkung auf vielerlei Begegnungen haben.

Demut spielt insgesamt im Mönchtum eine große Rolle, häufig verstanden als Pflicht zum Gehorsam gegenüber dem Abt und zum Dienst an den Menschen. Leider wurde dies oft zu einem strengen System, das vielerorts ungesunde, ja giftige Blüten getrieben hat. Die Brüder und Schwestern mussten nur noch funktionieren und wurden nicht mehr als Menschen gesehen. Falsche Unterwürfigkeit, verdeckte Machtstrukturen oder menschenverachtende Herrschsucht, frömmelnde Heuchelei oder krankhaftes Über-Ich mit Helfersyndrom sind nur einige Stichworte. Diese Problematik betrifft bei Weitem nicht nur fromme Milieus, sondern taucht in den unterschiedlichsten Zusammenhängen auf. Viele bürgerliche Familiensysteme hatten und haben damit zu kämpfen.

Von Columcille wird berichtet, dass er als irischer Prinz durch eine harte Schule der Demut gehen musste, um seine Überheblichkeit und Profilierungssucht zu überwinden. Sein Weg führte aber nicht dazu, dass er nicht mehr geleitet hätte. Weiter trat er mit großem Selbstbewusstsein auf. So mischte er sich an den unterschiedlichsten Orten und in die verschiedensten Situationen ein, um politischen Einfluss zu nehmen, zu schlichten und zu vermitteln. Zugleich spielte für ihn der Dienst an den Geschöpfen, den Menschen und – wie bei Franz von Assisi – den Tieren eine große Rolle.

Soweit wir wissen, ist es ihm und seinen Mönchen in der Regel gut gelungen, in der Demut eine Balance zu finden. Sie hatten Mut zum Dienen, ohne sich selbst oder die Hilfeempfänger dadurch klein zu machen. Dienst an den Menschen steht ja immer auch in der Gefahr, sich selbst in ein gutes Licht zu rücken und bei den Empfangenden nur die Bedürftigkeit zu fokussieren und nicht auch die Fähigkeiten – und sie so letztlich zu beschämen und auf diese Rolle festzunageln.

In unserer Arbeit in der Berliner Stadtmission ist das permanent ein wichtiges Thema, gerade wenn es um Obdach- und Wohnungslose geht, um Geflüchtete oder Seniorenheim-Bewohnende, in der Straffälligenhilfe oder Nachbarschaftarbeit: Wie gelingt es, so zu dienen, dass nötige Hilfen gegeben werden und die Gäste, Bewohner, Klienten, Nachbarn zugleich ihre Kompetenzen entdecken und Selbstwirksamkeit entfalten können?

Während des Corona-Lockdowns hat eine unserer Gemeinden einen Teil der zentral für Obdachlose und Arme täglich zusammengestellten Lebensmittelpäckchen an bedürftige Menschen in der Nachbarschaft verteilt. Aus den kurzen Gesprächen an den Haustüren – wo es nicht nur um Essen, sondern vor allem um Einsamkeit ging – entstand die Idee, nach dem Lockdown einmal wöchentlich einen »Mittag im Hof« zu organisieren, wo ein paar für die größere Runde kochen, und zwar soweit möglich reihum. So ist eine Gemeinschaft auf Augenhöhe entstanden, in der keiner beschämt wird. Das ist zugleich ein heilsames Gegenmittel gegen das Helfersyndrom, wo das Selbstwertgefühl darauf angewiesen ist, ständig Gutes zu tun und nicht auf sich zu achten (vgl. Kapitel 12).

Die Schwachen zu stärken (statt sie zu beschämen) gehört nach Hesekiel 34,16 zum göttlichen Hirtenamt.

Von Jesus berichten die Evangelien viele Beispiele, die genau diese Balance zwischen Demut und Augenhöhe zeigen. So suchte beispielsweise die blutflüssige Frau Heilung bei ihm und bekam sie, aber dann holte Jesus sie aus ihrer zutiefst schamhaften Anonymität. Schließlich sagte er zu ihr: »Dein Glaube hat dich gesund gemacht« (Markus 5,34). Damit stärkt er ihre Selbstwirksamkeit.

Auch das Feilschen um die Tiere in unserer Geschichte kann man in diesem Zusammenhang sehen – eine andere Form von Augenhöhe.

- Wo beobachtest du in deinem persönlichen, beruflichen oder gemeindlichen Umfeld ungesunde Strukturen von Macht und Unterwerfung, Hilfe und Beschämung?
- Wo hast du schon mal erlebt, dass dir jemand so gedient hat, dass es dich aufgerichtet und groß gemacht hat? Was hat das bei dir für Gefühle und Gedanken ausgelöst?
- Welche Konsequenzen könnte diese Haltung für Hilfsaktionen haben, die in deiner Gemeinde oder Stadt organisiert werden?

3. KAPITEL

in dem jemand die Aussicht genießt und ein anderer frisch erworbenes Wissen teilt

Braínach saß an seinem Lieblingsplatz hoch oben auf der kahlen Bergkuppe über Kloster und Dorf bei dem Steinkreuz, das Bruder Cadog fast fertiggestellt hatte. Er musste nur noch die Verzierungen an der Rückseite ausarbeiten. Vorige Woche hatten sie den Fuß des gewaltigen Monumentes mit vereinten Kräften und stabilen Balken als Hebel in das von Cadog aus dem Fels gehauene Loch befördert.

An Werktagen hatte Braínach keine Zeit, hierherzukommen. Selbst wenn er sich beeilte – und er war inzwischen an die steilen Berghänge gewöhnt –, brauchte er eine gute Stunde für den Weg. Aber sonntags hatten sie nach dem Gottesdienst und dem Mittagsmahl frei und er kam oft hierher. Der Aufstieg lohnte sich immer, besonders bei herrlichem Sommerwetter wie heute, wo man weit über das Tal sehen konnte. Braínachs Blick schweifte zur Klosteranlage, die aus dieser Höhe klein wie Spielzeugklötzchen aussah.

Die letzten Monate hier am Ufer von Loch Carron waren von Gebet, Zeiten der Gemeinschaft und fleißiger Arbeit geprägt gewesen. Da gab es keinen Unterschied zwischen dem geweihten Priester Cailton und den anderen Brüdern. Jeder hatte bestimmte Aufgaben, aber immer wieder saßen sie auch zusammen und planten, was gemeinsam angepackt werden musste. Oswald kam in der Anfangszeit eine besondere Rolle zu. Als erstes Bauwerk war unter seiner Leitung eine stattliche Rundhütte entstanden. Jetzt war Hochsommer und ihr kleines Anwesen hatte richtig Formen angenommen.

Braínach mochte den bescheidenen Zimmermann sehr gern. Oswald stammte von der Insel Mull, die im Gegensatz zu Iouan überwiegend von Wald bedeckt war, beste Arbeitsbedingungen für einen Zimmermann. Aber Oswald gehörte zu der neugierigen Sorte Mensch, wie er gern sagte. Irgendwann war es ihm in seinem Skoten-Dorf zu eng und zu langweilig geworden und er hatte sich auf Wanderschaft begeben. Dass er ausgerechnet nach Westen wollte, dorthin, wo die kleinen Inseln und das große Meer waren, hatte ihm den Spott seiner Dörfler eingebracht. Wenn schon Wandern, dann auf dem Festland! Aber Oswald hatte von den Mönchen auf Iouan gehört und von deren neuem Glauben und das hatte ihn angezogen. Viele der Hütten und die Kirche dort hatte er mitgebaut und später seine Handwerkskunst bei Reparaturarbeiten eingesetzt. Weil er sehr wissbegierig war, hatte er sich von den Bauern beibringen lassen, wie man Getreide anbaut.

Oswald war keiner, der viel sprach oder sich sonst irgendwie in den Vordergrund spielte. Ein Stiller, aber immer freundlich und aufmerksam. Für Braínach war der Zimmermann so etwas wie ein großer Bruder. Er hätte ihm auch seine geheimsten Gedanken anvertraut und sprach oft mit ihm über das, was ihn bewegte. Nein, großer Bruder war die falsche Bezeichnung. Oswald war sein Seelenfreund. Eigentlich sollte jeder Mönch und jede Nonne so jemand haben, einen, dem man alles anvertrauen konnte und der auf einen achtete. Braínach hatte mit Oswald nie darüber gesprochen, ob er das für ihn sein wollte. Aber vielleicht war das auch gar nicht nötig. Das war ja das Schöne bei Oswald, bei ihm brauchte es nicht viele Worte.

Für die Rundhütte, die ihnen als Gemeinschaftshaus diente, hatte der Zimmermann im Bergwald viele schlanke Stämme geschlagen. Die meisten hatte er auf eine Länge von acht Fuß gesägt und mit Ternan zu ihrem Bauplatz transportiert. Dort hatte er sie an einer Seite zugespitzt und anschließend hatte Ternan sie mit seinem schwersten Schmiedehammer im Abstand von einem Schritt als großes Oval in den Boden gerammt. Die Zwischenräume füllte Oswald mit gleichmäßigem Flechtwerk aus, das er anschließend mit einem zähen Brei aus Lehm und Stroh verschmierte. Einmal getrocknet ergab das eine robuste, wetterfeste Wand. Für die Dachkonstruktion verwendete er weitere Stämme und Äste.

Braínach bekam die Aufgabe, am Ufer Schilf für das Dach zu schneiden. Es brauchte einen riesigen Berg, um das Dach regendicht zu bekommen. Deshalb war Braínach ausgesprochen dankbar, dass ihn sein kleiner Freund Braan häufig bei der Arbeit unterstützte.

Überhaupt trieb sich Braan fast ständig bei den Mönchen herum und half Braínach manchmal beim Hacken und Graben. Neugierig beobachtete er auch die anderen bei ihren Arbeiten, stand ihnen häufig im Weg und löcherte sie mit Fragen. Aber Braínach freute sich immer, wenn er den Jungen sah. Wenn Oswald sein großer Bruder war, dann war Braan sein kleiner.

Wobei auch das nicht wirklich stimmte. Oft war das Dorf, die Lebenswelt, aus der Braan kam, für Braínach zu fremd und rätselhaft. Die Sprache war zwar kein Problem, aber er war in einem gebildeten christlichen Umfeld aufgewachsen. Die Dörfler hier waren dagegen weitgehend ungebildet und allesamt Heiden, die in der alten Kultur und dem Götterglauben tief verwurzelt waren. Manchen ihrer Bräuche war er zwar als Kind begegnet, aber sie waren ihm immer unverständlich geblieben. Sie waren auf eine dunkle Art und Weise geheimnisvoll, die auf ihn keine Anziehungskraft ausübte. Er empfand sie eher als abstoßend rückständig.

In Iouan hatte Abt Columcille sie immer wieder ermahnt, die alten Traditionen nicht zu verachten, sondern bei allen Unterschieden nach Gemeinsamkeiten Ausschau zu halten. Braínach hatte allerdings seine Zweifel, ob die Unterschiede nicht früher oder später zu Streit und Kampf führen mussten – zumindest hier, wo die Menschen eindeutig wilder waren als in seiner irischen Heimat oder auf Iouan.

Er schaute zu dem Dorf, das tief unter ihm lag, dort, wo sich der breite Gebirgsbach von den höheren Bergen im Nordwesten einen gewundenen Graben herausgespült hatte und in die Bucht mündete. Hinter dem Dorf schlängelte sich der Weg über die Passhöhe auf der anderen Seite zum nächsten Dorf am Ende von Loch Kishorn. Ob sie den Skoten wohl ihren Glauben nahebringen konnten?

Braínach betrachtete nachdenklich das Haus des Häuptlings, die größte Rundhütte im Dorf. Ihre eigene Rundhütte war noch stattlicher, aber es lebten ja auch sechs erwachsene Männern darin. Die Hütte bestand nur aus einem Raum. Auf der einen Seite befanden sich sechs einfache Nachtlager. In der Mitte stand ein großer, grober, rechteckiger Holztisch mit zwei niedrigen, langen Bänken und zwei Hockern. An dem einen Kopfende saß Cailton, das andere wurde für besondere Gäste frei gehalten.

»Ich bin gespannt«, dachte Braínach, »wann wir die ersten Gäste bekommen – mal abgesehen von Braan.«

Links vom Tisch war Aodháns Reich. Cadog hatte einen steinernen Herd und einen runden Lehmofen gebaut, beide mit Rauchabzug durch die Außenwand, sodass Aodhán endlich vernünftig kochen und backen konnte. Bis dahin hatte er seinen Kessel unter freiem Himmel an einem Dreibein über einer Feuerstelle aufgehängt und meist Suppen und Eintöpfe zubereitet. Einmal hatte es so richtig in den Kessel reingeregnet. Statt sich zu ärgern, hatte der Koch gelacht und gemeint: »Prima, jetzt reicht die Suppe für zwei Tage.«

Aodhán war ein Mensch von sonnigem Gemüt, immer gut gelaunt und zu einem Witz aufgelegt, mit weißblonden Haaren, hellblauen Augen und apfelrot leuchtenden Wangen. Sein Name bedeutete »kleines Feuer« und passte überaus treffend, denn als ihr Koch verbrachte er die meiste Zeit des Tages am Herdfeuer. Vielleicht kam daher auch seine gesunde Gesichtsfarbe.

Auch wenn der Koch eine Plaudertasche war, von sich selbst sprach er nie. Braínach wusste nicht einmal, woher er stammte. Irgendwann war er in Iouan aufgetaucht und hatte wie selbstverständlich die

Küchenarbeit übernommen, und das mit viel Geschick und Umsicht. Auch wenn die Mahlzeiten nach den Anweisungen von Columcille in der Regel schlicht gehalten waren – wenn Aodhán kochte, waren sie bei aller Schlichtheit ausgesprochen schmackhaft! Seinem Brot aus Dinkel und Emmer mischte er besondere Gewürze bei, sodass es unvergleichlich duftete. Seine schlichte Fischsuppe war heiß begehrt, seine kräftige Gemüsesuppe nicht minder. Leider waren die Portionen im Normalfall rationiert.

Met und Corma, das mit Honig gesüßte Gerstenbier, schmeckten von ihm gebraut auch verdünnt wie in der Fastenzeit nicht wässrig, sondern immer noch rund und kräftig. Und wenn Aodhán in Iouan zu besonderen Festen seinen Künsten richtig Raum geben durfte, zauberte er Köstlichkeiten, deren Geruch einem das Wasser im Mund zusammenlaufen ließ und deren wunderbarer Nachgeschmack den Gaumen noch lange erfreute: gekochtes oder am Spieß gebratenes Schweine-, Ochsen- oder Rindfleisch, zart und würzig, dazu Brot mit salziger Butter und kräftigem Käse oder auch süß mit Honig und feinem weißen Quark oder Beerenmus. Bei solchen Gelegenheiten gab es außerdem reichlich Honigwein, für dessen Herstellung Aodhán ebenfalls ein Händchen hatte.

Was für ein Glück, dass der Koch zu ihrer Gruppe gehörte! Selbst aus Löwenzahn und Brennnesseln konnte er etwas wirklich Essbares produzieren. Gerade zur Anfangszeit in der Fremde war das außerordentlich hilfreich gewesen, denn diese Pflanzen wuchsen im Frühjahr reichlich.

Braínach wurde den Verdacht nicht los, dass Aodhán vor seinem Auftauchen in Iouan in einem großen irischen Kloster die Küche geführt hatte. Irgendetwas musste geschehen sein, dass er sich aus dem Staub gemacht hatte. Der junge Mönch bezweifelte, dass die geistliche Pilgerreise ihn dazu angetrieben hatte. Aodhán hielt sich zwar kommentarlos an die Regeln der Gemeinschaft und nahm brav an allen Gebetszeiten und Gottesdiensten teil, aber über den Glauben hatte er sich bisher genauso wenig geäußert wie über seine Vergangenheit. Auch wenn die Sprache auf Musik und Dichtung und damit auf Barden und Druiden kam, enthielt er sich jeden Kommentars.

Um möglichst lange mit den mitgebrachten Vorräten auszukommen, gab es seit etlichen Wochen fast täglich Fischsuppe, obwohl keine Fastenzeit war. Ternan hatte nämlich eine hervorragende Stelle für den Fischfang gefunden. Die Landzunge in ihrer Nähe ragte am äußersten Ende mit zwei Felsnadeln in den Meeresarm hinein. Vor dem nördlichen lag ein weiterer Felsen selbst bei Ebbe unter der Wasseroberfläche. Dazwischen strömte das Wasser beim Gezeitenwechsel schneller als in der Umgebung und zog die Fische mit sich. Genau hier befestigte der Schmied seine Reusen an zwei Pfählen, die er tief in den Untergrund rammte. Es verging kein Tag, an dem er nicht reiche Beute heimbrachte. Die überzähligen Schellfische, die von Aodhán nicht gleich zu Suppe verarbeitet wurden, räucherte Ternan über seinem Schmiedefeuer als Vorrat für die kalte Jahreszeit. Der Winter hier im Norden würde länger und härter sein als auf Iouan, denn der warme Meeresstrom, der draußen vor den Inseln vorbeizog und das Klima mild machte, kam nicht in die gewundenen Meeresarme. Da war es gut, frühzeitig Vorräte anzulegen.

An der Südseite innerhalb des noch unfertigen *vallum* hatte Aodhán gleich zu Anfang einen beeindruckenden Gemüsegarten angelegt, für den er aus Iouan Samen und Stecklinge mitgebracht hatte. Inzwischen ernteten sie Zwiebeln, Lauch, Kohl und Rüben und an Stangen wuchsen Erbsen, Linsen und Bohnen. Am Rande hatte er Lein gesät, dessen Öl sie ab dem Herbst zur Essenszubereitung und für die Lampen benutzen wollten.

Oswald hatte dem Koch dabei geholfen, außerhalb ihres eingegrenzten Geländes ein kleines Getreidefeld anzulegen. Jeweils ein Säckchen Saatgut von Gerste für die Suppen sowie Dinkel und Emmer für das Brot hatten sie mitgebracht. Da sie weder einen Pflug noch einen Esel oder Ochsen hatten transportieren können, musste der Boden mühsam mit der Hacke aufgebrochen werden, um den Getreidesamen einzubringen. Man sah Aodhán an, dass ihm diese

Sorte harter körperlicher Arbeit nicht besonders behagte, aber er hatte sie genauso kommentarlos übernommen, wie er an den religiösen Pflichten teilnahm.

Als Nächstes schlossen sie den Bau ihrer kleinen Kirche ab. Diese sah anders aus als ein Wohnhaus. Nicht rund, sondern rechteckig, der Eingang im Westen, der Altar im Osten. Oswald war in seinem Element, denn er kannte die Neun-Balken-Technik, mit der man ein Satteldach auf ein Gebäude setzen konnte. Mehr als einmal hatte er dies voller Stolz erwähnt. Auf vier dicke Eckpfeiler setzte er jeweils zwei Balken, die schräg nach oben führten und sich dort überschnitten. In die so entstehende Gabel legte er den First als neunten Balken. Die Wände wurden mit Fachwerk und Lehm ausgefüllt und das Dach mit Reet. Auch hier war Brainach für die Beschaffung zuständig gewesen.

Trotz dieser Zusatzaufgaben kam Brainach mit Braans Hilfe mit Graben und Wall gut voran. Von seinem Aussichtspunkt konnte er dies gut erkennen: Etwa drei Viertel des *vallums* waren fertig. Es fehlte nur noch ein Stück auf der Seite zum Ufer hin. Die beiden Gärten lagen innerhalb des Rings wie zwei Tücher in verschiedenen Grüntönen.

Die Beete in Vater Cailtons Kräutergarten waren viel kleiner und von mehr festen Wegen durchzogen als der Gemüsegarten. Auch er hatte einige Setzlinge von Iouan mitgebracht, anderes sammelte er in der Natur. Noch fehlten wichtige Heilkräuter, aber es war ein guter Anfang gemacht.

Brainachs Blick wanderte zur Schmiede, die sie erst kürzlich fertiggestellt hatten. Ternan hatte sich zunächst unter freiem Himmel seine Esse aufgebaut und dort Unmengen großer Nägel geschmiedet, die Oswald für die Bauarbeiten brauchte. Für die verschiedenen Werkzeuge hatte der Zimmermann einen Verschlag an die Rundhütte gebaut. Der junge Mönch entdeckte, dass aus der Esse eine feine Rauchsäule aufstieg, und wunderte sich. Arbeitete Ternan etwa am Sonntag? Er zuckte mit den Achseln, das war nicht seine Sache.

Ein weiterer Verschlag auf der anderen Seite der Rundhütte barg ihren Abort. Daran schloss sich das kleine Viehgatter mit den Tieren an, die sie im Dorf gekauft hatten. Von hier oben sahen sie klein wie Wollflocken aus.

Er drehte sich um und betrachtete die Landschaft. Auf der Rückseite der Bergkuppe lag ein kleiner See. Er hatte fast die Form eines gegerbten Tierfelles und spiegelte das Blau des Himmels. Braínach schätzte am Stand der Sonne ab, wie viel Zeit er noch bis zum Abendbrot hatte. Wenn er zügig ging, konnte er den Umweg schaffen: hinunter zum See, dann nach Nordosten durch den Wald. Von da führte ein Wildwechsel, den Oswald entdeckt hatte, zurück auf den Weg von der Passhöhe zum Dorf.

Der junge Mönch schmunzelte, als ihm einfiel, wie ihn die Wildnis anfangs eingeschüchtert hatte. Inzwischen kannte er sich schon gut aus und hatte, selbst wenn er allein unterwegs war, keine Angst mehr.

Auf dem Weg durch den Wald hielt er die Augen aufmerksam auf den Pfad gerichtet, um sich nicht zu verirren, aber als er auf dem ausgetretenen Lehmweg war, begannen seine Gedanken wieder zu schweifen.

Was waren sie für ein bunt gemischter Haufen. Nicht nur, was Alter und Fähigkeiten anbelangte, sondern auch vom Charakter her.

Aus Ternan wurde er immer noch nicht schlau. Der Schmied hatte sein Handwerk von seinem Vater gelernt, offenbar ein sehr strenger, wenn nicht gar erbarmungsloser Herr, wie er aus den Zwischentönen der knappen Berichte schloss. Jedenfalls hatte Ternan schon als junger Mann sein Heimatdorf in Irland verlassen und sein Glück in der Fremde gesucht. Der Blick unter seinen eindrucksvollen Augenbrauen war oft ebenso dunkel wie seine Haare. Er lächelte nur selten und hüllte sich meist in Schweigen. Ternan liebte die Einsamkeit und zog sich, wann immer es die Zeit erlaubte, zu seinen Reusen zurück. Gleichzeitig war er ausgesprochen hilfsbereit, und weil er sich auf allerlei nützliche Dinge verstand, wurde er ganz schön oft gebraucht.

Als Schmied war er ein Meister seines Fachs. Schon in Iouan hatte Braínach ihm in seiner Freizeit gern zugeschaut. Hier hatte er leider nur selten Zeit dazu. Der Schmied war immer völlig konzentriert, ja versunken in seiner Arbeit. Mit Zangen und Hämmern verstand er es, das glühende Eisen zum Leben zu erwecken. Ein wenig Roheisen hatte er auf ihrer Herkunft mitbringen können. Der nächste Schmied lebte im Dorf auf der anderen Seite des Bergrückens. Dorthin war Ternan schon einige Mal mit einer Kiepe auf dem Rücken gewandert, um Nachschub zu kaufen. Er hatte damit die verschiedensten Werkzeuge gefertigt: Hacken, Sensen, Beile, Sicheln und Messer. Dabei fügte er das Eisen fast noch glühend mit den Holzgriffen, die ihm Oswald lieferte, zu einer unverwüstlichen Einheit zusammen.

Seine wirkliche Meisterschaft zeigte Ternan aber bei der Herstellung von anderen Gegenständen. Schon allein die Halterung für den großen Kochkessel! Sie bestand aus drei mit Ringen verbundenen eisernen Strängen, die wie geflochtene Seile aussahen, und die Haken an den unteren Enden waren wie kleine Hände geformt. Die Wandhalterungen für die Öllampen waren mit feinen Mustern überzogen. Am allerschönsten aber fand Braínach das kleine Sonnenkreuz aus Bronze, das Ternan noch in Iouan geschmiedet hatte, denn das kostbare Material und die speziellen Werkzeuge, die er dafür benötigte, konnte er nicht mit auf die Pilgerschaft nehmen. Der Stamm des Kreuzes wirkte, als sei er aus endlos ineinander verwobenen Spiralen zusammengefügt, die an den drei oberen Enden jeweils in eine Fläche zusammenliefen, in die kleine engelartige Figuren eingraviert waren. Das Sonnenkreuz selbst war mit feinen Strahlen überzogen.

Ternan war in einer christlichen Familie aufgewachsen und früh getauft worden. Aber irgendwie schien das belastete Verhältnis zu seinem Vater ihm bis heute in religiösen Dingen im Weg zu sein. In den Gebetszeiten und Gottesdiensten hatte Braínach immer den Eindruck, dass Ternan alles ohne echte Beteiligung abspulte. Beim Schmieden aber war er mit ganzem Herzen dabei. Vielleicht war das seine besondere Art, zu beten.

In Gedanken versunken wanderte Braínach gerade am Dorf vorbei, als die Handglocke vom Kloster her erklang. »Jetzt aber schnell«, dachte er.

»Wo ist eigentlich Braan?«, fragte sich Braínach zwei Tage später, während er an seinem *vallum* arbeitete. Schon am Vortag hatte er ihn vermisst und auch heute war er nicht aufgetaucht.

Braínach zuckte nachdenklich die Schultern und warf ein paar Steine auf den Wall. Längst hatten sich seine Hände an den Umgang mit Hacke und Schaufel gewöhnt und unempfindliche Schwielen gebildet. Seine Arme schmerzten nicht mehr vom Muskelkater, sondern waren richtig muskulös geworden.

Am späten Nachmittag in einer kurzen Verschnaufpause entdeckte er Braan in der Ferne. Anders als sonst kam der Junge nicht angesaust, sondern trottete langsam heran.

»Hey, Braan«, rief Braínach, »was ist los mit dir? Hat dir einer in die Suppe gespuckt?«

Braan setzte sich auf ein fertiges Stück des Walls, seufzte und ließ den Kopf hängen.

»Na, na«, meinte Braínach tröstend, legte die Hacke beiseite und setzte sich neben seinen kleinen Freund. »Was ist denn los? Erzähl mal.«

Wieder seufzte Braan tief und brachte dann zwischen knirschenden Zähnen hervor: »Ich hasse diesen Druiden.«

»Oho, hassen ist ein starkes Wort. Warum hasst du ihn denn?«

»Vorgestern Abend stand Wulfric plötzlich vor unserer Tür und wollte meinen Vater sprechen. Weil ich meinen Name gehört habe, habe ich gelauscht. Wulfric redete auf meinen Vater ein und sagte: ›Es ist nicht gut, dass Braan sich so oft bei den Fremden herumtreibt. Man weiß nicht, was die mit ihm anstellen. Es sind zwar fromme Männer, aber sie verehren irgendeinen neuen Gott. Nicht dass sie Braan auf den falschen Weg bringen. Außerdem ist er schon acht und es wird höchste Zeit, dass er bei einem anständigen Druiden in die Schule geht. Wie soll er sonst später das Amt des Häuptlings übernehmen?‹«

»Und was hat dein Vater geantwortet?«

»Der hat irgendwas gebrummt wie: ›So schlimm werden die Mönche schon nicht sein. Ich bin bisher ganz gut mit ihnen klargekommen. Aber dass Braan mal anfangen soll, was zu lernen, leuchtet mir ein.‹ – Und dann hat er mich gerufen. Ich bin nicht sofort gekommen, sonst hätten die gemerkt, dass ich gelauscht habe. Mein Vater hat mich streng angeschaut und gesagt: ›Ab morgen gehst du vormittags bei Wulfric in die Schule. Und sei folgsam! Es ist eine Ehre, von einem Druiden unterrichtet zu werden. Hast du verstanden?‹ – Tja, das war's dann jetzt.« Wieder seufzte Braan.

»Ist das mit dem Unterricht denn so schlimm? Ich hab immer gerne gelernt. Und Vater Columcille auf Iouan hat uns beigebracht, dass man Druiden ehren soll.«

»Jetzt fängst du auch schon so an«, brauste Braan auf, »du kennst Wulfric ja nicht. Der ist gemein und hinterhältig. Der will nichts Gutes. Euch kann ich vertrauen. Aber ihm? Niemals!«

Braínach erwiderte tröstend: »Auch wenn euer Druide vielleicht kein guter Mann ist, ist er bestimmt weise, und du kannst viel von ihm lernen. Und nachmittags kannst du ja immer noch zu uns kommen. Dann könnten wir darüber reden, was du morgens im Unterricht gelernt hast. Was meinst du?«

»Jaaa, guuut«, gab Braan gedehnt von sich. So richtig begeistert klang er nicht, aber auch nicht mehr so niedergeschlagen wie zuvor.

Wie vereinbart trafen sie sich in den nächsten Wochen nachmittags am Wall, und während der junge Mönch arbeitete, erzählte Braan, was er morgens gelernt hatte. Manches war sogar für Braínach neu, vor allem was die Kenntnis der Natur anging. Dass jemand mit vielerlei Pflanzen und Heilkräutern vertraut war, kannte der junge Mönch ja von Cailton. Aber über den Lauf von Sonne und Mond und von den unzähligen Sternen wusste er nichts.

Eines Tages kam Braan nach dem Unterricht bei Wulfric angerannt und rief schon von Weitem: »Heute Abend muss ich bis nach eurem Abendgebet bei euch bleiben. Ich muss dir etwas zeigen.«

»Und warum erst so spät?«, wunderte sich Braínach.

»Weil es dazu dunkel sein muss, richtig dunkel«, antwortete Braan mit leuchtenden Augen.

»Aha«, Braínach hatte immer noch keine Ahnung, wovon sein Freund sprach, »aber das ist sehr spät. Und im Dunklen sieht man doch nichts.«

»Doch, dann sieht man die Sterne!«, rief Braan. »Gestern Abend hat Wulfric mich nach Einbruch der Dunkelheit abgeholt und ist mit mir runter zum Meeresarm gegangen, wo keine Bäume stehen. Und dann hat er mir die Sternbilder gezeigt. Jedenfalls ein paar.«

»Sternbilder?« Braínach kam sich ziemlich dumm und ahnungslos vor. Für ihn waren die Sterne bis jetzt nur ein flirrender Teppich aus unendlich vielen Lichtpunkten am samtschwarzen Nachthimmel gewesen, manche heller, viele nur wie ein ineinanderfließender Schimmer. Dazwischen zog sich ein mäanderndes Band wie ein heller Lichtfluss quer über ihnen hin. Ob das mit den Bildern gemeint war?

»Nein«, rief Braan auf seine Frage, »das ist die Milchstraße. Die Sternbilder bestehen aus den hellen Sternen, die mit unsichtbaren Linien verbunden sind. Die bilden Figuren. Eine Waage zum Beispiel oder eine Schlange oder einen Helden mit Schwert. Ich zeig's dir heute Abend. Darf ich so lange bleiben?«

»Von mir aus gerne«, antwortete Braínach. Er war richtig neugierig geworden. »Aber hol dir die Erlaubnis von deinem Vater und sag ihm, dass ich dich danach nach Hause bringen werde.«

»Bin schon unterwegs«, rief Braan begeistert und sauste davon. Braínach ging zu Cailton, um auch dessen Zustimmung einzuholen. Der nickte freundlich und meinte: »Ja, die Sterne, das ist noch mal ein Thema für sich.«

Nach dem Nachtgebet eilten der junge Mönch und der Skotenknabe nach draußen, suchten sich einen freien Platz, legten sich auf den Rücken ins Gras und starrten in den wolkenlosen Himmel. Braínach hätte das wunderbare Bild gerne erst einmal in Ruhe genossen, aber Braan legte sofort mit seinen Erklärungen los. Der Ältere staunte, wie viel der Kleine nach nur einer Lektion behalten hatte und erklären konnte, auch wenn er sich bei manchen Sternbildern nicht ganz sicher war.

Braínach hörte kommentarlos zu und versuchte, sich das eine oder andere zu merken. Aber irgendetwas lag in seinem Kopf quer. Schließlich rückte er damit heraus: »In meinem Kopf kann ich mir die Linien zwischen den Sternen vorstellen und auch die Bilder. Aber du sagst, das sind echte Bilder von Göttern?«

»Ja«, antwortete Braan eifrig, »die bewegen sich ja auch. Wenn wir mitten in der Nacht aufstehen, dann sind die woanders am Himmel, und morgen vor Sonnenaufgang auch wieder. Im Winter laufen sie anders als im Sommer. Und dann gibt es noch einzelne besonders helle Sterne. Die sind viel näher und bewegen sich ganz anders. Wulfric sagt, dass er aus dieser Bewegung lesen kann, was die Sternengötter uns sagen wollen. Die haben eine lautlose, aber mächtige Sprache für den, der gelernt hat, sie zu verstehen.«

»Hm«, machte Braínach. Ihm kam eine Geschichte von ihrem Gott in den Sinn, der den Himmel, die Erde und das Meer gemacht hatte. Dieser Gott hatte einem Mann namens Abraham einmal den Sternenhimmel gezeigt. Aber da waren die Sterne keine Götter, sondern ein Bild für zahlreiche Nachkommen.

Bei Gelegenheit musste er Cailton befragen, was er von alledem hielt. Seine geheimnisvolle Bemerkung vom Nachmittag zeigte, dass er etwas davon verstand.

Langsam wurde es kühl und der nächtliche Tau befeuchtete den Boden. Die beiden standen auf, und Braínach brachte den Kleinen wie versprochen nach Hause. »Ich danke dir«, sagte er zum Abschied. »Ich hab heute richtig viel von dir gelernt.« Braan strahlte ihn an: »Gerne! Gute Nacht.«

Nicht immer kam Braan so glücklich von seinem Unterricht. »Heute war es schrecklich langweilig«, stöhnte er einmal. »Wulfric hat mir alle möglichen Gesetze erklärt. Er hat behauptet, als Häuptling müsse ich die auswendig können. Aber was interessiert mich, was welches Kind erbt, wenn ein Mann mehrere Frauen hatte. Mein Vater hatte nur eine Frau. Und die ist tot.«

Braínach nickte verständnisvoll, fragte aber nach: »Ist es bei euch normal, dass ein Mann mehrere Frauen hat?«

»Jo, mal so, mal so«, gab Braan gleichgültig zur Antwort. »Interessiert mich nicht. Aber Wulfric sagt, zu allem gibt es genaue Gesetze. Echt zu allem! Wenn deine Ziegen weglaufen und bei meinem Vater Gras fressen, dann gibt es genaue Regeln, was du ihm bezahlen musst. Oder wenn wir uns prügeln würden und ich dir einen Zahn ausschlage, würde das richtig teuer für mich. Du bist ja auch so was wie ein Häuptlingssohn, oder? Wenn du ein Sklave wärst, kostet so'n Zahn viel weniger. Dieses ganze Zeugs muss ich auswendig lernen! Aber warum? Wozu hat man denn einen Druiden im Dorf?«

An anderen Tagen wieder erzählte Braan merkwürdige Geschichten von Göttern und Geistern. Die wohnten nach dem Glauben der Dorfbewohner überall, nicht nur in den Sternen, sondern auch in Bäumen und Quellen, im Meer und auf den Bergen, in Hirschen und Schlangen, im Eisen und in Höhlen. Immer musste man darauf achten, keinen zu beleidigen und alle zufriedenzustellen, sonst konnten diese Wesen sehr grausam sein. Braínach hatte früher schon manches darüber gehört, aber in seiner Familie und auf Iouan war ihm das weit weg vorgekommen. Hier fühlte es sich dagegen bedrohlich nah an. War es da hilfreich oder gefährlich, bei Gelegenheit Braan vom Gott der Christen und von seinem Sohn Jesus zu erzählen?

Gemeinsamkeiten und Unterschiede

In diesem Kapitel wird ein schmaler Grat beschrieben, der in der Missionsgeschichte immer eine entscheidende Herausforderung war und bis heute ist: Als Christen sind wir – um es mit den Worten von Jesus zu sagen – in der Welt, aber nicht von der Welt (Johannes 17,16.18).

Gemeinsamkeiten und Anknüpfungspunkte einerseits und Unterschiede und Trennendes andererseits sind zwei Pole, die weise aufeinander zu beziehen sind, denn man kann auf beiden Seiten vom Pferd fallen. Wenn vor lauter »Niederschwelligkeit« das Evangelium keine Rolle mehr spielt, nicht herausfordern und keine kritischen Anfragen stellen darf, wird Kirche banal. Wenn Christen vor lauter Abgrenzung überall Verrat am Glauben wittern, werden sie zu einer weltfernen Sekte.

Die keltischen Mönche hatten darin häufig eine ausgesprochen gute Balance, wie der missionarische Erfolg ihrer Pilgerreisen zeigt. Wo immer möglich suchten und fanden sie Anknüpfungspunkte und bauten den Menschen, denen sie begegneten, Brücken zum Verständnis des neuen Glaubens.

So war es für die Kelten eigentlich leicht, an einen dreieinigen Gott, Vater, Sohn und Geisteskraft zu glauben, denn auch in ihrer heidnischen Vorstellung gab es die Drei-Natur des Göttlichen, zum Beispiel in drei eng verbundenen Muttergöttinnen der Fruchtbarkeit. Vorhandene Vorstellungen wurden deshalb im christlichen Sinn umgedeutet und gedanklich »getauft«.

Vom verstorbenen Theologen Wolf-Dieter Hauschild (Münster) stammt das Motto »Interpretation statt Konfrontation«. Er hatte dabei vor allem die Wünsche von Brautpaaren für ihre Trauung oder von Hinterbliebenen für eine Beerdigung im Blick. Sein Kerngedanke: Kirchenferne Menschen sollten nicht mit irgendwelchen (kulturellen) Regeln von Kirche abgeschreckt werden. Stattdessen wollte er ihren Vorstellungen einen anderen Deutungsrahmen geben und diese mit Kerngedanken des Evangeliums verknüpfen. Das hat zwar Grenzen, aber gerade in den Vorbereitungstreffen können sich weite Türen öffnen.

Was zunächst in die theologische Ausbildung gehört, ist auch hilfreich für Gespräche zwischen Christen und Nichtchristen: Statt unchristliche Denkfiguren abzuwehren, dürfen wir nach Verständnisbrücken suchen. In den letzten Jahren habe ich es hier in Berlin häufiger erlebt, dass solche Gespräche besonders fruchtbar waren, wenn sich Menschen aus atheistischem Hintergrund bereits kritisch mit der christlichen Religion beschäftigt hatten. In vielem konnte und wollte ich ihnen zustimmen, weil ihre Religionskritik sehr stark an die alttestamentlichen Propheten erinnerte (z. B. Amos) und ihre Vorstellung von Gerechtigkeit verblüffende Nähe zur Botschaft von Jesus hatte, ohne dass ihnen das bewusst war. Dass ich ihnen diese biblische Nähe aufzeigen konnte, hat bei ihnen viele neue Gedanken ausgelöst. Statt sich über »die Kirche« zu echauffieren, begannen sie, über Jesus und seinen Umgang mit Menschen nachzudenken.

Mit der Art und Weise, wie Columcille und die Mönche den Druiden und Barden begegneten, brachten sie ihnen Wertschätzung entgegen. Sie schufen Gemeinsamkeiten und Anknüpfungspunkte.

Zugleich benannten und markierten sie Unterschiede und Unvereinbarkeiten sehr klar, nämlich wo es um den Kern des Glaubens an den dreieinigen Gott ging, darum, dass er Herr der Welt ist, Schöpfer und Erlöser und nicht andere Götter oder Geister. Falsche Kompromisse, die Christus verschwiegen oder verharmlost hätten, gehörten nicht zu ihrer Vorgehensweise.

Beides zeigt eine grundlegende Furchtlosigkeit: keine Furcht vor verbindenden Brücken und keine Furcht vor großer Klarheit. Gleichwohl blieb es eine ständige Herausforderung, das eine vom anderen zu unterscheiden – immer mit dem Ziel, dass das Evangelium seine Kraft entfalten kann, und zwar so, dass die Menschen verstehen, was gemeint ist.

Heute können wir uns fragen: Wo spricht das Evangelium in unsere Lebenswelt hinein, hilfreich und kritisch? Und wo gibt es aus der Erfahrung der Menschen Brücken zum Verständnis?

Mit beiden Fragen werden wir selbst zu Lernenden: Wir lernen, sowohl die Erfahrungen und Gedanken unserer Mitmenschen wie auch das Evangelium besser zu verstehen. Insofern stellen diese Fragen eine Grundform geistlicher Pilgerreise dar und bereichern unseren Glauben.

Eine Gesprächsbasis mit unseren Mitmenschen braucht jedoch eine Vertrauensgrundlage, die nur langsam wächst. Denn nur dann sind Menschen bereit, uns ernst zu nehmen.

- Hast du schon mal erlebt, dass sich deine bis dahin festgelegte Meinung durch Verständigungsbrücken, die dich für Neues geöffnet haben, verändert hat? Wie hat sich das angefühlt?
- Was brauchst du, um selbst furchtlos in Gespräche zu gehen, Verständigungsbrücken zu suchen und gleichzeitig deine Überzeugung nicht zu verstecken?

4. KAPITEL

in dem es blitzt und donnert
und Träume gedeutet werden

Für einen Sekundenbruchteil wurde es taghell. Gleich darauf krachte ein Donnerschlag in unmittelbarer Nähe. Dann hörten sie wieder, wie der Regen auf ihr Reetdach prasselte. Windböen ließen die Balken ächzen. Eine kleine Laterne erleuchtete schwach die ernsten Gesichter der sechs Mönche, die schweigend und mit gefalteten Händen um den Tisch in der Mitte ihrer Rundhütte saßen. »Das war jetzt der fünfte Blitzeinschlag ganz in unserer Nähe«, brummte Oswald.

Das große und stabile Rundhaus gab ihnen normalerweise ein Gefühl der Geborgenheit im schlimmsten Unwetter. Doch diesmal war es zu nahe. Falls der Blitz bei ihnen einschlug, konnten sie nur hoffen und beten, dass der Regen stark genug war, um das Feuer zu löschen, bevor es die Hütte verschlang.

Gerade in der vorigen Woche hatte Oswald eine weitere Rundhütte fertiggestellt, deutlich kleiner und damit auch niedriger, sodass der Blitz sie wohl verschonen würde. Diese sollte ihnen als Bibliothek und Skriptorium dienen, wo sie im Winter die wenigen kostbaren Handschriften kopieren würden, die sie mitgebracht hatten. Es sei denn, dieses fürchterliche Gewitter zerstörte jetzt alles, was sie mühsam aufgebaut hatten.

Wieder flammte ein Blitz auf und der Donnerschlag krachte fast gleichzeitig. Braínach starrte auf seine Hände, die schwielig, rau und hart geworden waren von der Arbeit des Sommers. Ob das nicht doch alles Gotteszeichen waren? Was, wenn der Druide drüben im Dorf ein altes Wissen hatte, das auch für sie von Bedeutung war? So etwas hatte Abt Columcille ja gelegentlich durchscheinen lassen.

Brainachs Gedanken wanderten zum Dorf hinüber. Er hoffte und betete inständig, dass der Blitz nicht im Dorf eingeschlagen hatte. »Bitte beschütze Häuptling Garnaid, Braan und Gwid«, betete er lautlos. Inzwischen war Gwid schon ein paarmal im Kloster gewesen und hatte ihr Werk bewundert, was Brainach auf eine besondere Art freute.

Fast drei Monate hatte es so gut wie nicht geregnet. Seit Mitte Juni war es ungewöhnlich trocken gewesen. Selbst die greise, fast blinde Morrigan, die älteste Bewohnerin im Dorf, konnte sich an solch eine Trockenheit nicht erinnern, wie Braan erzählte. Dorfbewohner wie Mönche litten darunter. Doch manche der Skoten, allen voran Wulfric, behaupteten, diese Trockenheit sei ein Fluch, den die Fremden gebracht hätten.

In der vorletzten Woche hatte Braan berichtet, wie Wulfric ihn über die Mönche ausgefragt hatte. Eigentlich hatte er nichts erzählen wollen, aber Wulfric war zu mächtig und hatte manches aus ihm herausgepresst. Danach hatte der Druide angefangen, auf die Dorfbewohner einzureden und sie unter Druck zu setzen. Dabei versammelte er nicht diejenigen um sich, die freundschaftliche Kontakte zu den Mönchen pflegten, sondern nur diejenigen, die mit den Fremden nichts anfangen konnten.

Einmal belauschte Braan so eine Versammlung und berichtete Brainach danach haarklein, was er gehört hatte. Brainach spürte, wie groß die Furcht des Jungen vor dem Druiden war. »Ich habe meine Seher-Knochen geworfen«, hatte Wulfric seinen Vertrauten zugeraunt. »Wenn die Mönche nicht wären oder wenn keiner aus dem Dorf zu ihnen Verbindung hätte, würde es längst schon wieder regnen. Aber die haben den Fluch zu uns gebracht. Und diesen Fluch werde ich brechen. Vertraut mir. Aber sprecht mit keinem der Verräter aus dem Dorf, die sich mit den Fremden abgeben.«

In der vorigen Woche war nicht einmal mehr Braan aufgetaucht. Braínach war nicht der einzige unter den Brüdern, der sich Sorgen um ihn machte. Ins Dorf zu gehen und nachzuforschen, traute er sich aber nicht. Womöglich hätte er damit alles nur noch schlimmer gemacht.

Gestern Abend hatte endlich der ersehnte Regen eingesetzt. Seitdem prasselte er unaufhörlich auf das trockene Land, das diese Wassermenge gar nicht aufnehmen konnte. Auch wenn das erste Gewitter seine Energie irgendwann in der Nacht verloren hatte, trieb der böige Westwind immer neue tief hängende schwarze Wolken in die Bucht und gegen die Berge, sodass es auch tagsüber kaum hell geworden war. Und jetzt am Nachmittag entlud sich ein zweites Gewitter mit ungeheurer Macht.

Wieder erhellte der Schein eines Blitzes den Raum. Diesmal ließ der Donner etwas länger auf sich warten und die Mönche atmeten auf.

Plötzlich klopfte es heftig und anhaltend an ihrer Tür. Die Brüder schauten sich verwundert an. Wer traute sich denn bei diesem Wetter hinaus? Schon wieder klopfte es. Cadog griff nach der Laterne, erhob seinen gewaltigen Körper vom Hocker und öffnete die Tür. Der Sturm riss ihm fast den Griff aus der Hand. Herein taumelten zwei schmächtige Gestalten. Es waren die beiden Häuptlingskinder, triefend nass, die roten Locken klebten ihnen am Kopf. Cadog drückte die Tür wieder zu und verriegelte sie. Die anderen Brüder starrten auf die durchnässten und schlammverschmierten Gestalten, doch Braínach sprang von seinem Hocker auf und rief: »Braan! Gwid! Was macht ihr denn bei diesem Unwetter hier?«

Die beiden brachten zunächst keinen Ton heraus. Ihre Zähne klapperten, sie zitterten am ganzen Körper und ihre Augen waren angstgeweitet. Vater Cailton holte wortlos zwei dicke Decken, hüllte die beiden darin ein und bedeutete ihnen, sich zu setzen.

Aodhán machte sich am Herd zu schaffen und stellte den beiden kurz darauf zwei Becher mit gesüßtem heißem Met hin. »Trinkt das, damit ihr euch beruhigt und keine Erkältung bekommt«, meinte er.

Dankbar schlürften die beiden den dampfenden Trank und beruhigten sich langsam. Jedenfalls so weit, dass sie stockend und zitternd die ganze Geschichte herausbrachten. Als das zweite Gewitter herangerollt war, hatte der erste Blitz in die alte Eiche auf dem Dorfplatz eingeschlagen und einen der mächtigen Äste abgetrennt. Wenig später war Wulfric wutentbrannt in das Haus des Häuptlings gestürmt. Er hatte Garnaíd angeschrien, seine Tochter Gwid sei daran schuld, dass die Rache der Götter jetzt das Dorf treffe! Sie hätte ihren Vater hintergangen, die Ahnen verspottet und die heilige Eiche verwünscht! Nur wenn sie bei Sonnenaufgang geopfert würde, werde sich der Zorn der Götter beruhigen lassen. Braan hatte im Nebenraum alles mit angehört. Geistesgegenwärtig hatte er die Hand seiner Schwester ergriffen und sie zum Fenster gezogen. Sie waren hinausgeklettert und weggerannt, um bei den Brüdern Schutz zu suchen.

Kaum hatten die beiden ihre Geschichte beendet, donnerten erneut Schläge gegen die Tür. Gwid erstarrte in Panik und Braan flüsterte: »Das sind sie. Sie wollen uns holen.«

»Keine Angst«, beruhigte Vater Cailton sie, »hier ist heiliger Schutzraum.« Er ging zur Tür und öffnete. Cadog und Ternan bauten sich mit verschränkten Armen und breiten Schultern hinter ihm auf.

Die schattenhaften Gestalten draußen waren nicht zu erkennen, doch die schneidende Stimme des Druiden war gut zu hören: »Gebt uns die Frevler heraus, damit wir sie dem Zorn der Götter opfern.«

»Ihr wagt euch in den heiligen Schutzraum des Himmels und wollt Blut vergießen?«, antwortete Cailton mit einer ungeahnten Größe in der Stimme. Wieder erhellte ein Blitz den ganzen Himmel und es vergingen einige Sekunden, bis der Donner krachte.

Im Licht des Blitzes erkannte Braínach, dass außer dem Druiden Häuptling Garnaíd und ein paar andere Männer aus dem Dorf im strömenden Regen vor ihrer Gemeinschaftshütte standen. Einige waren bewaffnet.

In Braínach breitete sich fassungsloses Entsetzen aus. Wie sollten sie die Geschwister bloß schützen? Der nächste Gedanke war fast noch schlimmer: Wie konnte es sein, dass der heidnische Druide eine solche Macht hatte, wenn Gott mit ihnen war? Waren er und seine Götter womöglich doch stärker?

Cailton schien im Unterschied zu Braínach völlig unbeeindruckt. »Morgen früh«, befahl er, »wenn die Sonne am wolkenlosen Himmel aufgeht, werdet ihr zum Hochkreuz oben auf der Bergkuppe kommen. Und zwar alle Leute aus dem Dorf, ausnahmslos. Dann sprechen wir über den Zorn Gottes. Haben wir uns verstanden?«

»Woher willst du wissen, dass morgen früh die Sonne scheint?«, keifte Wulfric nach einer Schrecksekunde. »Der Donnergott wird uns verfolgen, bis wir ein Opfer gebracht haben.«

Cailton würdigte ihn keines Blickes. Ruhig sagte er: »Häuptling Garnaíd, nimm deine Männer und deinen Druiden, der von Gott so wenig versteht wie ein Helvetier von der Seefahrt, und verlasst diesen heiligen Boden. Morgen früh sehen wir uns bei den ersten Strahlen der Sonne oben auf dem Berg. Geht jetzt und informiert die Dorfbewohner.«

Noch einmal erleuchteten von ferne mehrere Blitze den Himmel und etwas später rollte und grollte der Donner heran. Ohne ein weiteres Wort wandte Vater Cailton sich ab und schloss die Tür.

Es war still in der Hütte. Nur der Regen rauschte weiterhin auf das Reetdach.

»Hut ab. Das war mutig«, sagte Aodhán und seine Stimme schwankte zwischen dem üblichen Humor und echter Bewunderung.

Gwid und Baan hockten zusammengekauert unter ihren Decken und sahen die Brüder wortlos mit großen Augen an, aus denen eine Mischung aus Furcht und Bewunderung sprach. So hatte noch nie jemand mit ihrem Vater und erst recht nicht mit dem angsteinflößenden Druiden gesprochen!

Auch Braínach war tief beeindruckt. Was für einen Mut, was für eine Stärke hatte Cailton gezeigt! Ob es in ihm drin wohl genauso aussah? Langsam formte sich in ihm dieselbe Frage, die gleich darauf Ternan, der Schmied, aussprach: »Und wie ist jetzt dein Plan für morgen, Cailton?«

Cailton schwieg, schaute ins Leere und strich sich nachdenklich durch die silbergrauen Haare an seinem Hinterkopf. Nach einiger Zeit sagte er: »Das war eher eine Eingebung als ein Plan. Aber es könnte einer werden.«

Dann beschrieb er, was er im Sinn hatte. Die Brüder schüttelten den Kopf. Das war wirklich kühn! Aber dann kamen ihnen immer mehr Ideen, wie dieses Unterfangen umzusetzen wäre. Manches wurde gleich wieder verworfen. Aber mit jedem Gedanken, der hinzukam, schärfte sich das Bild weiter und am Ende stand der Plan. Was hatte ihnen Abt Columcille mit auf den Weg gegeben? »Soviel an euch liegt, haltet Frieden mit allen Menschen und untereinander. Wo möglich, segnet und stärkt das Gute. Wo nötig, wehrt dem Bösen mit dem Schwert des Wortes und der Kraft des Geistes. Seid ohne Furcht. Denn Gott, der den Himmel, die Erde und das Meer geschaffen hat, ist bei euch.«

Dem Bösen wehren mit dem Schwert des Wortes und der Kraft des Geistes – genau das würden sie morgen tun – oder es zumindest versuchen. Und damit es gelänge, sprach Vater Cailton ein inbrünstiges Gebet und bat um Gottes Beistand. Als er schloss, antworteten alle Brüder mit einem donnernden »Amen«, das fast wie ein Kampfruf klang. Auch die Geschwister stimmten leise ein. Ihnen war nur zu bewusst, dass ihr Leben vom Gelingen des Plans abhing.

Wieder breitete sich Stille in dem dämmrigen Raum aus, der nach wie vor durch eine kleine Laterne erleuchtet wurde. Braínach hing wie die anderen seinen Gedanken nach. Er hatte sich an der Entwicklung des Plans nicht beteiligt, nicht beteiligen können, weil ihm ständig der Atem stockte. Nur als ihm seine Aufgabe zugeteilt wurde, nickte er und sagte zustimmend: »Ja, das kann ich mir vorstellen.«

Draußen war die Finsternis des Gewitters von der Dunkelheit der Nacht abgelöst worden. Plötzlich fragte Braan mit seiner hellen Stimme in die Stille: »Und wenn es morgen regnet?«

Es dauerte einen kurzen Augenblick, bis bei den Brüdern der Gedanke gesackt war. Dann brachen sie in ein schallendes Gelächter aus, in dem sich die ganze Anspannung löste.

»Ja, das ist die alles entscheidende Frage«, prustete Aodhán und wischte sich die Lachtränen aus dem Gesicht.

Braan dagegen stiegen Tränen anderer Art in die Augen. Oswald bemerkte es und legte ihm beruhigend seine schwere Hand auf die Schulter: »Entschuldigung, Braan, wir lachen dich nicht aus. Aber wir waren so überrascht, weil auf die Frage bisher keiner von uns gekommen ist. Ehrlich. Nimm's uns nicht übel.« Braan zwinkerte seine Tränen weg, schluckte und nickte Oswald dankbar an.

»Kommt, lasst uns nach draußen gehen«, schlug Vater Cailton vor. Nun merkten auch die anderen, dass kein Regen mehr auf ihrem Dach zu hören war. Nur vom Rand tropfte noch Wasser auf den Boden.

Cailton öffnete die Tür, und sie traten nacheinander ins Freie. Über ihnen glitzerte und funkelte ein unendliches Sternenheer. Nur drüben über den Bergen hingen noch letzte schwere Wolken. Der Priester holte tief Luft und wiederholte dann feierlich die Worte Columcilles: »Seid ohne Furcht. Denn Gott, der den Himmel, das Meer und das Land geschaffen hat, ist bei euch.«

Das gemeinsame Amen, das jetzt folgte, klang ganz anders als vorhin, nicht mehr kämpferisch, sondern eher getröstet. Die Mönche bereiteten den Geschwistern ein Nachtlager aus einigen Decken. Damit sie sich in der Dunkelheit nicht fürchteten, ließen sie eine kleine Laterne brennen. In dieser Nacht schlief keiner besonders gut.

Braínach wälzte sich von einer Seite zur anderen. Plötzlich stand Wulfric vor ihm, nur wenige Handbreit entfernt. Langsam öffnete er seinen Mund, immer weiter. Messerscharfe Zähne wie bei einem Raubfisch standen in mehreren Reihen und dahinter öffnete sich ein schleimiger Rachen. Stinkender, dampfender Atem stieg daraus empor und umhüllte Braínach. Er wollte schreien, aber jeder Laut blieb ihm in der Kehle stecken. Langsam nebelte ihn der giftige Atem ein. Und dann sah er Gwid, an einen riesigen Stein gefesselt. Er selbst hatte ein zweischneidiges Messer in der Hand, von dem Blut tropfte. Auch seine Hand war in Blut getränkt. Er wollte das Messer von sich schleudern, aber es klebte fest. Jetzt packte eine fremde Hand nach seinem Arm und rüttelte ihn.

»Braínach, wach auf, du träumst, wach auf!«

Er riss die Augen auf. Über sich erkannte er Vater Cailton, der ihn besorgt anschaute. »Braínach, keine Angst, du hast nur geträumt«, raunte er ihm wieder zu. »Komm, steh auf und trink etwas, damit der Albdruck sich verzieht.«

Braínach kam langsam zu sich und richtete sich auf. Was für ein fürchterlicher Traum!

Vater Cailton ging zur Küche hinüber. Braínach stand mühsam auf. Seine Knie zitterten. Schließlich schaffte er die paar Schritte zu Cailton. Der war bereits dabei, zwei Becher zu füllen. Er reichte Braínach den einen, nahm selbst einen Schluck aus dem anderen und sagte: »Weißt du, Braínach, Träume zeigen uns manchmal, ganz selten, was sein wird. Aber meistens sehen wir in ihnen nur das, was gerade in uns ist. Unsere größte Angst. Das sind die Albträume. So wie bei dir gerade. Kein Wunder bei dem, was wir heute erlebt haben. Deine Angst drehte sich um Wulfric, nicht wahr? Und um Gwid.«

Braínach nickte und erschauderte.

»Manchmal zeigen unsere Träume auch das, was wir bald hinter uns lassen werden. Und sie können unsere stärkste Hoffnung zeigen, unsere Möglichkeiten, die Kraft, die in uns steckt. Das sind die Träume, in denen wir fliegen können. Kennst du das?«

Braínach nickte langsam. Dann holte er tief Luft. Stück für Stück wich der Schrecken von ihm.

»Erzähl mal«, forderte Vater Cailton ihn auf, »hast du einen Traum, der immer mal wiederkommt, in dem du fliegen kannst?«

Braínach nickte.

»Was siehst du dann?«

»Ich bin«, begann Braínach zögernd, »oben auf einem hohen Berg. In Iouan war der ein bisschen so wie der Dun I. Und hier so wie dort, wo das Steinkreuz steht. Es ist ganz hell um mich herum und ich schaue über das weite Meer. Und dann kommt ein leichter Wind und hebt mich hoch. Ich schwebe über den Berg und kann auf ihn runterschauen.«

»Welche Farbe hat der Berg?«

»Der ist hellgrün. Und das Meer glitzert türkis in der Sonne.«

»Und was spürst du?«

»Ich fühle mich unfassbar leicht. Ich muss gar nichts tun, um zu fliegen. So wie ein Adler, der nicht mal mit den Flügeln schlagen muss.«

»Wo spürst du die Leichtigkeit?«

»Hm, so hier in der Brust und irgendwie auch im Kopf.«

»Und ... verändert sich der Traum manchmal?«

»Ja, meistens schwebe ich einfach ein Stückchen über dem Berg. Aber vor Kurzem bin ich einmal wirklich wie ein Adler geflogen. Über das Meer und weites Land und hohe Berge. Ganz weit.«

»Wie war das?«

»Wunderschön. Und auch ein bisschen aufregend.«

Vater Cailton lächelte und nickte zufrieden.

»Wie geht es dir jetzt?«

Braínach lächelte zurück und seufzte erleichtert: »Viel, viel besser. Danke!«

»Gern geschehen.«

Schweigend tranken sie ihre Becher leer. Dann nahm Vater Cailton den jungen Bruder unversehens in den Arm und drückte ihn an sich. Das hatte er noch nie getan. Aber es war für Braínach unfassbar wohltuend und er lehnte kurz seinen Kopf an seine Schulter.

»Ich weiß, dir wird hier ganz schön viel abverlangt«, sagte Cailton, schob ihn auf Armeslänge von sich und sah ihm aufmerksam in die Augen. »Meinst du, du kannst jetzt wieder schlafen?«

Braínach lächelte: »Ja, ich glaub schon. Danke.«

Vater Cailton strich ihm in einer väterlichen Geste über den Kopf, bevor sie leise zu ihren Lagern zurückgingen.

Traumdeutungen

Träume spielen in der Bibel zum Beispiel bei den beiden Josefs eine wesentliche Rolle (1. Mose 37–41; Matthäus 1,20-23; 2,12-13.19-20). Für die Kelten waren Träume von hoher Bedeutung, die Deutung aber im Wesentlichen den Druiden vorbehalten. Auch heute sind Träume in vielen Kulturen wichtig. Interessanterweise berichten viele ehemalige Muslime, die Christen geworden sind, von Träumen, in denen ihnen Jesus erschienen ist, oft schon bevor sie sich mit dem christlichen Glauben beschäftigt haben.

Bei uns ist die Bedeutung von Träumen allerdings weitgehend in Vergessenheit geraten. Man weiß vielleicht gerade noch, dass die Tiefenpsychologie von »Tagesresten« und »Archetypen« spricht (Siegmund Freud, C. G. Jung). Dabei können Träume viele wichtige Erkenntnisse liefern. Der Umgang damit, wie ihn Cailton in meiner Geschichte zeigt, ist nicht aus historischen Quellen abgeleitet, sondern spiegelt wider, wie in der biblischen Seelsorge mit Träumen gearbeitet wird. Dabei halte ich es für wichtig, Deutungen aus Psychologie und Bibel miteinander zu verknüpfen, um sich nicht in Schwärmertum oder reiner Diesseitigkeit zu verfangen.

Träume sind Aufräumarbeiten und Suchbewegungen der Seele. Dabei geht es meistens um:

1. die Verarbeitung von Vergangenem (z. B. Tagesrest)
2. Wege in die Zukunft bei Lebensübergängen (Entwicklungsthemen)
3. Begegnungen im Traum (Erinnerungen an die Gegenwart)[5]

Die Personen, von denen man träumt, sind häufig nicht persönlich »gemeint«, sondern Platzhalter für bestimmte Beziehungskonstellationen. Die Traumbilder sind symbolisch zu verstehen und haben eine eigene Logik. So kann das, was auf den ersten Blick völlig wirr erscheint, einen tieferen Sinn ergeben. Alle Deutungen können aber bestenfalls Annäherungsversuche sein und legen keine eindeutigen (»offenbarten«) Wahrheiten fest. Im Traum vermittelt das Unterbewusstsein dem Bewusstsein häufig ein Thema, mit dem wir uns befassen, das wir wahrnehmen und bearbeiten sollten. Dabei ist entscheidend, dass die Deutung für denjenigen, der geträumt hat, am Ende ein stimmiges Gefühl ergibt.

Ich bin überzeugt, dass Gott durch Träume – egal mit welchen der drei Themen sie sich beschäftigen – in und an unserer Seele arbeitet und uns Wegweisung geben kann. Es lohnt deshalb, sich Träume bewusst zu machen und nach ihrer Bedeutung zu fragen. Die Art und Weise, wie Cailton Braínachs Traum vom Fliegen durch Nachfragen verstärkt, ist eine Methode aus dem Systemischen Coaching und hilft Ziel- oder Hoffnungsbilder lebendig und stark zu machen.

- An welche wiederkehrenden Träume erinnerst du dich (aus deiner Kindheit und aus der näheren Vergangenheit)?
- Was könnten dir diese Träume über frühere und aktuelle Entwicklungsaufgaben in deinem Leben sagen?
- Worin könnte ein Impuls von Gott enthalten sein?

5. KAPITEL

in dem ein Gericht tagt und ein Messer umfunktioniert wird

Den Rest der Nacht schlief Brainach wie ein Stein, bis er kurz vor dem Morgengrauen von Cailton geweckt wurde. »Komm«, forderte der Priester ihn auf. »Wir müssen los.«

Brainach setzte sich schlaftrunken auf. Die anderen Brüder und die Häuptlingskinder standen schon aufbruchsbereit mitten im Raum. Schlagartig war Brainach hellwach. Bevor sie aufbrachen, griff er noch schnell ein Bündel Heu.

Schweigend stiegen sie den Berg empor, jeder mit seinen eigenen Hoffnungen und Befürchtungen beschäftigt. Als sie am Bergwald ankamen, war hinter ihnen das Morgengrauen so licht, dass sie auch ohne Laternen ihren Weg auf den Gipfel fanden. Cadog, der den Sommer über fast täglich heraufgestiegen war, ging voran.

Oben stellten sich fünf von ihnen in einem Halbkreis um das Steinkreuz, die beiden Häuptlingskinder in ihrer Mitte. Brainach kauerte hinter einigen dichten Büschen am Rand der kahlen Bergkuppe. Neben ihm lag das Lamm mit dem braunen Ohr, das er an einem Strick hierherauf gezogen hatte, und kaute zufrieden an den Halmen, die er ihm nach und nach vor das Maul hielt, damit es ruhig blieb.

Vor den nachtschwarzen Berghängen im Osten hingen dicke graue Nebelbänke. Aber dahinter hatte sich die Morgenröte in den letzten

Minuten in strahlende Helle verwandelt. Jeden Augenblick würde sich das gleißende Rund über den Horizont schieben.

Noch war keiner aus dem Dorf erschienen. In Brainach stieg wieder die Angst hoch, dass ihr mutiger Plan fehlschlagen könnte. Wobei das genauso passieren konnte, wenn die Dörfler kamen.

Plötzlich hörte er Stimmen vom Waldrand her und gleich darauf traten zwischen den Stämmen die Leute aus dem Dorf hervor, allen voran der Häuptling und Wulfric. Garnaíd trug als Zeichen seiner Würde einen metallenen Helm mit Federbusch, einen prächtigen, bunt bemalten Schild und eine Lanze mit einer scharfen Eisenspitze. Er blinzelte kurz, denn genau in diesem Augenblick erreichten die ersten Sonnenstrahlen die Spitze des Steinkreuzes, sodass es hell aufleuchtete.

Auch der Druide neben ihm kniff die Augen zusammen, aber er tat das wohl eher wegen der Mönche und der beiden Kinder hinter dem Hochkreuz. Er hatte sich eine schreckliche Maske aufgesetzt und sich in schwarze Tücher gehüllt, die ihn im leichten Gipfelwind umflatterten. »Wie ein Gespenst«, dachte Brainach. Dann entdeckte er am Gürtel des Druiden eine kostbar verzierte Scheide, aus der ein Messergriff ragte. Er hatte solch ein Messer früher schon einmal gesehen und erkannte es sofort wieder. Ihm stockte der Atem. Das war ein kultisches Messer, eine lebensgefährliche Waffe. Die Klinge war an der geschliffenen Seite so gebogen, dass sie eine scharfe Spitze bildete. Sie war etwa zwei Handbreit lang und setzte sich in einem Stück im lederumwundenen Griff fort. Am oberen Ende von Wulfrics Messer befand sich ein geschmiedeter Drachenkopf. Das Messer war Herrschaftszeichen und Mordwaffe zugleich.

Langsam schritten der Druide und der Häuptling auf das Kreuz zu und blieben etwa zwanzig Schritte davon entfernt stehen. Hinter ihnen kamen die anderen Dörfler und stellten sich mit einem gewissen Abstand im Halbkreis um das Kreuz auf. Hatten sie sich im Wald noch unterhalten, so verstummten ihre Gespräche jetzt.

Es waren alle gekommen, wirklich alle, bis auf die ganz Alten, die den steilen Aufstieg nicht mehr schafften. Auch die Kinder hatten sie mitgebracht, jedenfalls die größeren. Die kleinen lagen wohl in ihren Wiegen und schliefen noch.

Die Sonnenstrahlen erreichten den Fuß des Hochkreuzes. Jetzt trat Vater Cailton aus der Reihe der Mönche und stellte sich neben das Kreuz. Er trug heute nicht seine braune Kutte, sondern sein weißes Priestergewand, zum ersten Mal, seit sie an Loch Carron angekommen waren. Cailton hatte sich das Gewand für besondere Feiertage aufgehoben – oder auch für besondere Ereignisse – wie dieses.

Der Druide und der Häuptling waren eindrucksvolle Gestalten, aber der Priester, wie er da aufrecht neben dem Steinkreuz auf dem höchsten Punkt der Bergkuppe stand, überstrahlte sie bei Weitem. Sein Gewand, seine Tonsur und seine silbergrauen Haare leuchteten in der Morgensonne fast überirdisch, während die Dörfler noch halb im Schatten standen.

Vater Cailton ließ seinen Blick über die Versammlung schweifen und begann: »Wulfric hat ein Gericht gefordert, in dem der Donnergott mit einem Opfer besänftigt werden soll, so wie ihr es von alters her kennt. Aber wie ihr seht, hat sich euer Donnergott heute Nacht freiwillig zurückgezogen.« Er zeigte mit einer weit ausholenden Geste über den blanken Himmel. »Heute sollt ihr das Gericht unseres Gottes kennenlernen.«

Vater Cailton wandte sich um, trat zu den Mönchen, nahm Gwid bei der Hand und zog sie nach vorne. »Wie lautet die Anklage?«, fragte er mit laut schallender Stimme.

Sogleich trat Wulfric vor und begann mit wüsten Beschimpfungen und Anschuldigungen. »Dieses Mädchen hat einen Fluch über unser Dorf gebracht«, schrie er. Sein ausgestreckter Zeigefinger war drohend auf Gwid gerichtet, als wolle er sie mit der Hand durchbohren. »Sie hat ihren Vater hintergangen und unsere Ahnen beleidigt. Aber noch schlimmer, sie hat die heilige Eiche in unserem Dorf verflucht. Ihr habt es alle mitbekommen«, rief er, drehte sich mit fliegenden Gewändern zu den Dörflern um und bedrohte jetzt sie mit ausgestrecktem

Arm. »Ihr habt es alle mitbekommen, wie gestern der Blitz in den Baum eingeschlagen ist. Auch sonst haben die Gewitter fürchterlichen Schaden angerichtet. Und das nach einer Trockenheit, wie sie nicht war seit Menschengedenken. Meint ihr etwa, das sei Zufall? Nein!« Seine Stimme sank zu einem bedrohlichen Grollen. »Das alles ist ein großes Zeichen der Götter. Sie zürnen uns, weil eine aus unserer Mitte uns verraten hat. Häuptlingstochter? Eine Schande ist sie! Sie hat sich geöffnet für den falschen Glauben dieser Fremden dort.« Bei diesen Worten wandte er sich wieder um und brüllte: »Sie muss geopfert werden, heute noch! Und dann, wenn die Götter uns wieder gnädig sind, werden wir die Mönche aus unserer Nähe vertreiben. Sie sollen im Meer ersaufen!« Seine Stimme überschlug sich vor Zorn.

Braínach fuhr zusammen, als das Lamm ihn mit seinem Maul anstupste. Das Tier hatte er ganz vergessen. Zum Glück hatte es nicht geblökt. Schnell reichte er ihm ein Bündel Heu.

Priester Cailton hörte dem Druiden mit undurchsichtiger Miene zu. Jetzt wandte er sich an Gwid: »Sind diese Anschuldigungen wahr?«, fragte er streng.

Braínach sah, wie Gwid erschauderte. Und er schauderte mit ihr. Schließlich riss sie sich zusammen und flüsterte etwas, das Braínach nicht verstehen konnte.

Cailton befahl: »Wiederhole das, was du bekannt hast, so laut, dass dich alle hören können.«

Braínach schluckte. Gwid kannte den Plan, aber dieser Teil erforderte viel Mut. Er ahnte mehr, als er sah, wie sie tief Luft holte. Dann richtete sie sich auf und wiederholte für alle hörbar: »Ja, ich habe meinen Vater einmal belogen. Das tut mir leid. Und ich gebe zu, dass ich mich über unsere Ahnen lustig gemacht habe, aber nur, weil sie solche Angst vor bösen Geistern hatten. Die Mönche glauben, dass wir keine Angst haben müssen. Und das glaube ich auch. Alles andere ist gelogen. Ich habe die Eiche nicht verflucht. Und ich wünsche niemandem etwas Böses.«

Brainach schnaufte hinter seinem Busch durch und fütterte schnell wieder das Lamm. So etwas wie Stolz stieg in ihm auf. Wie tapfer, wie mutig war Gwid! Eine richtige Häuptlingstochter!

Der Priester nickte ernst. Dann erhob er seine Stimme und verkündete sein Urteil: »Weißt du nicht, wie das Gebot Gottes heißt, der den Himmel, die Erde und das Meer gemacht hat? Du sollst Vater und Mutter ehren! – Fesselt sie und bindet sie am Kreuz fest!«

Einige Dörfler unterdrückten einen Schrei, als der kräftige Steinmetz mit versteinerter Miene die Anweisung ausführte. Brainach schickte ein Stoßgebet zum Himmel. Wenn der nächste Schritt gelang, würde die ganze Aktion gelingen.

Cailton ließ seinen Blick über die Dorfbewohner schweifen und befahl: »Feoras, tritt vor!« Der Angesprochene sah sich unsicher um, löste sich dann aber aus der Gruppe.

»Wenn ich mich nicht täusche«, fuhr Cailton ernst fort, »sah ich dich für eine Weile im Haus deiner hübschen Nachbarin verschwinden, als deine Frau auf dem Markt im Nachbardorf war. Sah ich recht?« Feoras erstarrte und fiel auf die Knie.

Ungerührt ließ Cailton seine Stimme erschallen und verkündete: »Das Gebot Gottes, der den Himmel, die Erde und das Meer gemacht hat, lautet: Du sollst nicht ehebrechen!«

Ein Wink des Priesters und Cadog ergriff Feoras, fesselte seine Hände hinter dem Rücken und band ihn neben Gwid ans Steinkreuz. Seine hübsche Nachbarin folgte.

Brainach in seinem Versteck konnte sich ein Grinsen nicht verkneifen. Die Dörfler auf der anderen Seite aber begannen, mit den Füßen zu scharren und zu murmeln. Langsam wurde ihnen die Sache unheimlich. Offenbar fiel jedem irgendetwas ein, das ihm anzukreiden war. Einige versuchten, sich unbemerkt nach hinten abzusetzen. Aber schon donnerte Priester Cailton: »Keiner verlässt diesen Ort. Keiner!«

Als Nächstes kam der Wollhändler an die Reihe. Den hatte Aodhán mehrfach auf dem Markt beobachtet, wie er seine Kunden betrog.

Und schon erschallte das Urteil: »Das Gebot Gottes lautet: Du sollst nicht stehlen. Betrug ist eine besonders hinterhältige Form von Diebstahl.« Und so fand sich auch der Wollhändler kurz darauf ans Kreuz gebunden vor.

Dann zitierte Cailton eine Frau nach vorn. Oswald berichtete, wie viel Zwietracht sie schon gesät hatte durch ihren grenzenlosen Neid, der niemandem etwas gönnte. Dabei war sie alles andere als arm. Sie schaute wild um sich, wer sie wohl verraten haben könnte. Aber Cailton herrschte sie an: »Stimmt das etwa nicht? Schau mich an und sei ehrlich!« Da brach auch ihr Widerstand zusammen und sie nickte zähneknirschend.

Gegen die entlarvende Strenge des weiß gekleideten Mönches, die treffenden Beobachtungen der anderen und die angsteinflößenden Kräfte des Steinmetzes wagte sich keiner zu wehren.

Schließlich standen außer den Kindern nur noch der Druide und ein paar seiner Vertrauten sowie Häuptling Garnaíd dem Kreuz gegenüber.

Braínach schickte wieder ein kurzes Gebet los. Jetzt kam der alles entscheidende Moment.

Vater Cailton schritt mit ausgestrecktem Finger auf Wulfric zu, der unsicher zu seinen Leuten zurückwich, und sagte mit beängstigend ruhiger Stimme: »Und was ist mit all deinen Lügen und falschen Anschuldigungen gegen dieses Mädchen und gegen uns? Mit all dem Hass, den ihr verbreitet? Das Gebot Gottes lautet: Du sollst nicht falsch Zeugnis reden wider deinen Nächsten.«

Diesmal packte auch Ternan mit an. Keiner der Angeklagten wagte es, sich zu wehren, nicht einmal Wulfric. Er knirschte zwar mit den Zähnen, aber er bekam kein Wort heraus und ließ sich widerstandslos mit den anderen zusammen an das verhasste Zeichen der Fremden fesseln.

Was für ein Bild: Das ganze erwachsene Dorf war an das Kreuz gebunden. Nur der Häuptling war noch übrig. Fassungslos stand er zwischen den Dorfkindern und den Mönchen.

Jetzt richtete sich Vater Cailton an ihn: »Häuptling Garnaíd, findest du einen aus deinem Dorf, der keine Schuld auf sich geladen hat, auf den die Götter nicht zornig sein müssten?« Garnaíd sah von einem zum anderen und schüttelte zögernd den Kopf.

Ternan trat zu Wulfric, sagte, ohne eine Miene zu verziehen: »Du erlaubst?«, und zog ihm das kultische Messer aus der Scheide. Wulfric schnappte nach Luft, brachte aber immer noch kein Wort heraus. Ternan hielt dem Häuptling mit dem Griff nach vorne das Messer hin, dessen scharfe Schneide in der Sonne blitzte, und sagte: »Walte deines Amtes. Beginne mit deiner Tochter.«

Garnaíd erstarrte. Ternan fragte: »Was ist, Häuptling?«

Langsam löste sich Garnaíd aus seiner Erstarrung, legte sein Schild und seinen Spieß auf den Boden, ergriff den Dolch und ging mit steifen Schritten auf seine Tochter und all die anderen ans Kreuz Gebundenen zu.

Braínach sah, dass die Hand des Häuptlings so stark zitterte, dass er die Waffe kaum halten konnte. Er blieb stehen und schüttelte den Kopf: »Ich kann das nicht«, flüsterte er, »ich kann das nicht.«

»Soso«, machte Cailton weiter, scheinbar immer noch ungerührt. »Möchtest du vielleicht deinen Druiden losbinden und ihm das Messer überreichen?«

»Nein!«, brach es verzweifelt aus dem Häuptling hervor. »Nein, das will ich nicht!«

Jetzt kam Braínachs Auftritt. Er stieß dem Lamm mit dem Finger so heftig in die Seite, dass es erschrocken blökte und aufsprang. Dann trat er hinter den Büschen hervor und zerrte das Tier an seinem Strick zwischen den Häuptling und die Gefesselten.

Garnaíd ließ verwirrt das Messer sinken. »Was soll das jetzt? Ich versteh nicht...«, stammelte er.

»Noch nicht. Deshalb hör zu. Hört alle genau zu!«, erhob Cailton seine Stimme und begann feierlich: »Vor langer Zeit, so erzählt unser Heiliges Buch, wollte ein Mann mit Namen Abraham seinen Sohn opfern, weil er glaubte, das wäre Gottes Wille. Aber er irrte. Gott wollte ihn nur auf die Probe stellen. Denn das Gebot Gottes, der den Himmel, die Erde und das Meer gemacht hat, lautet: Du sollst nicht töten. Als Abraham sein Messer nahm, um seinen Sohn zu schlachten, obwohl er das kaum über sich brachte, da erschien ihm ein Engel Gottes und rief: ›Halt ein, töte dein Kind nicht. Es soll leben. Nie mehr sollen Menschen geopfert werden. Opfere stattdessen dieses Lamm dort.‹ Da sah Abraham einen Widder, der sich in den Büschen verfangen hatte, und begann langsam, zu verstehen.«

Die Dorfbewohnen blickten verwirrt auf das Lamm, das Braínach nach wie vor fest am Strick hielt, und dann wieder zu dem Ehrfurcht gebietenden Priester. Eindringlich setzte der seine Rede fort: »Aber Schuld erledigt sich nicht einfach so. All die Schuld, die ihr auf euch geladen habt, verfliegt nicht von selbst, wie der Herbstwind die Blätter wegweht. Einer muss sie wegtragen, damit Frieden entsteht. Frieden zwischen Gott und den Menschen – und Frieden zwischen den Menschen, die schuldig aneinander geworden sind.«

Cailton umrundete schweigend diese Menschengruppe, die an das Steinkreuz mit dem Sonnenring um den Schnittpunkt der Balken gefesselt war. Jeden Einzelnen schaute er ruhig an. Dann fuhr er deutlich leiser fort: »Einer hat die Schuld der Menschen weggetragen. Der Sohn des lebendigen Gottes selbst. Christus. Wir haben euch an sein Kreuz gebunden. Wer zu ihm gehört und ihm vertraut, der ist mit Gott versöhnt, der hat Frieden, der ist frei. Versteht ihr: Der Gott, der den Himmel, die Erde und das Meer geschaffen hat, die Höhen und die uralten Bäume, die Quellen und die aufragenden Felsen, die Sonne und den Mond, den Blitz und den Donner, all das, was ihr anbetet und woran ihr euer Herz hängt, dieser Gott hat seinen schuldlosen Sohn für euch zum Sündenbock gemacht, damit ihr leben sollt. Er will nicht, dass ein einziger Mensch geopfert wird. Er schenkt euch Frieden. Glaubt an ihn. Ihr seid frei!«

Die letzten Worte rief er laut und breitete dabei seine Hände weit aus. Nach einer kurzen Stille erhoben sich ein verwundertes Murmeln und erstauntes Kopfschütteln.

Cailton wandte sich wieder an den Häuptling und lächelte ihm zu: »Garnaíd, was zögerst du? Walte deines Amtes!«

Der nickte tief erschüttert, nahm das riesige Messer und schnitt die Fesseln der Dorfbewohner durch, eine nach der anderen, als Erstes die seiner Tochter. »Verzeih mir«, sagte er mit Tränen in den Augen zu ihr, »verzeih mir, ich tat dir unrecht.«

Einige der Losgebundenen eilten mit scheuem Blick zurück ins Dorf, allen voran Wulfric, vor Zorn bebend, aber immer noch ohne ein Wort zu sagen. Kurz traf sein Blick hinter der Maske den von Braínach. Aus seinen Augen loderte der pure Hass. Diesmal hatte er verloren. Aber so leicht würde er sich nicht geschlagen geben.

Braínach näherte sich einer kleinen Gruppe von Dörflern, die zusammenstanden, um das Unerhörte, was sie gerade erlebt hatten, gemeinsam zu verdauen. Sie konnten nicht begreifen, weshalb sie sich das hatten gefallen lassen. Aber zugleich hatten sich ihnen die Worte des fremden Druiden oder Priesters tief eingebrannt. Was war das für ein Gott, der ihm solche Kraft verlieh, der solche Gebote gab und der solche Geschichten geschehen ließ?

Der junge Mönch wünschte ihnen von Herzen, dass sie verstehen konnten, dass dieser fremde Gott keinen Hass verbreitete und sie ihn wohl fürchten, aber keine Angst vor ihm zu haben brauchten.

Einige fielen auf ihre Knie und streckten ihre Hände anbetend zum Kreuz, an dem Braínach das Lamm festgebunden hatte. Unter ihnen war Brent, dem Oswald die baufällige Hütte repariert hatte. Über ihnen strahlte die Vormittagssonne vom wolkenlosen Himmel.

Einige Schritte weiter stand Braan und bohrte inbrünstig in der Nase. Braínach ging zu ihm, legte ihm einen Arm um die Schulter und sagte: »Na?«

Der Junge sah auf, strahlte ihn an und zog seinen Finger aus dem Nasenloch: »Euer Christus ist wunderbar.«

Auf einem flachen Felsbrocken am Rande des dramatischen Schauplatzes saßen Garnaíd und Gwid. Der Häuptling hielt die Hand seiner Tochter. Braínach und Braan gingen auf sie zu, aber dann hielt der junge Mönch seinen kleinen Freund zurück: »Warte. Wir wollen sie nicht stören.« Aus einigen Schritten Entfernung verfolgten die beiden still das Gespräch.

»Ich weiß nicht, wie ich mich gestern Abend von Wulfric überreden lassen konnte«, sagte Garnaíd gerade. »Wie ich überhaupt dazu gekommen bin, ihm seine kranken Vorwürfe abzunehmen. Du bist doch mein Ein und Alles. Aber diese fürchterlichen Gewitter haben mir so viel Angst eingeflößt, dass ich nicht mehr denken konnte. Man weiß ja nicht, ob uns die Götter nicht doch zürnen. Ich hab ja von klein auf gelernt, dass das passieren kann. Und dass man sie dann besänftigen muss, um größeres Unheil abzuwenden. Aber heute, bei Tageslicht... Ein größeres Unheil, als dich ans Messer zu liefern, gibt es nicht.«

Gwid entzog ihm ihre Hand. »Ich hab keine Angst mehr vor irgendwelchen Göttern. Das habe ich von den Mönchen gelernt. Aber ich hab Angst vor Menschen mit kranken Gedanken im Kopf und Hass im Herzen. Du kannst dir nicht vorstellen, wie ich mich gestern gefürchtet habe. Und heute Morgen erst. – Brauchen wir eigentlich so jemanden wie Wulfric in unserem Dorf, Vater?«

»Ein Dorf ohne Druide?« Garnaíd schüttelte den Kopf. »Das kann ich mir nicht vorstellen. Nein, das kann nicht gut gehen.«

»Ja, aber es gibt auch ganz andere Druiden, das hat Vater Cailton erzählt, Druiden, die wirklich weise sind und nicht voller Hass wie Wulfric. Die offen sind für den neuen Glauben.«

»›Vater Cailton‹ sagst du jetzt auch schon? – Ach, ich weiß nicht, was ich denken soll... Ehrlich gesagt hat mich dieser Cailton schon beeindruckt – na ja, und uns alle zusammen gerettet. Aber diese Geschichte mit dem Lamm und dem Christus? Ich weiß nicht. – Ich weiß nicht...«

Der Häuptling erhob sich mühsam von dem Felsen, als sei er innerhalb der letzten Stunden um Jahre gealtert, und blickte sich um. »Komm, lass uns nach Hause gehen«, sagte er. »Ich muss erst mal zu mir kommen und das alles sacken lassen. Braan, kommst du mit?«

Der Junge lief zu ihnen. Garnaíd legte seinen Kindern die Arme um die Schultern, und gemeinsam gingen sie ins Dorf hinunter.

Die Mönche versammelten sich noch einmal um das steinerne Hochkreuz. Vater Cailton hob die Hände zum Himmel, verbeugte sich tief und hob schließlich erneut die offenen Hände. Die Brüder taten es ihm nach. Dann stimmte Cailton einen Lobgesang an, den Abt Columcille gedichtet hatte. Weithin schallten ihre dankbaren Stimmen. Braínach sang so laut wie schon lange nicht mehr.

Auf dem Rückweg zum Kloster überlegten sie, dass es gut wäre, möglichst bald eine weitere Begegnung mit den Dörflern zu organisieren, diesmal eine entspannte und fröhliche Zusammenkunft. Dabei sollte das Lamm, das Braínach immer noch am Strick mit sich führte, eine wesentliche Rolle spielen.

Am nächsten Morgen kam Braan freudestrahlend zum Kloster gelaufen.

»Hey, was machst du denn hier am frühen Vormittag«, begrüßte ihn Braínach.

Vater Cailton und ein paar andere Brüder kamen hinzu, um seinen Bericht zu hören.

»Ich muss nicht mehr zu Wulfric in den Unterricht. Vater hat gesagt, dass er ihm nicht mehr vertraut. Und er hat mir erlaubt, bei euch zu lernen!«, erzählte Braan begeistert.

»Soso«, sagte Cailton halb erfreut, halb nachdenklich, »das ist ja eine weitreichende Entscheidung. Ob das deinem Vater wohl in seiner Tragweite klar ist? – Wie auch immer. Abt Columcille hat uns aufgetragen, wenn möglich eine Schule aufzubauen. Dann fangen wir mit dir als unserem ersten Schüler an.«

Braans Grinsen wurde noch breiter.

»Allerdings«, schob Cailton nach, »allerdings können wir damit erst im Winter beginnen. Jetzt haben wir noch zu viel zu tun.«

»Warum fangen wir denn nur mit einem Schüler an und nicht mit zweien?«, fragte Braínach.

»Ah, ich verstehe. Du denkst an Gwid, nicht wahr? – Ja, was ist mit deiner Schwester, Braan? Hätte die vielleicht auch Lust?«

Braan macht ein betont unwissendes Gesicht. Offenbar wollte er gerne der einzige Schüler sein. »Weiß nicht, kann sie ja mal fragen«, brachte er dann hervor.

»Ja, mach das«, bat Cailton. »Aber jetzt haben wir noch eine andere wichtige Aufgabe für dich. Magst du unser Ausrufer im Dorf sein?«

»Euer Ausrufer?« Jetzt strahlte der Junge wieder. »Gerne. Was soll ich denn ausrufen?«

»Eine Einladung. Wir wollen alle im Dorf heute Abend zu einem Versöhnungsfest einladen. Und zwar auf der Wiese genau in der Mitte zwischen Dorf und Kloster. Wir bringen das Essen. Und euch bitten wir, Getränke beizusteuern. Mehr als ein bisschen Quellwasser können wir nämlich nicht bieten, jedenfalls nicht für so viele.«

»Das ist toll. Wann soll ich denn einladen?«

»Na, wenn du möchtest, jetzt gleich.«

»Ich will!«, rief Braan und sauste davon. Die Brüder sahen ihm nach und schmunzelten.

Nach dem Mittagsmahl zündete Aodhán auf der Wiese ein kräftiges Feuer an und steckte vier Astgabeln so zusammen, dass daraus ein Gestell für einen Spieß wurde. Schon morgens hatte er das Lamm geschlachtet, gehäutet, gewürzt und auf einen langen Spieß geschoben. Es war fast ausgewachsen und ergab einen prächtigen Braten.

Früher hatte Braínach kein Verhältnis zu Tieren gehabt, aber in den letzten Monaten hatte er seine kleine Herde täglich zur Weide gebracht und wieder abgeholt. Dabei waren sie ihm irgendwie ans Herz gewachsen. Hatte er sie früher für dumme Schafe gehalten, so wusste er nun, dass jedes seine Eigenart hatte.

Dass jetzt eins seiner Lämmer dran glauben sollte, gefiel ihm nicht. Am Vortag war ihm das Lamm mit dem braunen Ohr noch mal doppelt ans Herz gewachsen. Er versuchte, sich damit zu trösten, dass es erstens ja doch nur ein Tier sei und zweitens jetzt die Ehre bekam, eine regelrecht geistliche Aufgabe zu erfüllen.

Als das Feuer keine großen Flammen mehr schlug, sondern überwiegend hell glühte, befestigte Aodhán mit Brainachs Hilfe den Spieß auf den Astgabeln. Der junge Mönch hatte in den nächsten zwei Stunden die Aufgabe, den Spieß gleichmäßig zu drehen und immer wieder ein wenig Holz nachzulegen. Vor den Gewittern hätte bei einem solchen Feuer die Gefahr bestanden, dass die Wiese und der Wald Feuer fingen. Doch nach eineinhalb Tagen Regen war die Erde immer noch feucht.

Als Nächstes schleppte Aodhán frisch gebackenes Fladenbrot an und einige Zeit später einen riesigen Topf mit Fischsuppe. Den stellte er auf einen Stein neben dem Feuer, sodass die Suppe heiß blieb.

Nun kamen auch die anderen Brüder. Das Fest konnte beginnen! Aber die Gäste ließen auf sich warten. Brainach schaute immer wieder ungeduldig hinüber zum Dorf. Endlich, als die Sonne schon tief über dem Horizont stand, tauchte eine erste Gruppe auf dem Pfad auf. Es waren Häuptling Garnaíd, seine beiden Kinder und ein paar andere, die bereits gut mit den Mönchen bekannt waren. Garnaíd trug ein Fässchen mit selbst gebrautem Met auf einer Schulter und seine Kinder brachten so viele Krüge, wie sie tragen konnten.

Man begrüßte sich freundlich, aber nicht überschwänglich. Es wurde Met an alle ausgeschenkt. Garnaíd versuchte sich mit einem Trinkspruch, den aber keiner so recht verstand. Trotzdem prosteten sie sich zu. Und dann schnitt Aodhán feierlich das golden gebratene Lamm an und überreichte jedem ein Stück. Es schmeckte köstlich.

»Ist das eins der Lämmer, die wir euch verkauft haben?«, fragte Garnaíd. Cailton nickte kauend.

»Das heißt, ihr habt das jetzt für den Frieden zwischen uns geopfert?«, dachte Garnaíd laut weiter.

»Ja, das haben wir, und zwar gerne«, antwortete Cailton und hob wieder seinen Krug. Garnaíd nickte und stieß kräftig mit ihm an.

Nach und nach trauten sich noch mehr Dörfler zu dem Fest, das immer entspannter wurde, je länger der Abend dauerte und je mehr Met ausgeschenkt wurde.

Nachdem alle gesättigt waren, kletterte Aodhán auf einen Baumstumpf, zog zur Überraschung aller eine kleine Flöte aus dem Gewand und begann, eine fröhliche Melodie zu spielen. Und dann sang er wie ein Barde lustige Geschichtenlieder und machte dazu die verrücktesten Grimassen, bis sich die Mönche und die Dörfler vor Lachen die Bäuche hielten und auf die Schenkel klopften. Er machte seinem Ruf als Spaßvogel alle Ehre, aber nun völlig anders, als sie es von ihm bisher erlebt hatten.

Es war längst dunkel, als sich die Festgemeinschaft auflöste. Sie hatten sich ein wenig besser kennengelernt und alle gingen oder wankten fröhlich oder wenigstens zufrieden nach Hause.

Am Tag darauf begannen sie, die Gewitterschäden zu beseitigen. Einige Bäume waren von Blitzen so getroffen worden, dass sie eine Gefahr darstellten und vollends gefällt werden mussten. Die Wassermassen hatten im Dorf ein paar Hütten unterspült und der kleine Staudamm, der den Bach zum Kloster umleitete, existierte schlicht nicht mehr. Sonst war bei den Mönchen zum Glück wenig kaputtgegangen, so konnten sie bald im Dorf mit anpacken.

Geschichten, Zivilcourage und Versöhnung

Geschichten erzählen

Die frühen keltischen Christen lebten intensiv mit den biblischen Geschichten. Die Mönche begnügten sich nicht damit, die biblischen Bücher in ihren Schreibstuben für den immer größer werdenden Eigenbedarf zu kopieren und zu illustrieren, sondern verzierten auch die frei zugänglichen Hochkreuze mit besonders eindrücklichen Szenen aus dem Alten und dem Neuen Testament. Unter anderem ist die Nicht-Opferung Isaaks (vgl. 1. Mose 22), um die es in diesem Kapitel geht, in verschiedenen Hochkreuzen in Irland und Schottland eingraviert.

Darüber hinaus war es das Herzstück ihrer Verkündigung, biblische Geschichten und Gleichnisse dramatisch zu erzählen, vielleicht sogar zu inszenieren. In diesem Umfeld, wo kaum jemand lesen und schreiben konnte, wurde die eindrucksvolle Präsentation von biblischen Geschichten zum wirkungsvollsten Instrument, den christlichen Glauben bekannt zu machen und zu verbreiten.

Heute wird mit Menschen über alle möglichen religiösen, wissenschaftlichen und kirchlichen Fragen diskutiert. Dabei wird oft vergessen, welche Kraft die Geschichten der Bibel haben, die kaum jemand kennt. Wäre es oft nicht erheblich sinnvoller, biblische Geschichten zu erzählen: lebendig, lebensnah und situationsbezogen, sodass die tiefe Weisheit über Gott und die Menschen deutlich wird?

In der Berliner Stadtmission haben wir ein missionarisches Format weiterentwickelt, das ursprünglich aus Rostock stammt. Wir nennen es »Aktionsraum Bibel«. In einem schön vorbereiteten Rahmen wird von ausgebildeten Personen eine biblische Geschichte erzählt – ziemlich nah am Original. Danach haben die Teilnehmenden etwa eine Stunde Zeit, ihre Resonanz auf diese Geschichte mit den unterschiedlichsten kreativen Methoden zu gestalten und in einer gemeinsamen

»Werkschau« zu präsentieren – eine intensive und bewegende Arbeitsform für Gruppen von der Grundschule bis ins Seniorenalter.

Vor ein paar Jahren musste ich mehrfach für eine Woche ins Krankenhaus. Zweimal traf ich im Doppelzimmer auf Zimmergenossen, die sich als Atheisten oder Agnostiker sahen, aber die Gelegenheit nicht verstreichen lassen wollten, mal jemanden, »der sich auskennt«, zum christlichen Glauben zu befragen. Beide Male bestand mein Anteil zunächst darin, zuzuhören und nachzufragen, was ihnen wichtig war. Aber dann hatte ich auch die Möglichkeit, Begebenheiten aus der Bibel ins Gespräch einzuflechten. Für meine Bettnachbarn war es ziemlich überraschend, dass ich ihnen so antwortete, statt »die Kirche« zu verteidigen, an der sie viel (größtenteils berechtigte) Kritik hatten. Die Erzählungen aus der Bibel veränderten ihre Perspektive deutlich.

- Was wäre nötig, damit du im normalen Leben einfach so aus der Bibel erzählen könntest?

Zivilcourage

In diesem Kapitel geht es auch um etwas, das wir heute Zivilcourage nennen würden. Die Mönche gingen wirklich Risiken ein, um Menschenleben zu retten, Verleumdung zu entlarven und sich zerstörerischen Mechanismen entgegenzustellen. »Wo möglich, segnet und stärkt das Gute. Wo nötig, wehrt dem Bösen mit dem Schwert des Wortes und der Kraft des Geistes« war ihr Motto.

In unserer heutigen Gesellschaft, die mehr und mehr am zerstörerischen Virus der Empörung erkrankt, gibt es genügend Situationen, um dem Bösen zu wehren und dort einzuschreiten, wo Menschen vernichtet werden (z. B. mit Worten in Social Media und anderswo). Wenn sich zwei Christen zusammentun, sich an einem Social-Media-Forum oder Chatroom beteiligen und sich dort kontinuierlich für einen fairen Umgang einsetzen, dann hat das nachweislich Wirkung. Es braucht allerdings Zivilcourage. Deshalb: »Seid ohne Furcht. Denn Gott, der den Himmel, die Erde und das Meer geschaffen hat, ist bei euch.«

Machen wir uns bewusst, wie schnell auch Christen sich von dem Virus der Empörung anstecken lassen. Ein Song der ehemaligen Kölner A-capella-Gruppe Wise Guys trug den Titel »Sommer ist, was in deinem Kopf passiert«[6]. Keiner kann dich zwingen, Schlechtes zu denken, nicht mal schlechtes Wetter. Dabei hilft es, sich in Gemeinschaft gegenseitig darauf aufmerksam zu machen, wenn man in diese Falle tappt.

- Wie aufmerksam bist du in Bezug auf das, was in deinem Kopf passiert? Was und wer kann dir helfen, einen ruhigen Kopf zu bewahren?
- An welchen Stellen bist du aufgefordert, mit anderen zusammen Zivilcourage zu zeigen, um zerstörerischen Mechanismen etwas entgegenzuhalten?

Opfer und Versöhnung

In diesem Kapitel wird erzählend dargestellt, was es heißt, dass Gott die Menschen mit sich versöhnt. Vielen ist heute jede Form von Opfergedanken unerträglich, Opfer gelten als grausam und Ähnliches. In der Konsequenz bedeutet das aber, dass für alles ein Schuldiger gesucht wird, den man verantwortlich machen und auf dem man herumhacken kann (»Shitstorm«). So wird der Gerechtigkeit allerdings nur sehr vordergründig Genüge getan, Versöhnung kommt nicht zustande.

In einem Poetry zur Jahreslosung 2019 »Suchet den Frieden« habe ich formuliert, was es stattdessen braucht:

Dem Frieden hilft es nicht,
zu twittern und zu texten,
zu schimpfen und zu hetzen,
die Gegner auf die Abschussliste zu setzen.

Dem Frieden hilft es,
miteinander zu reden,
zuzuhören, statt zuzutexten

und fragen, fragen, fragen,
verstehen wollen
und nicht locker lassen,
sich nicht frustrieren lassen,
sondern immer wieder nachfassen.

Denn Frieden fängt nicht irgendwo an.
Sondern hier, bei mir und dir. Wir!
sind dran, wir! sind gefragt,
nicht mit dem Finger auf andere zeigen,
sondern Haltung zeigen,
Brücken bauen und Hände reichen
zwischen Gleichen und Ungleichen.

Frieden fängt nicht irgendwo an.
Sondern hier, bei mir und dir!

- Was bedeutet es in diesem Zusammenhang, dass Gott ausdrücklich einen anderen Weg beschreitet und schließlich selbst als Sündenbock die Schuld auf sich nimmt (vgl. 1. Mose 22,1-14; 2. Korinther 5,18-21)?
- Jesus ist – um es in heutiger Jugendsprache zu formulieren – »voll das Opfer«, also zunächst einmal ein klassischer Verlierer. Was bedeutet es für die anderen Verlierer, wenn sich jemand, der das nicht nötig hätte, in genau ihre Lage bringen lässt?
- Vieles, was Menschenleben zerstört, lässt sich nicht einfach »wegzaubern«. Unter den Teppich kehren und leugnen zerstört auf Dauer aber jede Gemeinschaft. Versöhnung braucht Klärung und Musterdurchbrechung. Sich dafür einzusetzen ist riskant; Gelingen ist keineswegs garantiert. Wo bist du dieses Risiko schon mal eingegangen – vielleicht mit anderen zusammen? Erfolgreich oder gescheitert? Welche (bewussten oder unbewussten) Konsequenzen hast du daraus gezogen?

6. KAPITEL

in dem Besuch kommt
und ein Mangel behoben wird

Die sechs Mönche gönnten sich einen ruhigen Nachmittag auf der Bank an der Südseite ihres Gemeinschaftshauses. Die harte Arbeit des Sommers und Herbstes war getan, reiche Wintervorräte waren angelegt. Der Spätsommer hatte durch günstiges Wetter fast rausgeholt, was durch die vorherige Trockenheit verloren schien. Nun konnten sie sich ein wenig mehr Muße gönnen als nur die üblichen Pausen für Gebete und Mahlzeiten.

Braínach versuchte gedankenverloren, seine Finger wieder geschmeidiger zu machen, ließ sie auf den Oberschenkeln laufen, tippte mit den Daumen der Reihe nach gegen die Fingerkuppen, zwischen beiden Händen in gegenläufiger Reihenfolge, dehnte sie, indem er sie gestreckt gegeneinanderdrückte, und schüttelte sie schließlich aus. Na, da hatte er noch was vor sich, bis er wieder sauber und schwungvoll schreiben konnte!

Braan stand vor ihm auf dem Wall und blinzelte in die tief stehende Sonne, die von Westen her den Meeresarm von Loch Carron in dunkeloranges Licht tauchte. Der Junge verbrachte jeden Tag von Sonnenaufgang bis -untergang bei den Brüdern, seit diese seine Schwester Gwid vor Wulfrics Rache gerettet hatten.

Weder er noch sonst jemand ahnte etwas von den angstvollen Tagen, die ihnen bevorstanden. Fast den ganzen Oktober über hatten die Herbststürme getobt, aber jetzt waren noch einmal ein paar ruhige und milde Tage gekommen, an denen die Sonnenstrahlen mittags fast so wärmend waren wie im Spätsommer.

»Da ist ein Schiff«, rief Braan plötzlich aufgeregt, drehte sich zu den Mönchen um und zeigte mit der ausgestreckten Hand auf den Meeresarm hinaus. »Ich seh ein kleines Segel.«

Braínach stand als Erster bei ihm auf dem Wall und spähte in die Ferne. Die älteren Brüder kamen gemächlich nach. »Also doch«, murmelte Cailton und nickte befriedigt. »Was, also doch?«, fragte Braan aufgeregt. Auch Braínach schaute den Priester fragend und erwartungsvoll an.

»Wir bekommen doch noch Besuch von Iouan«, antwortete Cailton. Und so war es.

Als sich das Boot auf der Südwestseite der Landzunge näherte, war es fast dunkel, denn der Wind hatte sich vollständig gelegt und die restlichen zwei Meilen mussten sie, ohne Unterstützung des Segels rudern. Braan musste zu seinem Leidwesen ins Dorf zurück, während fünf der Brüder mit Laternen zum Ufer gingen, um dem Boot die günstigste Anlegestelle zu zeigen. Ein einzelner Mann saß in dem Curragh. Abt Columcille hatte ihnen gerade noch vor Wintereinbruch einen Boten geschickt.

Der junge Bruder sprang ins flache Wasser, und alle halfen ihm, das Boot an Land zu ziehen. Zum Glück war gerade Flut, sodass es nicht lange dauerte, bis es sicher auf dem Trockenen lag.

Der Seefahrer war sichtlich erschöpft. Zuletzt hatte er sich noch mal richtig in die Riemen gelegt, um vor der Nacht an seinem Ziel anzukommen. Der Schweiß tropfte ihm aus den braunen Locken in den Nacken. Aber seine wasserblauen Augen leuchteten vor Freude darüber, seine Brüder wiederzusehen. Braínach strahlte übers ganze Gesicht. Cormac war nur wenige Jahre älter als er und sie hatten sich angefreundet, während sie in der Schreibstube auf Iouan viele Kapitel ihres Heiligen Buches abgeschrieben hatten.

Cormac war ein brillanter Segler und wohl der Einzige, dem eine Seereise – dazu noch allein – in dieser Jahreszeit zuzutrauen war. Wie viel Übung er mit dem Rudern hatte, sah man an den Schultern unter seiner Kutte. Braínach hatte den Eindruck, sie seien den Sommer über noch breiter geworden. Er sah aus, als sei er den ganzen Sommer nur herumgeschippert.

Nacheinander umarmten die Brüder den Ankömmling herzlich und tauschten mit ihm den Friedensgruß. Braínach und Cormac lachten und stießen kräftig mit ihrer rechten Schulter gegeneinander, so wie sie früher immer getan hatten, bevor sie sich mit jugendlicher Energie umarmten und auf den Rücken klopften.

»Ich bringe euch die herzlichsten Grüße und Segenswünsche von Abt Columcille und allen anderen Brüdern und Schwestern aus Iouan«, verkündete Cormac schließlich. »Und ich habe euch allerlei mitgebracht.«

Wahrhaftig, sein Boot war randvoll gepackt, doch es war mit Fellen gegen Spritzwasser und Wellen geschützt, sodass man nicht erkennen konnte, welche Schätze es transportiert hatte.

»Wunderbar«, sagte Vater Cailton, »wir freuen uns von Herzen, dass du gekommen bist. Das Ausladen verschieben wir auf morgen. Lasst uns ins Kloster gehen und dort deine Ankunft feiern.«

In der Rundhütte empfing sie ein köstlicher Duft. Sobald sie das Boot entdeckt hatten, hatte Aodhán begonnen, ein Begrüßungsessen zu zaubern: als Vorspeise Fischsuppe, die vom Mittagessen übrig geblieben war, Fleisch mit Bohnen als Hauptgericht und Beerenmus mit frischem Brot als Nachtisch.

»Ah, köstlich!« Nach dem ersten Löffel Suppe leckte Cormac sich die Lippen. »So einfach und sooo gut. Euch ist hoffentlich klar, dass ganz Iouan einen hohen Preis für eure Neugründung zahlt. Ich will unserem neuen Koch kein Unrecht tun. Man kann seine Speisen essen. Aber das hier«, er zeigte auf seinen Teller, »ist einmalig.« Schon schob er sich den nächsten Löffel in den Mund. Aodhán grinste: »Wer hat denn jetzt die Ehre, euch zu beköstigen?«

»Padraig, dein früherer Beikoch.«

»Aha«, meinte Aodhán gedehnt, »als Beikoch war er ganz brauchbar...« Der Rest des Satzes blieb in der Luft hängen, aber jeder wusste, was gemeint war.

»Genau«, nickte Cormac, »das ist unser Problem.«

»Wie dem auch sei«, schaltete sich Vater Cailton ein, »was gibt es zu berichten von der heiligen Insel?«

»Nicht viel Neues.« Cormac zuckte mit den Schultern. »Eigentlich der ganz normale Betrieb wie immer. Wir beten, studieren und arbeiten. Nur ich hatte den Sommer über einige Abwechslung, weil ich Abt Columcille zu verschiedenen Beratungen mit Stammesfürsten der Dál Riata schippern durfte. Ihr wisst ja, wie gerne ich segle. Und während der Beratungen hatte ich frei und konnte faulenzen. Columcille ist jedenfalls im politischen Geschäft schwer aktiv.«

»Was hast du für einen Auftrag vom Abt«, fragte Cailton weiter. »Wie lange bleibst du?«

»Ich soll den Winter über hierbleiben und mir ein genaues Bild davon machen, wie ihr vorankommt. Im Frühjahr werde ich wieder zurücksegeln und ausführlich Bericht erstatten.«

»Oh wei, der Winter kommt und ich habe ein Maul mehr zu stopfen – und dann noch eins mit besonders großem Magen dahinter«, zog Aodhán ihn auf und zwinkerte Cormac zu.

Auch Oswald war zu einer kleinen Neckerei aufgelegt: »Du wirst uns also den ganzen Winter über im Weg stehen und dir Notizen machen, ob wir fleißig genug arbeiten und beten?«

»Nein, nein«, erwiderte Cormac lachend. »Im Winter kann Columcille keine Reisen machen, für die er mich braucht. Deshalb meinte er, ich solle mich hier nach Kräften nützlich machen. Er dachte, vor lauter Aufbauarbeit seid ihr sicher noch überhaupt nicht dazu gekommen, eure Gelehrtenaufgaben zu beginnen, Heilige Schriften zu kopieren und eine Schule anzufangen. Ich hab jedenfalls ganz viel

Material dafür mitgebracht. Und ich bin ja auch nicht ganz ungeschickt mit der Feder.«

Die Brüder nickten erfreut.

»Wie sieht's denn mit dem Hauptgang aus?«, unterbrach Aodhán ihn. »Seid ihr bereit?«

»Aber immer«, grinste Cormac.

Brainach räumte den Suppenkessel ab, während der Koch das Fleischgericht auftrug. Dann breitete sich erst mal gefräßige Stille aus.

Nach dem Begrüßungsmahl half Brainach seinem Freund, den Strohsack und Decken für das Nachtlager aus dem Boot zu holen und neben Brainachs Lager auszubreiten.

Dann kam das Nachtgebet in der Kapelle und bald darauf kehrte Ruhe ein. Cormac, der einige anstrengende Reisetage hinter sich hatte, schlief sofort ein. Brainach dagegen lag noch einige Zeit wach und malte sich aus, wie schön der Winter zusammen mit Cormac werden würde. Er hatte sich schon Sorgen gemacht, wie er die abwechslungslose Zeit überstehen würde. Aber mit einem Freund an seiner Seite ergaben sich ganz andere Möglichkeiten.

Am nächsten Tag schleppten die Brüder nach dem Morgengebet und dem Frühstück die Bootsladung in die Klosteranlage. Für das Skriptorium hatte Cormac eine ganze Truhe mitgebracht, die er zusammen mit Brainach zum Kloster schleppte. Auf dem Weg zählte Cormac auf, was sich alles darin befand: mehrere Lampen und ein großes Gefäß mit Lampenöl, um in der dunklen Jahreszeit arbeiten zu können. Teile der Bibel zum Studieren und Kopieren sowie Schreibwerkzeuge. Außerdem Lehrbücher, Wachstafeln und Griffel für die Schule, mit denen die Kinder und jungen Leute aus dem Dorf Lesen und Schreiben lernen sollten und auch Grundlagen der Kirchensprache Latein.

Schnaufend stellten sie die Truhe neben dem Eingang im Wall ab. Cormac öffnete den Deckel, holte mehrere feine Holzkistchen heraus und sagte geheimnisvoll: »Darüber wirst du dich besonders freuen.«

»Was ist denn da drin«, fragte Braínach mit leuchtenden Augen und griff nach einem, um es zu öffnen.

Aber Cormac zog es schnell zurück. »Haha, immer schön langsam. Was denkst du denn?«

»Unser Schreibzeug?«

»Genau. Hast du das etwa den Sommer über vermisst?«

»Das nicht, jedenfalls nicht direkt. Aber die Vorstellung, ich müsste den ganzen Winter über mit dem armseligen Zeugs arbeiten, das wir im Frühjahr mitgebracht haben, war etwas gruselig. Nun zeig schon her!«

»Nix da. Lass uns erst mal den Kahn leer räumen. Und dann machen wir es uns später im Skriptorium gemütlich.« Cormac lächelte verschmitzt. »Aber vorher zeigst du mir, was ihr hier so alles gebaut habt.«

»Na gut«, gab Braínach nach.

Aodhán freute sich über den Nachschub an Gewürzen, von denen er im Frühjahr nur wenig hatte mitnehmen können. »Ah, Zaubermittel für meine Hexenküche«, grinste er und warf Cormac schelmisch einen Handkuss zu.

Vater Cailton erhielt eine kleine Kiste mit getrockneten Heilkräutern, vor allem solchen, die ihm bisher gefehlt hatten. Die Strahlenkränze der Lachfalten um seine Augen vertieften sich: »Da hat jemand in Iouan aber sehr gut mitgedacht!«

Für Ternans Schmiede waren etliche Stangen Roheisen und sogar ein kleines Stück Kupfer ins Boot gepackt worden. »Lasst mal, ich mach schon«, winkte er ab, als die anderen ihm tragen helfen wollten. Lächelnd nickten sie, denn sie kannten ihn ja. Das waren für den Kunstschmied echte Schätze, die er keinem anderen überlassen wollte.

Es grenzte an ein Wunder, dass Cormac dieses schwer beladene Boot alleine durch das Insel-Wirrwarr hierhermanövriert hatte. Das Curragh war deutlich kleiner als das, mit dem sie hergekommen waren, und hatte nur ein Paar Ruder, die von einem einzelnen Mann bedient werden konnten.

Schließlich hatten sie alle Kisten ausgeladen und Braínach begann mit der Klosterführung.

»Komm, wir fangen vorne an«, sagte er und ging mit Cormac zum Durchgang im Wall, dem offiziellen Eingang des Klosters. »Den Wall hab ich gebaut.«

»Alleine?«

»Ja. Das heißt, manchmal hat mir ein kleiner Junge aus dem Dorf geholfen. Braan. Den lernst du heute bestimmt noch kennen … Ich hatte eigentlich erwartet, dass er schon vor dem Frühstück hier ist, um zu sehen, wer unser Gast ist.«

»Und warum hat die Öffnung kein Tor?«

»Vater Cailton meint: Erst mal sollen die Dorfbewohner sehen, dass sie bei uns willkommen sind.«

Cormac kletterte auf den Wall und fragte: »Und warum dann die Mühe mit dem Wall?«

»Der ist symbolisch. Hier drinnen leben wir wie in Iouan ein Gleichnis des Himmelreichs. Draußen herrschen andere Gesetze und andere Götter. Aber wir sind ein Brückenkopf des Himmels. Da vorn unsere kleine Kirche hast du ja schon beim Abend- und Morgengebet kennengelernt. Dahinter ist das Tiergatter.«

Als die beiden um die Ecke bogen, schnaufte Cormac mehrmals kurz und verzog die Nase: »Na, hier weiß man auch mit geschlossenen Augen, wo man ist. – Wow, es gibt sogar einen Unterstand für die Tiere. Das haben wir nicht.«

»Wir glauben, dass der Winter hier deutlich strenger wird als auf Iouan. Und auch wenn Schafe und Ziegen einiges vertragen, im Schnee stehen sollen sie auf Dauer nicht«, erklärte der junge Mönch und rief: »Kommda-kommda-kommda-komm!«, um die Tiere anzulocken.

Sogleich kamen die Ziegen angesprungen und die Schafe setzten sich gemütlich in Bewegung.

»Die hören ja auf dich«, wunderte sich Cormac.

»Na klar, ich hab sie ja auch den ganzen Sommer über auf die Weide geführt.« Die beiden hielten den Tieren ein paar Grashalme hin und kraulten ihnen die Ohren.

»Gut, weiter«, sagte Braínach dann. Auf der Rückseite des Unterstandes befand sich ein kleineres Gehege mit ein paar Hühnern. »Die haben wir erst vor ein paar Wochen angeschafft«, erzählte Braínach.

Cormac wiegte den Kopf hin und her: »Wir waren im Frühjahr schon ein bisschen neidisch, als Columcille euch finanziell so gut ausgestattet hat, und haben uns gefragt, wozu das in der Wildnis gut sein soll.«

Braínach lachte: »Ja, Wildnis, das hab ich auch erst gedacht. Also, die sind alle Heiden hier – noch. Aber keine Wilden. Und wenn's ans Handeln geht, schon gar nicht.«

Die beiden schlenderten weiter und der junge Mönch erklärte: »Hier am hinteren Ende steht Ternans Schmiede.«

Aus der Hütte dröhnten heute keine kräftigen Hammerschläge, auch fauchte der Blasebalg nicht. Braínach gab Cormac ein Zeichen, leise zu sein. Durch die offene Tür sahen sie, wie der Schmied hingebungsvoll seine neuen Materialien sortierte.

Cormac pfiff anerkennend durch die Zähne, als Braínach ihm ihre einfache Bewässerungsanlage zeigte, die es während der sommerlichen Trockenheit ermöglicht hatte, den Gemüse- und den Kräutergarten weiter gedeihen zu lassen. Schließlich kamen sie zu der als Letztes fertiggestellten kleineren Rundhütte mit zur Südseite hin offenen Fenstern, die sogar mit Läden verschließbar waren. »Das wird im Winter unser Reich«, verkündete Braínach. »Hier wird neben Bibliothek und Skriptorium auch die Schule Platz finden.«

»Das haben wir geahnt«, grinste Cormac, lief zurück zu der Kiste, die er mitgebracht hatte, und zog eine große Rolle heraus. Wie staunte Braínach, als er sie auspackte und entrollte. Zum Vorschein kamen drei große Pergamentbögen. Sie waren hauchdünn geschabt und gegerbt und nicht zum Schreiben gedacht, sondern für die Fenster.

Dadurch würde im Winter Licht, aber kein Wind hereinkommen. Ein wunderbares Geschenk.

Braínach schilderte ausführlich, an welchen Arbeiten er beteiligt gewesen war und was er alles neu gelernt hatte. Etwas bedrückt zeigte er seinem Freund seine hart gewordenen Hände: »Ich glaub, das Schreiben muss ich ganz neu üben. Was ich aufs Pergament kritzele, wird erst mal sehr ungeschickt aussehen.« Er versuchte, seine Finger locker spielen zu lassen, was ihm aber nur begrenzt gelang.

»Wird schon wieder. Du bist ja noch jung«, antwortete Cormac und schlug ihm kameradschaftlich auf die Schulter. Wahrscheinlich waren seine Finger durch die Seefahrerei auch nicht beweglicher geworden.

Noch vor dem Mittagessen führte Braínach seinen Freund zu dem steinernen Hochkreuz auf der Bergkuppe. Wie üblich schlug er ein zügiges Tempo ein. Den Sommer über war er so oft hier oben gewesen, dass er gut in Übung war. Cormac kam im letzten Teil dagegen ganz schön ins Schnaufen.

»Puh, das ist ja doppelt so hoch wie der Dun I«, keuchte er. Als er das aufgerichtete Steinkreuz mit dem Sonnenring und den eingravierten Verzierungen und Figuren sah, pfiff er anerkennend. »Wow! Ich bin tief beeindruckt. Ich wusste gar nicht, dass Cadog so ein Meister der Steinmetzkunst ist. Großartig!«

Genauso begeistert war Cormac von dem herrlichen Blick über die Klosteranlage und das Skoten-Dorf, hinunter zum Loch Carron bis hinüber zu den mächtigen Bergen in der Ferne, die heute in grauem Dunst lagen. Auch die Sonne hatte sich in einen leichten Schleier gehüllt.

Nach einer Verschnaufpause stiegen die beiden jungen Männer durch den Bergwald zügig nach unten. Braínach berichtete dabei von den Erlebnissen und Abenteuern der letzten Monate. Immer wieder schüttelte Cormac erstaunt und bewundernd seinen Kopf. Das war ein anderes Leben als auf Iouan, wo alles seinen geregelten und sicheren Gang ging!

Als sie den unteren Waldrand erreichten, rief vom Kloster her die scheppernde Handglocke zum Mittagsgebet und -essen. Da stürmten die zwei wie ausgelassene Fohlen den Hang hinunter.

Zum Mittagsgebet hatte sich auch Braan eingefunden. Voller Bewunderung stand er vor all den Schätzen, die aus Iouan eingetroffen waren. Vieles davon hatte er noch nie gesehen. Sein kleiner Finger bohrte wie üblich intensiv in der Nase. Braínach stellte Braan und Cormac einander vor.

»Das ist Braan, Sohn des Dorfhäuptlings Garnaíd, erster und ständiger Besucher bei uns. Einer, der alles wissen will und alles besser weiß.« Braínach zwinkerte Braan zu und der Junge verpasste ihm in gespieltem Ärger einen Boxhieb in den Bauch.

»Und das ist Bruder Cormac aus Iouan, unserem Stamm-Kloster. Kollege in der Schreibstube, Solosegler und Gute-Laune-Verbreiter. Er wird den Winter über bei uns bleiben.«

»Willkommen am Loch Carron«, sagte Braan feierlich und hielt ihm seine kleine Hand hin.

»Danke«, erwiderte Cormac lächelnd und schlug kräftig ein.

»So, jetzt aber schnell in die Kirche. Vater Cailton steht auf Pünktlichkeit«, mahnte Braínach, und die drei eilten ins Gotteshaus.

Während der Gebetszeit war Braínach nicht so richtig bei der Sache. Ihm wurde bewusst, wie sehr er bisher einen Gefährten auf Augenhöhe vermisst und sich in tiefstem Herzen zwischen den älteren Mönchen oft einsam gefühlt hatte. Er wollte ein besonders guter Mönch werden, was ihm bisher auch einigermaßen gelungen war. Er hatte die Anforderungen alle geschafft. Dass er darüber hinaus eigene Bedürfnisse hatte, hatte er verdrängt. Ein wenig hatte er es gespürt in jener Nacht, als Vater Cailton ihn nach seinen Albträumen in den Arm genommen hatte. Aber diese väterliche Zuwendung war einmalig geblieben.

Obwohl er zu Oswald ein besonderes, ein wohltuendes Verhältnis hatte, fehlte etwas: ein gleichaltriger Freund, an dem er sich reiben und mit dem er Spaß haben konnte.

Die weltweite Gemeinde

Abgeben und vernetzen

Noch nie in der Geschichte der Menschheit war es so leicht, sich miteinander zu vernetzen. Leider führt die »Digitale Revolution« aber nicht automatisch dazu, dass sich auch Christen vernetzen und teilen. Immer noch sind viele Gemeinden in »Kirchturmdenken« verhaftet (auch wenn sie gar keinen Kirchturm am Gemeindehaus haben). Alle Gedanken drehen sich um die eigene Gemeinde, alle Energie wird da hineingesteckt, schließlich sind die Ressourcen eh zu knapp: das Geld, die beruflichen und ehrenamtlichen Mitarbeitenden, die Zeit. Das Gefühl von Mangel führt zu dem Bestreben, das, was man hat, zusammenzuhalten, zu retten, zu bewahren. Aber darauf ruht kein Segen. Es ist eine »Verwaltung des Untergangs« (P. M. Zulehner) – und findet sich überall: in der katholischen und evangelischen Kirche ebenso wie in freien Gemeinden und christlichen Werken.

Jesus dagegen macht auf die Spende einer armen Witwe am Tempeleingang aufmerksam, weil sie eine völlig andere Haltung zeigt: abgeben trotz eigenen Mangels (Markus 12,41-44). Dies lässt sich in allen Phasen des Aufbruchs und Wachstums der Kirchengeschichte beobachten, sei es in der Urchristenheit (z. B. Paulusbriefe), bei den keltischen Christen, bei den Herrnhutern im 18. Jahrhundert oder der Entwicklung von Innerer und Äußerer Mission im 19. Jahrhundert. Immer wurden Teams ausgesandt und ausgestattet und damit aus kleinen Gemeinschaften Ressourcen abgegeben. Auf die Frage, wer denn dann den Bibelkreis leiten soll, wenn Bruder Paulus oder Schwester Theresa weg sind, wäre niemand gekommen. Stattdessen wurden Netzwerke gebildet, in denen man sich gegenseitig stärkte.

Die Briefe im Neuen Testament zeigen, wie intensiv innerhalb kürzester Zeit in den christlichen Gemeinden Ableger gegründet, Verbindungen und Partnerschaften aufgebaut und Kontakte gepflegt wurden, einschließlich eines großen Spendennetzwerks. Die Gemeinden (oft Kleinstgruppen) waren weit verstreut im Römischen Reich und im Einzelnen sehr unterschiedlich, aber verbunden im Glauben an Christus und durch ständigen Briefverkehr sowie gegenseitige Besuche (meistens im Rahmen von Geschäftsreisen).

In unserer Geschichte gibt das Stammkloster den besten Koch und einen der Gründer ab und stattet das Team großzügig mit den nötigen Finanzen aus.

- Wann hat deine Gemeinde zum letzten Mal ein Team ausgesendet und ausgestattet?
- Welche Befürchtungen und Gegenargumente verhindern das vielleicht?
- In welchen Netzwerken der gegenseitigen Stärkung ist deine Gemeinde verbunden? Wie viel kommt von der Stärkung im »normalen Gemeindeleben« an?

Die Gesamtheit der Christen

Die theologischen Grundlagen der Fresh-X-Bewegung aus England verstehen Kirche beziehungsweise Gemeinde immer in einem vierfachen Beziehungssystem:

1. *nach oben* zu Gott
2. *nach innen* zu den Mitchristen
3. *hinaus* in die Gesellschaft
4. *zu uns her* von der Gesamtheit der Christen (»from the wider church«)

Wenn eines davon fehlt oder unterrepräsentiert ist, hat das negative Auswirkungen auf die Vitalität einer Gemeinde. Die ersten beiden Beziehungsrichtungen sind wohl für die meisten Christen weitgehend selbstverständlich, auch wenn vereinzelt Christen einen »Solo-Glauben« leben und aus den unterschiedlichsten Gründen Kirche und

Gemeinde den Rücken gekehrt haben. Die Außenorientierung in die Gesellschaft, in den Sozialraum, findet schon seltener statt und die vierte Dimension, von der Gesamtheit der Christen zu uns, ist oft gar nicht im Blick. Dabei geht es gleichermaßen darum, eine Beziehung zur weltweiten Christenheit zu haben wie eine Beziehung zur Kirche zu allen Zeiten. Wir, unsere Kirche, unsere Gemeinde, sind heute keineswegs der Nabel der Welt und Zentrum des Reiches Gottes. Weder beginnt mit unserer Zeit die Geschichte Gottes mit den Menschen noch wird sie hier enden. Wir stehen auf den Schultern von Riesen. Und nach uns werden andere kommen.

Die keltischen Christen hatten ein starkes Geschichtsbewusstsein und eine bewusste Verbindung zu den Anfangszeiten des »neuen Glaubens«. Und sie waren sehr gut vernetzt (siehe Impuls zum 6. Kapitel).

Eine lebendige Beziehung zur »wider church« macht demütig, gelassen und lernfähig. Ich persönlich finde Kirchengeschichte sehr tröstlich und ökumenische Vernetzung ermutigend und lehrreich.

- Welche Bedeutung hat für dich und für deine Gemeinde die Gesamtheit der Kirche weltweit und zu allen Zeiten? Welche Möglichkeiten gäbe es, diese Dimension zu stärken?

7. KAPITEL

in dem ein Sturm tobt
und ein Blick hinter den Vorhang fällt

Nach dem Mittagessen wollten sich Braínach und Cormac ins Skriptorium zurückziehen, um die Schätze aus der Truhe in Ruhe in Augenschein zu nehmen. Braan bettelte so lange, bis sie ihn mitnahmen.

Sie öffneten die Fensterläden, um Licht zu haben. Braínach freute sich schon auf den Moment, wo die Fensterlöcher mit dem Pergament verschlossen wären und sie bei Tageslicht arbeiten konnten. Cormac holte die kleinen Kästchen aus der Truhe, die er ihm am Morgen gezeigt hatte.

»Was ist das?«, fragte Braan.

»Unser Schreibzeug«, antwortete Braínach und drängte: »Los, Cormac, jetzt mach schon auf!«

Seine Augen wurden immer größer, als er die Schätze zu Gesicht bekam. Im ersten Kästchen war ein ganzes Sortiment an Schreibfedern in verschiedenen Größen und Stärken. Im zweiten schmaleren Kästchen lagen ein zierliches, ausgesprochen scharf geschliffenes Federmesser mit kurzer Klinge und ein ebenso scharfes mit leicht gebogener Klinge.

»So, jetzt pass auf«, sagte Cormac an Braínach gewandt und öffnete das nächste Kästchen. Darin befanden sich zierliche Pinsel verschiedener Stärke.

»Sag bloß, du hast auch verschiedenfarbige Tinte mitgebracht!«

»Jaa – uund«, Cormac klappte das vierte Kästchen auf, in dem sich mehrere verschlossene kleine Töpfe befanden. Er holte eins heraus und hielt es am ausgestreckten Arm in die Luft: »Tatatataa!«

»Ist das etwa Orpiment?«

»Ja, lupenreines Arsen-Schwefel-Mineral.«

»Hey, ich versteh nix mehr«, beschwerte sich Braan. »Was ist das für'n Zeugs?«

»Etwas Wunderschönes. Eine Tinte, die glänzt wie pures Gold, wenn sie getrocknet ist.«

»Und wofür braucht ihr die ganzen Farben?«, wollte Braan wissen. »Malt ihr auch Bilder?«

»Sozusagen. Wir verzieren die Anfangsbuchstaben eines Kapitels mit Mustern und Ornamenten und manchmal mit kleinen Bildern, die schon etwas von der Geschichte verraten.«

»Echt? So was könnt ihr?«

»Na ja«, grinste Cormac, »ich kann das nicht wirklich, nur verzierte Großbuchstaben für die einzelnen Abschnitte. Die Kapitel-Bilder-Buchstaben sind eine Spezialität von Braínach.«

»Könnt ihr mir so was mal …« Braan wurde durch Lärm von draußen unterbrochen.

»Braínach, Cormac, wo steckt ihr? Wir brauchen eure Hilfe«, ertönte die aufgeregte Stimme von Cadog.

»Hier! Wir kommen«, rief Braínach. Die beiden jungen Mönche klappten eilig die Kästchen mit den kostbaren Schreibwerkzeugen zu und stürzten nach draußen, gefolgt von Braan.

»Das gibt's ja nicht«, rief Cormac erschrocken.

Sie waren so in die Betrachtung der Schätze versunken gewesen, dass sie überhaupt nicht gemerkt hatten, wie das Wetter umgeschlagen war. Eisiger Nordwind wirbelte das Herbstlaub hoch in die Luft, bog die Bäume am Wegrand und trieb dunkle Wolkenfetzen über die Berge.

Schnell schlossen sie die Fensterläden des Skriptoriums und eilten hinter den anderen her, die bereits zum Ufer hinunterliefen. Gerade noch rechtzeitig schafften sie es, das Boot so hoch ans Ufer zu ziehen, dass es von keiner Flutwelle erreicht werden konnte. Während sie den Mast aus seiner Verankerung lösten und flach legten, brach ein Schneeregenschauer los. Hastig drehten sie das Boot um, damit es nicht volllief, und eilten zurück Richtung Klosteranlage.

Innerhalb von Minuten waren sie bis auf die Knochen durchweicht und klapperten mit den Zähnen. Der eisige Wind nahm immer mehr an Stärke zu und heulte in den kahlen Bäumen, dass die Äste knackten. Schnell zogen sie sich in ihr Gemeinschaftshaus zurück. Braan blieb bei ihnen, es war zu gefährlich, jetzt ins Dorf zurückzukehren. Sein Vater würde schon ahnen, wo er Unterschlupf gefunden hatte.

Bald prasselte ein wärmendes Feuer im Herd, der nicht nur zum Kochen gut war, sondern auch ihren Wohnraum heizte und nun ihre nassen Kutten trocknen würde. Sie setzten sich um den Tisch und Aodhán drückte jedem einen Becher mit warmem Tee in die Hand.

Nur einer fehlte: der Zimmermann Oswald. Er war am frühen Morgen aufgebrochen, um noch mehr Holz zu schlagen, damit sie im Winter nicht frieren mussten.

Die schweren Wolken tauchten die Landschaft in ein unheimliches Dämmerlicht und der Sturm ließ die wenigen Bäume am Rand ihres Anwesens ächzen. Äste flogen durch die Luft. Und Oswald war immer noch nicht zurückgekehrt.

So langsam machten sich die Mönche Sorgen. Um sich abzulenken, erinnerten sich Brainach und Cormac an das, was sie auf Iouan mit ihm erlebt hatten. Der stille, freundliche Mann hatte immer Zeit und ein offenes Ohr für die beiden Jungen gehabt.

»Besonders hab ich mich gefreut, wenn er uns im Boot mit nach Mull genommen hat und wir mit ihm durch die Wälder gestreift sind«, erinnerte sich Cormac. »Er war immer auf der Suche nach besonders gerade gewachsenen Bäumen.«

»Ja, genau«, ergänzte Braínach, »und dann haben wir ihm geholfen, die gefällten und zersägten Stämme zum Boot zu schleppen, wir zu zweit, er alleine.«

»Das war echte Schufterei, aber es hat unglaublich Spaß gemacht.«

»Und im Wald hat er uns nebenbei Tierspuren gezeigt und erklärt.«

»Oft haben wir die Wildwechsel benutzt, um die Stämme durch den Wald zu schleifen.«

Endlich kam auch Braan zu Wort, der schon mehrfach Luft geholt hatte. »Mir hat es auch ganz viel Spaß gemacht, mit Oswald unten am Ufer Schilf zu schneiden. Er hat mir gezeigt, wie man es zu kleinen Päckchen bündelt, die ich auch tragen konnte. – Ich hab nämlich geholfen, die ganzen Reetdächer aufzubauen«, sagte er stolz.

»Na ja, manchmal«, dämpfte Braínach ihn.

»Gar nicht wahr«, empörte Braan sich, und die beiden wären in Streit geraten wie Geschwister, wenn Cormac sie nicht beruhigt hätte.

Der Nachmittag verging und es wurde dunkel. Immer noch heulte der Sturm und jagte den Schneeregen in schrägen grauen Streifen über das Land. Schließlich stand Cadog, der Steinmetz mit den unheimlichen Muskelkräften, entschlossen auf und sagte: »Oswald ist ein Unglück zugestoßen, wir müssen ihn suchen.«

»Du hast recht. Wir können nicht länger tatenlos warten«, meinte Ternan und auch die anderen Brüder erhoben sich.

Braan sprang ebenfalls auf: »Ich komm mit!«

»Nichts da«, beschied ihm Vater Cailton, »das ist viel zu gefährlich bei diesem Wetter. Was soll ich deinem Vater sagen, wenn dir was passiert. Kommt nicht infrage.«

»Ich will aber mit!«, beharrte Braan. »Und außerdem kenn ich mich besser im Wald aus als die meisten von euch.«

»Das stimmt«, unterstützte ihn Braínach. »Er könnte mit mir gehen. Wir zwei können auch da durchschlüpfen, wo Cadog und Ternan niemals durchpassen.« Er grinste die beiden Hünen an und versuchte so, seine Besorgnis klein zu halten.

Die Kapuzen tief ins Gesicht gezogen und mit Sturmlaternen bewaffnet, zogen sie los. Nur Aodhán blieb im Kloster, damit jemand da war, falls der Zimmermann doch noch auftauchte. Am Wald teilten sie sich in drei Zweiergruppen und vereinbarten, zu pfeifen, wenn eine der Gruppen ihren Freund gefunden hätte.

Braínach und Braan schlugen sich zu der Stelle durch, an der sie zuletzt mit Oswald gewesen waren. Sie suchten das ganze untere Waldstück ab, hielten ihre Laternen hoch und arbeiteten sich durchs Unterholz. Vergeblich. Nicht eine Spur ihres Freundes. Keiner von beiden traute sich, den anderen anzuschauen, aber einfach zurückkehren wollten sie auch nicht. Zu schrecklich war der Gedanke, dass Oswald etwas passiert war. Über ihnen knarrten und knackten die kahlen Bäume im Sturm. Braan griff nach der Hand seines Freundes und der hielt sie ganz fest.

Da hörten sie von oben den vereinbarten Pfiff. In größter Eile rannten sie los. Mal sprangen sie über umgestürzte Stämme, mal stolperten sie über herausgerissene Wurzeln. Angst und Hoffnung trieben sie weiter, auch wenn ihnen Dornen ins Gesicht schlugen oder sie sich Hände und Knie bei einem Sturz in der Dunkelheit aufrissen.

Schwer atmend erreichten sie die anderen. Der Schein der Laternen zeigte ihnen die genaue Stelle. Beim Anblick von Oswald stieß Braan einen Schreckensschrei aus. Regungslos lag der Zimmermann am Boden. Die anderen hoben gerade mit vereinten Kräften einen mächtigen Ast weg, der im Sturm abgebrochen war und ihn unter sich begraben hatte. War er tot?

Vater Cailton kniete neben ihm und untersuchte ihn. »Er lebt noch«, sagte er, ohne aufzuschauen, »aber beide Beine sind gebrochen und er ist schwer unterkühlt. Wir müssen ihn so schnell wie möglich nach Hause schaffen.« Vorsichtig wickelte er seinen Mantel um Oswalds Oberkörper.

Ternan griff nach der schweren Axt, die neben Oswald auf dem Boden lag, und begann, einige junge Stämme zu fällen. Er hieb sie in lange Stangen und mit dem Seil, das Cadog vorsorglich mitgebracht hatte, verbanden sie diese zu einer behelfsmäßigen Trage. Vorsichtig hoben sie den Bewusstlosen darauf.

Die vier älteren Brüder packten die Trage an den vier Enden und Braan und Braínach bahnten zwischen abgebrochenen Ästen mühsam einen Weg durch das Unterholz. Es war eine fürchterliche Plackerei, bis sie einen Pfad durch den Wald erreicht hatten, der noch einigermaßen frei von Astwerk war und zum Kloster führte. Längst waren sie völlig durchnässt, aber sie schnauften und dampften vor Anstrengung.

Am Ende ihrer Kräfte erreichten sie endlich ihr Gemeinschaftshaus, wo sie Aodhán an der Tür erwartete. Drinnen war es herrlich warm.

Sie betteten Oswald so nah wie möglich am Herd und zogen ihm vorsichtig die durchnässten Kleider aus. Vater Cailton richtete und schiente die gebrochenen Beine und versorgte die Wunden mit Kräutern und Verbänden. Gelegentlich stöhnte Oswald vor Schmerzen, aber er wachte nicht auf. Das war auch gut so, denn sonst wäre die Behandlung für ihn eine fürchterliche Tortur geworden.

Es mochten wohl zwei Stunden ängstlichen Wartens und Betens vergangen sein, als Oswald plötzlich die Augen aufschlug und sich verwirrt umsah. »Wo... wo bin ich«, kam es undeutlich über seine bleichen Lippen.

Cailton beugte sich über ihn und sprach leise und beruhigend auf ihn ein. »Du bist zu Hause, du hattest einen Unfall im Wald, aber du bist gut versorgt. Du musst jetzt schlafen.« Er flößte ihm einen warmen, schmerzstillenden Trunk ein und kurz darauf schlief der Verletzte ein. Die Brüder und ihr kleiner Gast knieten um das Krankenlager und Vater Cailton formulierte eine Bitte um Heilung. Dann verabredeten sie die Reihenfolge der Nachtwachen und legten sich hin.

Aber Braínach konnte nicht schlafen. Auch Braan, der sich neben ihm in eine Decke gerollt hatte, wälzte sich ruhelos von einer auf die andere Seite. Irgendwann stieß er Braínach vorsichtig an.

»Schläfst du?«, wisperte er.

Braínach drehte sich zu ihm: »Nein.«

»Was ist«, fuhr Braan leise fort, »was ist, wenn er stirbt?«

Ja, das war die Frage, die auch den jungen Mönch wach hielt. Schrecklich wäre das, wenn sie ihren geliebten Oswald verlieren würden. Wer würde ihnen dann zuhören? Wer würde mit ihnen den Wald durchstreifen? Sein Herz zog sich zusammen.

Braan flüsterte wieder: »Was passiert mit ihm, wenn er stirbt? Wo kommt er hin? Ins Reich der Toten?«

Darüber hatte Braínach gar nicht nachgedacht. Ja, er hatte mal etwas davon gelernt, wie das nach dem Tod für Christen ist. Aber das gehörte zu den Teilen des Neuen Testamentes, die er noch nicht abgeschrieben hatte, und er erinnerte sich nicht mehr genau. »Wir fragen morgen die anderen«, flüsterte er zurück. Schweigend lagen die beiden wach, jeder mit seinen Gedanken beschäftigt, bis Braínach die Wache am Krankenlager übernahm.

Als Braínach am fortgeschrittenen Vormittag aufwachte, saßen die anderen längst um das Lager des Verunglückten, der von Fieberträumen gequält wurde. Die in der Nacht noch so kalte Stirn war jetzt glühend heiß. Vater Cailton hatte Oswald kühle, feuchte Tücher um die Waden gewickelt, um das Fieber zu senken, bisher allerdings mit wenig Erfolg.

»Wird er sterben?«, fragte Braan tonlos. Seine feuerroten Haare standen wirr in die Luft.

»Ich weiß es nicht«, antwortete Cailton ruhig.

Da stellte Braan wieder die Frage, die ihn so beschäftigte: »Was passiert mit ihm, wenn er stirbt?« Die Angst ließ seine Stimme zittern. »Kommt er dann in die Anderswelt, ins Land der Toten?«

Cailton drehte sich ihm zu und sah ihm freundlich in die Augen. »Du fürchtest die Nacht des Todes, nicht wahr? Das unergründliche Totenreich, in dem die Schatten der Verstorbenen leben, um gelegentlich zurückzukommen und euch zu ängstigen, wie die Alten erzählen.«

Der Junge nickte stumm.

»Du brauchst keine Angst zu haben. Für uns Christen ist der Tod nicht mehr als ein dunkler Vorhang, der diese Welt von der herrlichen Lichtwelt Gottes trennt. Die Schattenwelt hat keine Macht über uns. Wenn Oswald stirbt, dann geht er nur hinter den Vorhang, wo Christus ihn schon erwartet.«

Braínach, der hinter Braan stand, fragte zögernd: »Hast du keine Angst vor dem Tod, Vater Cailton?«

Der Mönch lächelte: »Nein, ich habe keine Angst vor dem Tod. Überhaupt keine. Vor dem Sterben – ja, vor dem Sterben habe ich Angst. Vor Schmerzen und was da alles vorher kommen kann. Aber nicht vor dem Tod.«

»Das kann nicht sein. Du lügst!«, eiferte sich Braan und sah ihn zornig an, weil er glaubte, der Priester hätte die Frage seines Freundes nicht ernst genommen. Cailton strich ihm behutsam über den Kopf. »Du hast noch viel Angst, stimmt's? Aber du brauchst keine Angst zu haben. Denn du glaubst doch auch schon ein wenig an Christus. Oder?« Jetzt nickte Braan.

»Du warst ja schon bei vielen unserer Gebetszeiten dabei. Obwohl du die heilige Sprache Latein nicht verstehst, hast du vielleicht gespürt, dass wir einfach mit Gott reden, ohne Angst. Erst recht bei unseren Gebeten am Krankenbett, da haben wir ja in unserer Sprache gebetet und geredet wie mit einem mächtigen Freund, dem wir vertrauen. Und du hast mitgebetet. Oder?«

Wieder nickte Braan mit großem Ernst.

»Siehst du«, erklärte der Priester weiter, »für Menschen, die an Christus glauben, also die ihm vertrauen, ist das so mit dem Tod: Wenn unser Körper einmal zerfallen wird wie eine baufällige Hütte, werden wir einen neuen Körper erhalten, so ähnlich wie ein festes Haus, das nicht von Menschen errichtet ist. Gott hält es im Himmel für uns bereit, ein Haus, das ewig bleibt.«

»Heißt das«, mischte sich Braínach jetzt wieder ein, »dass der Tod gar nichts Schlimmes ist, sondern etwas Schönes?«

»Ganz so einfach ist es auch nicht«, antwortete Vater Cailton. »Am liebsten wäre es uns natürlich, wenn wir gar nicht sterben müssten, sondern hinübergehen könnten. Das würde ich mir auch wünschen. Aber Gott hat es nicht so vorgesehen. Das Sterben und der Abschiedsschmerz bleiben uns nicht erspart. Was aber danach kommt, ist viel schöner!«

»Woher weißt du das so genau?«, erkundigte sich Braan.

»Christus, unser Herr, ist am Kreuz gestorben. Aber Gott der Vater hat ihn nicht im Totenreich gelassen, sondern hat ihn auferweckt. Seine Jünger haben ihn gesehen, bevor er in die unsichtbare Welt hinter dem Vorhang gegangen ist. Die Kraft Gottes, durch die er die Toten lebendig macht, spüren wir jetzt schon in uns. Das ist der Heilige Geist. Deshalb glauben wir an ihn, auch wenn wir ihn noch nicht sehen können.«

Während Cailton sprach, ging Cormac zur Tür und verschwand nach draußen. Wenig später kam er mit einem kleinen Paket zurück. Er wickelte es vorsichtig aus seinem Umschlag und zum Vorschein kam ein kostbares dünnes Buch. »Schaut her, was ich euch mitgebracht habe: die Briefe des heiligen Apostels Paulus an die Korinther. Da steht genau das drin, was Cailton gerade gesagt hat.«

Der junge Mönch blätterte kurz, dann beugte er sich über die Seiten und las aus dem zweiten Brief an die Korinther langsam und deutlich die Worte des Apostels vor. Es war alles genau, wie Vater Cailton es gesagt hatte.

»Was ist das für eine Sprache, die gleiche, wie in euren Stundengebeten?«, wollte Braan nach wenigen Sätzen wissen.

»Ja, das ist die Kirchensprache Latein«, antwortete Braínach. »Warte ab, demnächst lernst du das alles. Soll ich dir übersetzen?«

Braan nickte eifrig. Schließlich war es seine Frage gewesen, welche die Brüder auf dieses Thema gebracht hatte. Als Cormac fertig gelesen und Braínach Satz für Satz übersetzt hatte, fragte Braan leise: »Und was ist mit den anderen, die nicht an Christus glauben?«

Die Mönche sahen sich an und schwiegen. Schließlich antwortete ihr geistlicher Leiter: »Wir wissen es nicht. Gottes Gnade ist unergründlich. Aber wir wissen sicher, dass unser Freund Oswald zu Christus, unserem Erlöser, kommt, wenn er sterben muss. – Was ich nicht hoffe! Auch wenn es bei Gott herrlich ist, wir können Oswald noch gut brauchen. Wir haben noch so viel zu tun.« Die anderen nickten. Darin waren sich alle einig, dass sie Oswald nicht verlieren wollten.

Drei Tage lang schwebte der Zimmermann zwischen Tod und Leben, war er unter dem Schatten des dunklen Vorhangs. Drei lange Tage voller Sorgen, Gebete und Angst. Dann aber ließ das Fieber plötzlich nach. Am vierten Tag war Oswald wieder so klar, dass man mit ihm reden konnte.

»Gott sei Dank«, sagte Cadog mit seiner tiefen, etwas rauen Stimme, »Gott sei Dank, dass du noch etwas bei uns bleibst.«

Oswald lächelte matt und schüttelte den Kopf: »Habt ihr etwa geglaubt, ich lass euch schon im Stich? Unkraut vergeht nicht.« Er schloss kurz die Augen, und als er sie wieder öffnete, hatte er ein Leuchten im Gesicht. »Aber ich durfte einen kurzen Blick hinüberwerfen auf die andere Seite des Vorhangs. Es ist wunderbar dort.«

Leid und Bewahrung

Wohlstandsevangelium
An vielen Orten der Welt wird heute gepredigt, wer wirklich glaube, werde dadurch glücklicher oder reicher und sei vor Unglück gefeit. Vor allem in Afrika und den USA, aber auch in Südkorea und anderswo gibt es Kirchen, die hohen (wirtschaftlichen) Erfolg mit Propaganda für das sogenannte Wohlstandsevangelium erzielen.

In abgeschwächter Form gibt es das auch bei uns, z. B. wenn die Einladung zum Glauben immer mit der Behauptung verknüpft ist, dass es einem als Christ besser ginge. Auch wenn es besonders im Alten Testament Stellen gibt, die so verstanden werden können (z. B. Psalm 91), sagt die Bibel insgesamt nicht: »Gott bewahrt dich *vor* jeder Not«, sondern: »Gott bewahrt dich *in* der Not.«

- Wo begegnen dir falsche »Heilsversprechen«, die weder der Realität noch der biblischen Botschaft entsprechen (z. B. in Predigten, Liedtexten usw.)?

Der Tod und das Leben
Die Erklärungen des Priesters Cailton zu Sterben und Tod beziehen sich auf 2. Korinther 5,1-10. Paulus drückt sich hier über das Leben nach dem Tod sehr vage aus, ebenso andere Stellen im Neuen Testament. Die Hoffnung auf ein Leben in der Gemeinschaft mit Gott nach dem Tod soll die Aufmerksamkeit nicht von dem ablenken, was hier und jetzt dran ist. Vielmehr soll diese Perspektive dabei helfen, frei von Todesangst die Herausforderungen dieses Lebens anzunehmen.

- Wo führt (häufig verdrängte) Angst vor dem Tod dazu, dass du ängstlich und menschenscheu den Herausforderungen des Lebens ausweichst?

- In welcher Form kann die Hoffnung auf ein Leben nach dem Tod zu Freiheit und Furchtlosigkeit führen?

Der Vorhang

Im Bild vom Tod als Vorhang sind teilweise vorchristliche keltische Gedanken aufgenommen, wonach die Verstorbenen immer noch (bedrohlichen) Einfluss auf unser Leben nehmen können. Ähnliche Vorstellungen finden sich z. B. in Ahnenkulten Afrikas oder bei den neuseeländischen Maori. Die christliche Verkündigung hat immer dagegengehalten, dass Christus stärker als die Ahnengeister ist, und so einen wichtigen Beitrag zur Überwindung fataler Angst geleistet.

Zugleich hat die (katholische und orthodoxe) Heiligenverehrung den Gedanken wachgehalten, dass es nicht nur uns als jetzt Lebende und Gott als den Ewigen gibt, sondern eine alle Generationen umfassende (»diachronische«) »Gemeinschaft der Heiligen«. Im Protestantismus ist das durch die Ablehnung des Heiligenglaubens (in Form von »Heiliger soundso, bitt für uns«) weitgehend verloren gegangen.

- Was würde sich verändern, wenn du »die Wolke der Zeugen« (Hebräer 12,1) bewusst in deine Sicht des Glaubens, der Kirche und der Welt aufnehmen würdest?

Bei dem evangelischen Mystiker Gerhard Tersteegen findet sich dazu folgende inspirierende Liedstrophe:

Mit den viel tausend Chören
der Heilgen, die dich ehren
vorm großen Throne da,
mit allen Engelscharen
will ich mein Liedlein paaren
und singen mit: Halleluja.[7]

8. KAPITEL

in dem Samhain gefeiert und eine erschütternde
Lebensgeschichte erzählt wird

Als Braan am nächsten Vormittag ins Kloster kam, verkündete er: »Morgen und übermorgen werde ich nicht kommen. Mein Vater möchte, dass ich zu Hause bleibe.« Er schien gar nicht bedrückt darüber.
»Ist etwas Besonderes?«, wollte Braínach wissen.
»Na klar, es ist Samhain, unser Neujahrsfest! Weißt du das nicht?«
Wahrhaftig, vor lauter Sorge um Oswald hatte Braínach vergessen, dass sie sich in der letzten Oktoberwoche befanden.
»In der Nacht zum Neujahrstag kommt die Anderswelt uns besonders nah. Deshalb möchte Vater nicht, dass ich alleine unterwegs bin. Und ich glaube, er will auch keinen Ärger mit Wulfric. Seit dem Spätsommer hält unser Druide nämlich ziemlich Ruhe, obwohl ich nicht mehr zu ihm in den Unterricht gehe und auch Gwid nicht. Aber Vater fürchtet, wenn wir jetzt nicht mitmachen, geht die ganze Geschichte wieder von vorne los.«
»Wie genau feiert ihr denn Samhain?«, wollte Braínach wissen.
Braan erzählte: »Bevor es dunkel wird, ziehen wir Holzmasken an. In der Samhain-Nacht kommen nämlich die Geister der Verstorbenen zurück. Manche wollen in einem Menschen wohnen, den sie kennen, andere wollen sich für irgendwas rächen. Aber wenn sie keinen erkennen, müssen sie wieder verschwinden. Deshalb tragen wir

Masken und laufen im Dorf umher, damit die Geister uns auch nicht am Zuhause erkennen. Und wir machen mit Schellen und Trommeln einen ordentlichen Lärm. Das ist eigentlich ganz lustig. Nur die alte Morrigan erzählt immer, wie ihr Bruder einmal von einem Totengeist gepackt wurde und dann verrückt geworden ist. Außerdem schichtet Wulfric mit seinen Helfern schon seit ein paar Tagen einen riesigen Berg Brennholz oben auf dem Berg auf.«

»Wo, etwa neben unserem Hochkreuz?«

»Nein, das traut er sich nicht, aber ganz in der Nähe. Das Holz wird er um Mitternacht anzünden und dann mit einer großen Fackel ins Dorf kommen. An der großen Fackel werden viele kleine entzündet. Damit gehen wir in unsere Häuser und machen das Herdfeuer neu an. Und dann versammeln wir uns an der Dorfeiche und lauschen Wulfrics Weissagungen.«

»Na, da bin ich ja mal gespannt, was er zu verkünden hat«, meinte Braínach verächtlich.

»Morgen gibt es in jedem Haus ein Festessen zum Beginn des neuen Jahres. Danach treiben wir unsere Tiere nicht mehr auf die entlegenen Weiden und bringen sie höchstens noch auf Wiesen in Dorfnähe, denn der Winter kommt«, vollendete Braan seinen Bericht.

Vater Cailton, der ihm schweigend zugehört hatte, erklärte: »Ja, so wird das Fest bei uns Kelten seit alters her gefeiert. Aber wir machen das nicht mehr. Das passt alles nicht mit unserem neuen Glauben zusammen.«

»Wieso?«, fragte Braan. »Ihr glaubt doch auch an die Anderswelt. Das hast du doch vor ein paar Tagen erklärt.«

»Ja schon«, antwortete Cailton, »aber ganz anders. Ganz anders! Aber ich will dich jetzt nicht in Schwierigkeiten bringen. Feiert mal schön, wie ihr's kennt. Und danach fangen wir mit der Schule an. Einverstanden? In drei Tagen erwarten wir Gwid und dich hier pünktlich zum Morgengebet. Könnt ihr unsere Glocke im Dorf hören?«

»Manchmal. Kommt drauf an, wie der Wind steht. Aber wir stehen ja immer bei Sonnenaufgang auf. Das kriegen wir schon hin.«

»Nun denn. Ich wünsche ein gesegnetes neues Jahr.«

»Nein!«, rief Braan. »Das darf man jetzt noch nicht sagen! Das bringt Unglück!«

Cailton seufzte und Braínach meinte: »Ihr immer mit eurem Unglück. Zum Glück können wir einfach vertrauen.«

Aodhán, der dem ganzen Gespräch kommentarlos zugehört hatte, murmelte: »Wenn das mit dem Vertrauen mal immer so leicht wäre.« Erschrocken blickte er auf, aber keiner schien seine Bemerkung gehört zu haben.

Oswald hatte immer noch Schmerzen und konnte noch längst nicht wieder aufstehen. Aber er ließ sich gern von den Mitbrüdern ins Skriptorium tragen und gab ihnen von einem für ihn bequemen Sitzplatz aus Anweisungen, wie sie das Pergament vor die Fenster spannen und die Läden so anbringen konnten, dass beim Schließen die feine Bespannung nicht beschädigt wurde. Ternan, Cormac, Cadog und Braínach waren zwar nicht geübt in dieser Tätigkeit, aber doch geschickt genug, um sie bis zum Abend zu erledigen. Dann hoben sie Oswald wieder auf die Rettungstrage, die noch an der Wand lehnte, und brachten ihn nach draußen. Im Liegen begutachtete er das Werk, nickte zufrieden und meinte augenzwinkernd: »Einwandfrei, habt ihr gut gemacht. Im Frühjahr könnt ihr bei mir mit der Lehre anfangen.« Ein besseres Zeichen für seine fortschreitende Genesung als seinen wiedergekehrten Humor konnte es kaum geben.

Am nächsten Abend, während im Dorf nebenan das Samhain-Fest begann, saßen die Brüder in ihrem Gemeinschaftshaus beisammen. Das Abendbrot war verzehrt, das Abendgebet gesprochen. Auch wenn sie das heidnische Fest nicht mehr mitfeierten: Irgendwie war der Wechsel zum neuen Jahr auch für sie etwas Besonderes. Deshalb packte Aodhán seine Flöte aus, spielte ihnen eine hübsche Melodie vor und sang ein lustiges Lied.

Als er eine Pause einlegte, sagte Oswald von seinem Lager: »Aodhán, jetzt sind wir schon ein halbes Jahr hier als Brüder zusammen, aber wir wissen eigentlich immer noch nichts über dich. Du bist ein wunderbarer Koch, Gemüsezüchter und Barde. Aber du trägst doch etwas Schweres mit dir herum, nicht wahr? Deine Schweigsamkeit bei manchen Themen ist mir schon lange aufgefallen. Gestern dachtest du, keiner hätte deine Bemerkung über das Vertrauen gehört, aber ich schon. Möchtest du deine Geschichte nicht einmal mit uns teilen? Vielleicht wäre das eine Erleichterung.«

Die Männer sahen Oswald bei dieser für ihn ungewöhnlich langen Rede erstaunt an. Aodhán legte seine Flöte beiseite und blickte nachdenklich zu seinem Herd hinüber. Die Holzscheite darin knackten und das Feuer verbreitete wohlige Wärme.

Der Koch murmelte: »Ich weiß nicht, ob ich das möchte.« Dann schwieg er wieder.

»Lass dir Zeit«, ermutigte ihn Vater Cailton, »so viel, wie du brauchst.«

Es wurde still in der Rundhütte. Manche warteten gespannt, ob Aodhán etwas erzählen würde, andere hingen ihren Gedanken nach.

Schließlich holte der Koch tief Luft, räusperte sich ausgiebig und sagte: »Tja, das ist eine komplizierte und traurige Geschichte. Aber du hast recht, Oswald. Es hilft mir nicht, wenn ich sie vor euch verstecke. Ich versuche mal, sie der Reihe nach zu erzählen.«

Erneut schwieg er, um sich innerlich zu sortieren. Braínach spürte, wie schwer ihm das fiel, und unwillkürlich bildete sich auch in seinem Hals ein Kloß. Welche äußeren, aber wahrscheinlich noch mehr inneren Nöte hatte der lustige Koch wohl durchgemacht?

Aodhán begann: »Ich stamme aus dem Königreich Laighean im Südosten von Irland. Mein Vater war ein Druide, der aber keine Macht hatte, sondern als Barde unterwegs war. Ich bin mit seinen Liedern und Geschichten aufgewachsen. Irgendwann lernte er Brigida, die Äbtissin von Kildare, kennen. Das war nicht weit weg von uns. Er war tief beeindruckt von ihr und begann, sich für den neuen Glauben zu interessieren. Regelmäßig war er in Kildare zu Gast, brachte den Menschen dort seine Lieder und lernte ihre Geschichten. Er konnte sich zwar nicht entschließen, sich selbst taufen zu lassen, aber er ließ meine Mutter und mich, seinen jüngsten Sohn, von der Äbtissin taufen. Ich war damals fünf oder sechs Jahre alt. Mit sechzehn schickte mein Vater mich nach Kildare, damit ich dort eine Ausbildung als Gelehrter mache, sozusagen ein christlicher Druide und Barde. Zunächst empfand ich das als Ehre, aber bald merkte ich, dass ich nicht fürs Skriptorium geschaffen bin. Immer nur am Schreibpult stehen und irgendwelche verschnörkelten Texte abschreiben, nee, dazu fehlten mir die Geduld und die Sorgfalt. Und damit fingen meine Schwierigkeiten an. Für jeden Schreibfehler, den ich machte, wurde ich von dem Mönch, der dem Skriptorium vorstand, hart bestraft. Er sperrte mich wochenlang in eine Einzelzelle, angeblich, damit ich mich besser konzentrieren könne. Und er verordnete mir ständig Fasten. Beides war für mich die Hölle. Ihr wisst ja, wie gerne ich gut esse. Und wie gesellig ich bin…«

Aodhán machte eine Pause und fuhr sich mit einer Hand übers Gesicht, als wolle er die Erinnerung wegwischen – oder die Tränen. Die Brüder schwiegen und ließen dem Koch die Zeit, die er brauchte, um sich zu sammeln.

Braínachs Hals wurde noch enger. Wie anders war doch sein Einstieg in Iouan gewesen! Klar, auch dort herrschte Disziplin und Ordnung, aber keine Schikane, sondern ganz viel Ermutigung. Auch er war ernsthaft angehalten worden, keine Schreibfehler zu machen. Aber zugleich hatte er gelernt, wie man sie geschickt beseitigte, wenn es einem doch mal passiert war. Und wenn ihm ein besonders schön verzierter Anfangsbuchstabe gelungen war, wurde das Ergebnis bewundert.

Aodhán seufzte tief und erzählte weiter:

»Mein Martyrium in der Schreibstube zog sich einige Jahre hin. Irgendwann war ich so verzweifelt, dass ich bei Nacht aus dem Kloster geflohen bin, zurück nach Hause. Meine Mutter hat mich in den Arm genommen und bemitleidet. Aber mein Vater war aufgebracht: ›Aus Kildare fliehen? Du bringst Schande über mich! Ich habe mit der Heiligen Brigida vereinbart, dass du dort deine Ausbildung erhältst, und daran wirst du dich halten!‹

Vielleicht wäre alles anders gewesen, wenn Brigida noch Äbtissin gewesen wäre. Aber sie war im hohen Alter von 75 Jahren gestorben, bevor ich nach Kildare kam. Und ihre Nachfolgerin war eine Hexe. Wenigstens im übertragenen Sinn, aber vielleicht auch wirklich.

Wie gesagt, meine Mutter hatte Mitleid mit mir. Und sie redete so lange auf meinen Vater ein, bis er zustimmte, dass ich nicht mehr ins Skriptorium musste, sondern irgendetwas anderes lernen konnte, obwohl es ihm nicht behagte, dass ich nur ein Laienbruder werden sollte.

Vater brachte mich ins Kloster zurück und verhandelte lange mit der Äbtissin. Sie stimmte schließlich zu. Vermutlich, weil mein Vater ihr den Inhalt seines vorher gut gefüllten Geldbeutels überließ. Ich hatte mich vorher schon gefragt, wie das zusammenpasste: was in den Gottesdiensten gelesen wurde und was ich aus unseren heiligen Schriften kopierte und das, was hier im Kloster los war. Ihr könnt euch vorstellen, dass meine Fragen jetzt nicht weniger wurden.

Immerhin hatte ich Glück im Unglück, denn in der Klosterküche wurde dringend ein Helfer gebraucht. Kildare ist ja ein großes Doppelkloster mit Mönchen und Nonnen, alles zusammen bestimmt hundertachtzig bis zweihundert Menschen. Es ist viel Arbeit, die tagtäglich zu versorgen, auch wenn es immer nur sparsame Kost gibt.

Der Laienbruder, der die Großküche leitete, war von ganz anderer Natur als der Sklaventreiber im Skriptorium. Klar mussten wir richtig schuften. Aber er verbreitete immer gute Laune. Und wenn wir besonders fleißig waren, gab es für uns auch mal eine Extraportion oder eine Süßigkeit, die er irgendwo unter seinen geheimen Vorräten versteckt hatte. Bruder Gwydion, so hieß er, wie der alte walisische Zauberer…«

Aodhán lächelte versonnen und Brainachs Kloß im Hals schrumpfte merklich.

»Er hat uns wirklich verzaubert. Mit seiner Koch- und Organisationskunst und mit seiner Freundlichkeit. Mich mochte er aus irgendeinem Grund besonders gerne. Und so bin ich unter ihm Stück für Stück aufgestiegen und hab es bis zum zweiten Mann gebracht. Doch dann passierte etwas, das meine Wut zum Überkochen brachte und meine Zweifel und Fragen explodieren ließ.

Eines Morgens fehlte Bruder Gwydion in der Küche. Stattdessen kam die Äbtissin und befahl mir, ich solle die Leitung der Küche übernehmen. Bruder Gwydion käme nicht mehr wieder. Ich war fassungslos und wollte wissen, ob ihm etwas zugestoßen oder was sonst passiert war. Aber sie ließ mich einfach stehen. Schließlich fand ich es selbst raus.

Gwydion hatte ein Verhältnis mit einer der Küchenschwestern. Dass er sich verliebte, wäre unter Brigida kein Problem gewesen, sie hatte ja ganz bewusst ein Doppelkloster gegründet. Und auch wenn Mönche und Nonnen getrennt wohnten, gab es in Kildare die Möglichkeit, zu heiraten und eine Familie zu gründen. Ehepaare bekamen eigene Rundhütten. Sie versorgten sich selbst, nahmen aber sonst an allen Diensten und geistlichen Lebensformen im Kloster teil.

Der neuen Äbtissin war das ein Dorn im Auge. Sie konnte zwar die bestehenden Familien nicht hinauswerfen, versuchte aber mit aller Macht, neue Eheschließungen zu verhindern. Unter diesem Druck machten Bruder Gwydion und seine Küchenschwester einen schweren Fehler. Ihr werdet ahnen, was ich meine. Die Gute erwartete ein Kind. Irgendjemand verriet die beiden und die Äbtissin setzte Gwydion kurzerhand auf die Straße, sie warf ihn einfach raus! Die schwangere Nonne wurde in eine winzige Einsiedelei am Ende der Welt verbannt.«

Die Brüder hörten immer noch schweigend zu. Braínach spürte, wie der Kloß aus dem Hals in den Magen wanderte und dort anfing, vor Wut zu vibrieren.

»Das ist noch längst nicht alles«, fuhr Aodhán fort und die Mitbrüder konnten auch im gedämpften Licht der Laterne sehen, wie ihm die Zornesröte ins Gesicht stieg. »In den nächsten Nächten lag ich lange wach und überlegte, ob ich das wirklich wollte: unter diesen Verhältnissen die Leitung der Küche übernehmen. Früher oder später würde auch ich dort bestimmt mit der Äbtissin aneinandergeraten. Und vor allem: Es kam mir wie Verrat an Bruder Gwydion vor. Als mich wieder einmal die Schlaflosigkeit plagte, stand ich auf, um zur Kirche zu gehen und zu beten. Dabei musste ich an der Rundhütte der Äbtissin vorbei. Und da hörte ich ... ziemlich eindeutige Geräusche – ihr wisst schon was ich meine.«

Betreten schauten die Brüder zu Boden. Das war ja eine unglaubliche Geschichte!

»Ich versteckte mich und wartete ab. Irgendwann kehrte Ruhe ein. Und dann kam – ihr werdet es nicht glauben – der Sklaventreiber vom Skriptorium aus der Hütte, sah vorsichtig nach links und rechts, raffte seine Kutte zusammen und verschwand in Richtung des Schlafsaals. Ich hätte ihn am liebsten erschlagen, dieses verlogene Schwein! Und die Äbtissin: so eine heuchlerische Hexe!«

Aodháns Kopf glühte jetzt hochrot und Braínachs Empörung schlug ihm bis zum Hals.

»Die ganze Strenge, die ganze Schikane, das ganze fromme Getue. Alles nur Schein. Alles Lüge. Alles nur Blasen! Die nächsten Nächte war ich damit beschäftigt, mir irgendetwas Gemeines auszudenken. Diese ganze Heuchelei musste aufgedeckt werden.«

»Das hätte ich auch versucht«, dachte Braínach voller Grimm und ballte unwillkürlich die Fäuste.

»Schließlich wusste ich, was ich tun würde.« Aodhán machte eine lange Pause und sah seine Mitbrüder an. Plötzlich musste Braínach schmunzeln. Genauso machte ein guter Barde seine Geschichten spannend. Und er war wirklich gespannt, was jetzt kam.

»Für den nächsten Sonntag hatte die Äbtissin in weitem Umkreis zu einer heiligen Feier eingeladen – um sich einen Namen zu machen, würde ich sagen. Am Rande von Kildare gibt es einen uralten Brunnen. Da haben schon unsere Urahnen nicht nur Wasser geschöpft, sondern auch die Göttin Brigid angebetet. Den alten Festtag für diese Göttin hatte die Äbtissin ausgewählt, um den Brunnen zu taufen und ihrer Vorgängerin, der Heiligen Brigida, zu weihen. Als aber die Prozession mit Gesängen und Weihrauch und diesem ganzen Schnickschnack am Brunnen ankam, mussten sie entsetzt feststellen, dass das heilige Wasser vor Seifenblasen überquoll.« Jetzt schlich sich ein diebisches Grinsen auf Aodháns Gesicht. »Und an der Eiche über der Quelle hing ein großes Schild, auf dem zu lesen stand: ›Die Worte der Heuchler sind nur Blasen und ihre Heiligkeit ist verlogen.‹« Aodháns Grinsen wurde noch breiter. »Die ganze Veranstaltung fiel buchstäblich ins Wasser, besser gesagt in den Schaum.«

»Recht so«, dachte Braínach befriedigt.

Aber dann verschwand Aodháns Grinsen plötzlich und er fuhr fort: »Die Äbtissin hat getobt und geschworen, sie würde herausfinden, wer diesen Frevel begangen und den Ort entweiht habe. Derjenige würde das noch bitter bereuen. Ja, sie belegte den Menschen mit einem heiligen Fluch! Ich beobachtete die ganze Szene aus gebührendem Abstand. Erst hatte ich noch schadenfroh gedacht: Das kriegst du niemals raus, niemals! Aber dann griff die Furcht nach meinem Herzen und ich schlich mich ungesehen davon.

Ein paar Tage später, ich hatte gerade alle Mönche, Nonnen und sonstigen Helfer aus der Küche zum Abendgebet geschickt, stand plötzlich die Äbtissin vor mir. Ihr Hexenblick durchbohrte mich. Dann sagte sie mit einer Eiseskälte, die mich erschaudern ließ: ›Raus. Sofort.‹

Ich weiß nicht, wie sie es herausgefunden hat. Jedenfalls erlaubte sie mir nicht einmal mehr, meine Sachen zusammenzupacken, sondern jagte mich in die Nacht hinaus, mit nicht mehr als meiner Kutte am Leib.«

Aodhán wandte sich zu seinem Herd um, öffnete die Klappe und stocherte im Feuer herum. Dann legte er ein paar Holzscheite nach und beobachtete, wie die Flammen an ihnen leckten. Die anderen Brüder wagten kaum, zu atmen.

Braínach spürte, wie ihm Tränen in die Augen stiegen. Das war ja unfassbar. So eine himmelschreiende Ungerechtigkeit!

Plötzlich öffnete sich auf dem Boden seiner Seele eine Klappe, von der er zum ersten Mal etwas geahnt hatte, als Wulfric beim Gewitter aufgetaucht war und Gwids Opferung gefordert hatte. Unter dieser Seelen-Klappe tat sich eine gähnende schwarze Leere auf, bodenlos.

»Wie ist so etwas möglich«, dachte der junge Mönch fassungslos, »in einem Kloster, an einem heiligen Ort? Wie ist so etwas möglich, wo mehrfach täglich gebetet wird, aus den Psalmen und Evangelien gelesen? Wo Menschen um Christi willen zusammenleben?« Das konnte doch nicht wahr sein! Sicher, auf Iouan hatte es immer mal wieder Streit gegeben. Da lief auch nicht alles vollkommen. Und hier in ihrer kleinen Außenstelle des Himmels genauso wenig. Aber Klöster sollten doch Außenstellen und Brückenköpfe des Himmels sein, ein Gleichnis des Paradieses, ein Zeichen des Evangeliums... Wie war es möglich, dass Menschen anderen an solchen Orten das Leben zur Hölle machten?

Das Böse war doch draußen! Dort, wo der Glaube an die alten Götter herrschte. Wo die Furcht vor den Ahnen regierte. Im Dorf drüben, wo Wulfric sein Unwesen trieb. Nicht drinnen im Kloster, drinnen bei den Christen! Wo Christus die Herrschaft hatte. Was sollten denn die ganzen Hochkreuze, wenn so etwas möglich war?!

Braínach wurde schwindlig, weil die Falltüre in die Finsternis immer größer wurde. Seine Hände begannen zu schwitzen, gleichzeitig lief es ihm eiskalt den Rücken runter.

Wo war Gott, wenn so etwas möglich war? Wo war er?

Mit einem erbarmungslos lauten Klirren, das sonst keiner hörte, zersprang sein gesamtes bisheriges Weltbild, seine schöne heile Klosterwelt.

Erschrocken schaute er sich um. Diese Gedanken durfte er nicht zeigen, auf keinen Fall! Was sollten die anderen sonst von ihm denken!

Plötzlich traf sein Blick den von Oswald, der ihn offenbar schon eine Weile von seinem Lager aus ansah. Der Blick ging geradeaus hinein in seine schwankende Seele bis ganz unten, bis in die Finsternis. Ohne jeden Vorwurf, ja ohne Verwunderung. Oswalds Blick sagte: »Ich weiß, was du gerade empfindest und was du denkst. Hab keine Furcht. Du bist nicht allein damit.«

Braínach schloss die Augen, schüttelte kurz den Kopf und öffnete sie wieder. Oswald schaute ihn immer noch an, jetzt mit einem

Hauch von Lächeln, und nickte ihm unmerklich zu. Langsam, ganz langsam schloss sich die Falltür in seiner Seele wieder. Er war nicht allein damit. Er wusste jetzt, dass es sie gab. Er hatte die schreckliche Nacht darunter wahrgenommen. Aber er war nicht allein damit. Das machte vieles anders, auch wenn er keine einzige Antwort auf seine Fragen bekommen hatte.

Braínach spürte, wie sich sein Atem langsam entspannte. Hatte er geschnauft oder die Luft angehalten? Er wusste es nicht. Er wusste nur, dass er irgendwann Antworten brauchte. Aber erst mal konnte er damit weiterleben, dass es wenigstens einen gab, der wusste, was in ihm vorging.

Die Flammen hatten die frischen Holzscheite im Herd vollständig erfasst. Aodhán schloss die Klappe und dreht sich wieder zu seinen Brüdern um. Er wischte sich den Schweiß von der Tonsur und fuhr fort: »Tja, so stand ich mitten in der Nacht auf der Straße. Ins Kloster konnte ich nicht mehr. Und das hätte ich zum Verrecken auch nicht mehr gewollt. Nach Hause konnte ich auch nicht. Meine Wut und Verzweiflung waren grenzenlos. Nichts als Nacht um mich herum und noch viel mehr in mir drin. Diese Nacht wollte lange nicht weichen.« Wieder schwieg er für eine Weile.

»Irgendwie hab ich mich durchgeschlagen, mir was zu essen erbettelt. Ich weiß nicht, wie lange. Aber dann erwachten meine Lebensgeister wieder und mein Kampfeswillen und mein Trotz. ›Nein, ihr kriegt mich nicht klein, ihr nicht!‹, hab ich mir gesagt. Aber wovon sollte ich leben? Mich in einem Fürstenhaus als Koch anbieten? Nein. Ich würde keine Luft kriegen in einer Küche. Aber was sonst?

Da kam mir endlich der Gedanke: Mein Vater hatte mir als Kind das Flötespielen beigebracht. Und an hellen Sommerabenden hatte ich im Kloster meine Mitbrüder und -schwestern aus der Küche manchmal mit Geschichten unterhalten. Ich würde mich als Barde versuchen!

Als Erstes besorgte ich mir eine Flöte. Wie, das wollt ihr nicht wissen. Übte ein wenig und besann mich auf ein paar brauchbare Geschichten. Und dann versuchte ich auf dem nächsten Wochenmarkt mein Glück. Es war alles andere als eine Glanzvorstellung. Aber ein paar Münzen kamen zusammen. Mit der Zeit wurde ich immer besser. Meine Geschichten wurden spannender. Mein Flötespiel geschmeidiger. Und meine Grimassen lustiger.

Nein, sie hatten mich nicht kleingekriegt! Doch obwohl die Menschen gebannt meinen Geschichten und Liedern lauschten und mir begeistert zujubelten, war ich bitter einsam. Ich merkte, je länger, je mehr, dass ich irgendwie so ganz ohne Gebete und ohne Mitbrüder und -schwestern auch nicht leben konnte. Ich sehnte mich – nicht nach Gott. Der war für mich, nach alldem, was ich durchgemacht hatte, gestorben. Aber nach Gemeinschaft.

Irgendwann erzählte mir ein Handlungsreisender von der Klosterinsel Iouan, wo Barden geschätzt würden wie in keinem anderen Kloster. Tja, so bin ich dann auf Iouan gelandet. Dass ich dort gleich wieder die Küche übernehmen würde, hätte ich nie gedacht. Aber da konnte ich wieder atmen.«

Wieder breitete sich Schweigen aus. Schließlich holte Vater Cailton Luft und sagte: »Danke, dass du deine Geschichte mit uns geteilt hast. Das wird uns allen guttun. Aber ich vermute, du hast sie auch Vater Columcille erzählt, oder? Wie hat er denn reagiert?«

Aodhán nickte: »Ja, ich musste sie ihm erzählen. Sonst hätte ich nicht bleiben können. Also aus mir heraus. Mir war klar, dass Columcille in meiner Seele lesen konnte wie in einem offenen Buch. Und es hat mich ein Stück weit befreit, es ihm zu erzählen. Vor allem, als er mich anschließend umarmte und sagte: ›Es gibt unterschiedliche Gründe, weshalb mancher im Leben neu anfangen muss und darf. Ich hab da meine eigenen Erfahrungen. Herzlich willkommen bei uns.‹ Tja, das ist also meine Geschichte. Aber wenn ich ehrlich bin, muss ich sagen: Ende offen.«

Oswald nickte und meinte: »Danke, mein Lieber, dass du uns in dein Leben hineingenommen hast. Das ist dir bestimmt nicht leichtgefallen. Aber denk mal, ab jetzt musst du uns nichts mehr vorspielen.

Das heißt: Natürlich darfst du uns gerne noch was vorspielen, auf deiner Flöte mein ich.«

Aodhán nickte. Dann griff er zu seiner Flöte und spielte eine Melodie, wie die Brüder sie noch nie gehört hatten. Kein kurzes Tanzlied wie bisher, sondern eine Klangwanderung durch Höhen und Tiefen, durch Licht und Dunkel mit immer neuen Wendungen. Gemeinsam durchlebten sie noch einmal, was der Koch ihnen erzählt hatte.

Geistlicher Missbrauch

Eine Lebensgeschichte wie die von Aodhán ist keine Seltenheit. Statt durch die christliche Gemeinschaft gefördert zu werden, damit das Leben sich entfaltet, geschieht das Gegenteil. Der Psychologe Tillmann Moser hat solchen Erfahrungen den Titel »Gottesvergiftung« gegeben, doch es sind Erfahrungen mit Menschen, die die Seele vergiften und unheilbaren Schaden anrichten.

Das kann sehr unterschiedliche Formen haben: religiöses Über-Ich (»Pass auf, kleines Auge, was du siehst«); bodenlose Heuchelei mit viel zu hohen Maßstäben, die mit drastischen Strafen durchgesetzt werden, wobei die Leitungspersonen sich ihre versteckten Schlupflöcher bauen; körperliche und psychische Gewalt bis hin zu sexuellem Missbrauch in Gemeinden und frommen Familien. – Keine Zeit ist automatisch davor gefeit, auch unsere nicht. Aber es gibt eine immer wiederkehrende strukturelle Ursache: Wenn eine religiöse Gemeinschaft ein geschlossenes System wird, wo Macht und Ohnmacht sehr klar verteilt sind und keiner hinter die Kulissen blicken oder kritische Fragen stellen darf, ist die Gefahr von geistlichem Missbrauch und Gewalt jeglicher Form sehr hoch. Denn bei jeder Form von Missbrauch geht es (mindestens auch) um Macht.

Gerade besonders fromme Gruppen, in denen oft die Leitungspersonen verherrlicht werden, sind dafür extrem anfällig. Deshalb muss mit größter Achtsamkeit auf gefährliche Strukturen geachtet werden, die Missbrauch begünstigen. Bewegungen hin zu solchen Systemen sind genau zu beobachten und immer wieder zu durchbrechen. Missstände müssen angesprochen werden und dürfen nicht unter den Teppich gekehrt werden, auch nicht in dem Wunsch, den Ruf des Christentums zu bewahren.

- Welche offenen und versteckten Machtsysteme gibt es in deiner Gemeinde oder auch sonst in deinem Umfeld, die Missbrauch begünstigen?
- Traust du dich, z. B. in deiner Gemeinde oder an deinem Arbeitsplatz unbequeme Beobachtungen anzusprechen? (Auch hier geht es um Zivilcourage.)
- Welche Mechanismen gibt es, durch die Leitungspersonen (konstruktive) Kritik empfangen? Gibt es eine Feedback-Kultur?

9. KAPITEL

in dem Fingerübungen gemacht und Zweifel ernst genommen werden

Am ersten Schultag erschienen die Häuptlingskinder eine Viertelstunde nach Sonnenaufgang zum Morgengebet in der Kirche. Braan hatte schon häufiger teilgenommen, obwohl er von den Gebeten und Gesängen fast nichts verstand. Die meisten Texte waren auf Latein, nur wenige auf Gälisch. In einigen Monaten, wenn der Frühling begann, würden die beiden bestimmt vieles mitsingen und -beten können.

Das Morgengebet begann wie immer mit der Lorica des heiligen Patrick. Mit dieser Mischung aus Hymnus und Bittgebet stellten sie sich zu Beginn des Tages unter den Schutz des dreieinigen Gottes und der Engel und erteilten allem, was sie von Gott trennen könnte, eine Absage.

Braínach hatte die Lorica schon auf Iouan geliebt, aber nachdem er Aodháns Lebensgeschichte gehört hatte, wurde ihm die Bedeutung mancher Zeilen noch einmal besonders bewusst.

Ich binde mich heute
An den Starken der Dreieinigkeit,
Ich rufe denselben an, der drei in eins und eins in drei ist.

Ich binde mich heute an die Macht
Der großen Liebe der Cherubim,
An das wohlwollende Urteil in der Stunde des Gerichts
»Gut gemacht«…

»Wie oft durfte ich schon dieses ›Gut gemacht‹ hören«, dachte Braínach dankbar, »und wie schrecklich muss es sein, wenn man nur gerügt oder gar verflucht wird wie Aodhán von der Äbtissin. Doch selbst dann können einen die nächsten Gedanken der Lorica vor dem Abgrund der Nacht der Gedanken schützen.«

Ich binde mich heute
An die Tugenden des strahlenden Himmels,
Die herrliche, Leben spendende Sonne,
Die Blässe des Mondes am Abend,
Das Aufblitzen unbeschränkten Lichtes,
Das stürmische Aufeinandertreffen wehender Winde,
Die feste Erde, das tiefe salzige Meer,
Rund um die ewigen Felsen.

Bei jeder Zeile hatte Braínach Bilder aus der wilden und herrlichen Landschaft ihrer neuen Heimat vor Augen.

Ich binde mich heute
An die Macht Gottes, die mich hält und führt,
Sein Auge, das über uns wacht,
Seine Kraft, die dich stehen lässt,
Sein Ohr, das auf meine Nöte hört,
Die Weisheit meines Gottes, die mich lehrt,
Sein himmlisches Heer, das mich bewacht.
Gegen die dämonische Lust der Sünde,
Gegen den Zwang, der der Versuchung Stärke gibt.

Jetzt kam eine lange Aufzählung all der Widrigkeiten, vor denen sie um Gottes Schutz baten. Nicht umsonst trug dieses Gebet den Namen »Lorica«, Schutzpanzer. Die meisten dieser Gefahren hatte Brainach – dem Herrn sei Dank – noch nicht erleben müssen.

Danach folgte der wunderbare Abschluss, der die Betenden in den Segen Christi einhüllte wie in einen Mantel und sie innerlich durchdrang wie heißer süßer Met:

Schütze mich, Christus, bis du wiederkommst.

Christus sei mit mir, Christus sei in mir,
Christus sei hinter mir, Christus vor mir,
Christus sei neben mir, Christus lass es mir gelingen,
Christus tröste und stärke mich,
Christus unter mir, Christus über mir,
Christus in der Ruhe, Christus in der Gefahr,
Christus in den Herzen aller, die mich lieben,
Christus im Mund des Freundes und des Fremden.

Ich binde mich selbst an den Namen,
den starken Namen der Dreieinigkeit.
Ich rufe denselben an,
Der drei in eins und eins in drei ist,
von dem alles geschaffen ist,
Ewiger Vater, Geist, Wort:
Dank sei dem Herrn für meine Errettung,
Das Heil kommt von Christus, dem Herrn.

Nach dem Frühstück bezogen die jungen Schreiber und die neu gegründete Schule offiziell und feierlich das Skriptorium. Es war zwar nicht mehr als eine kleine Rundhütte, aber trotzdem etwas Besonderes mit den drei pergamentbespannten Fenstern nach Süden, einem kleinen Ofen an der Nordseite und drei Tischen, einen unter jedem der Fenster.

Brainach und Cormac bekamen jeder einen eigenen Tisch zugeteilt, während Vater Cailton sich mit seinen Schülern an den dritten setzte.

Heute und wahrscheinlich auch am nächsten Tag würden die beiden Mönche noch nicht mit der heiligen Arbeit des Kopierens beginnen, sondern sich mit dem Material vertraut machen und Schreiben üben. Ihre hart gearbeiteten Hände mussten sich erst wieder an Feder und Tinte, an Pergament und Löschblatt gewöhnen. Es wäre zu schade, wenn sich ausgerechnet die ersten Zeilen, die in ihrem Kloster kopiert würden, durch unsaubere, krakelige Handschrift auszeichneten.

Zugleich war das Üben als Einstieg ganz angenehm, denn es erforderte keine intensive Konzentration wie das Kopieren. So konnte Brainach ein wenig den Beginn des Unterrichts am Nebentisch mitverfolgen. Würde dieser ähnlich ablaufen wie auf Iouan?

Cailton erklärte den beiden Häuptlingskindern zunächst, was sie lernen würden und warum. Jedes irische Kloster und erst recht Iouan mit all seinen Ablegern, die noch gegründet würden, sollte ein Ort der Gelehrsamkeit sein. Angehende Mönche und Nonnen, aber auch Kinder adeliger oder reicher Familien lernten hier Lesen und Schreiben, dazu Latein, die Sprache der heiligen Texte. Außerdem lasen sie natürlich die heiligen Texte selbst aus der Bibel und der Liturgie und lernten Grundlagen der Mathematik.

Gwid und Braan hatten zunächst still und aufmerksam zugehört. Wie sehr sie bei der Sache waren, konnte man unschwer an ihren Gewohnheiten sehen: Gwid drehte eine ihrer Locken um den Zeigefinger und Braan bohrte in der Nase. Das würde Vater Cailton ihm sicherlich bald abgewöhnen. Schade eigentlich.

Aber jetzt fragte Braan dazwischen: »Was ist das ›Tilurgie und Mathetik‹? Gehört das zusammen?«

Brainach grinste. Eine typische Braan-Frage. Wie viele davon hatte er im letzten halben Jahr schon beantwortet?

Jetzt erklärte Vater Cailton, dass Liturgie den Ablauf ihrer Gebetszeiten und Gottesdienste betraf und mit Mathematik nichts zu tun hätte. Wenn sie also gut aufpassten, könnten sie beim Morgengebet bald schon etwas verstehen und mitsprechen. Braan grinste zufrieden und meinte: »Das kann Wulfric nicht.«

»Und was ist Mathematik?«, hakte Gwid nach. Cailton erklärte, dass man bei den Grundlagen zunächst einfaches Rechnen lernte. Das, was vor allem Händler bräuchten, aber was auch auf dem Markt ziemlich nützlich sein konnte.

»Das brauch ich nich'«, meinte Braan, »ich will schließlich Häuptling werden.«

Gwid brach in helles Lachen aus: »Du Dummkopf, meinst du, da brauchst du das nicht? Unser Vater war zwar nie auf einer Klosterschule und kann keinen Buchstaben schreiben. Aber rechnen kann der, das sag ich dir!«

Braan zog einen Schmollmund, weil ihn seine Schwester »Dummkopf« genannt hatte.

»Na, das wird noch lustig, wenn die zwei sich hier so streiten, wie ich das schon erlebt habe«, dachte Brainach. »Bin gespannt, wie Vater Cailton damit umgehen wird.«

»Ich fänd es interessant, später mal ein Handelshaus aufzumachen«, erklärte Gwid.

»Soso«, meinte Vater Cailton, »ein Handelshaus. Da hast du dir aber was vorgenommen. Dann lern mal fleißig!«

An beide gewandt fuhr er fort: »Wenn ich eben gesagt habe, Liturgie und Mathematik hätten nichts miteinander zu tun, dann stimmt das nicht ganz. Neben dem Rechnen befasst sich Mathematik nämlich auch mit Geometrie, das ist die Berechnung von Flächen und Formen, und mit den Formen, Bahnen und Zeiten der Planeten und Sterne. Das lässt sich auch alles in Zahlen ausdrücken.«

»Über Planeten und Sterne hab ich bei Wulfric schon eine ganze Menge gelernt«, schob Braan stolz dazwischen.

»Prima«, sagte Cailton, »dann können wir darauf aufbauen. Vielleicht kriegst du ja auf diesem Weg auch Freude an Mathematik. Und du«, er wandte sich an Gwid, bevor sie protestieren konnte, »du wirst da sicher schnell reinkommen.«

»Und was haben die Sterne mit den Gebeten zu tun?«, hakte Braan nach.

»Unsere täglichen Gebetszeiten und auch manche Feste wie Weihnachten und Ostern richten sich nach dem Lauf von Sonne, Mond und Sternen. Dazu gibt es sehr komplizierte Berechnungen. Über die Frage, an welchem Tag man Ostern feiern soll, gibt es beispielsweise einen großen Streit zwischen den Gelehrten.«

»Weil die einen nicht richtig rechnen können?«, fragte Gwid, und Braínach musste grinsen.

»Jeder behauptet natürlich, dass er richtig rechnet, aber es gibt unterschiedliche Methoden. Außerdem streitet man sich darüber, ob Ostern immer an einem Sonntag gefeiert werden soll, so wie wir das machen, oder zur gleichen Zeit wie das jüdische Passahfest, also jeweils an dem Wochentag, der zum Mondjahr passt. Und wie so oft geht es auch um die Frage, wer recht hat und wer nicht.«

Vater Cailton fuhr mit seinen Erklärungen fort und begann mit den Grundlagen der Mathematik. Der Unterricht wurde, abgesehen von kurzen Erholungspausen, nur durch das Mittagsgebet und -mahl unterbrochen. Braínach war mit seiner Aufmerksamkeit die ganze Zeit mehr bei den Schülern als bei seinen Schreibübungen.

Am späten Nachmittag kam Cormac zu ihm an den Tisch, betrachtete das Gekritzel, schüttelte den Kopf und fragte: »Sag mal, was ist denn mit dir los? Hat die Sommerarbeit dir nicht nur die Hände, sondern auch den Kopf kaputt gemacht? – Oder gibt's hier jemanden im Raum, der dir den Kopf verdreht hat?«, schob er mit einem schelmischen Grinsen nach und blickte zu Gwid rüber.

»Quatsch!«, widersprach Braínach, merkte aber, wie ihm ein wenig warm wurde. »Lass mich in Ruhe.« Cormac grinste immer noch, sagte aber nichts.

Braínach starrte auf sein Pergament und versuchte, sich zu konzentrieren. Er nahm sich vor, den Rest des Nachmittags verzierte Anfangsbuchstaben zu üben. Das hatte ihm immer schon Freude gemacht und forderte ihn jetzt so, dass er den Nebentisch völlig vergaß. Bis zum

Abend hatte er wahrhaftig ein paar brauchbare Schmuckbuchstaben hinbekommen.

Plötzlich beugte sich Gwid über sein Pergament: »Oh, das sieht aber schön aus. Das hast du doch nicht gemalt?!«

Braínach schaute auf und wusste nicht, ob sie das ernst meinte oder als Scherz. Sie trat einen Schritt zurück, lachte ihn an, ohne seine unausgesprochene Frage zu beantworten, und meinte: »Wir sind für heute fertig. Aber du kannst dich von deinen Bildchen wohl noch nicht trennen, was?«

Jetzt erschien Braan neben ihr: »Gwid, komm. Wir sollen so früh zu Hause sein, dass du das Abendessen machen kannst. Hast du das schon vergessen?«

Gwid seufzte und murmelte: »Nervensäge.« Dann nickte sie aber und sagte: »Ich komm ja schon.«

Sie drehte sich um und nahm die Hand ihres Bruders, doch Braan schüttelte sie energisch ab. »Du musst mit mir nicht Händchen halten«, beschwerte er sich und lief zur Tür hinaus. Dabei rief er: »Bis morgen!«

Auch Gwid ging hinaus, aber dann streckte sie noch mal kurz den Kopf um den Türpfosten, winkte mit den Fingern einer Hand und säuselte: »Einen schönen Abend, ihr zwei.«

Cormac sah ihr nach und schüttelte den Kopf. »Uiuiui«, meinte er, »mit der kriegen wir noch Spaß.«

Ohne aufzusehen, zuckte Braínach mit den Schultern und packte seine Schreibutensilien sorgfältig in ihre Behältnisse und dann in die Truhe. Er war gerade fertig, als draußen die Handglocke schepperte. Während er aufstand, merkte er, dass Cailton noch immer am Schultisch saß und die ganze Szene beobachtet hatte. Zu gerne hätte er jetzt in den Kopf des Priesters geschaut. Oder vielleicht lieber nicht?

Braínach nahm sich vor, sich in Zukunft ganz auf seine Schreibarbeit zu konzentrieren. Nicht umsonst war er in Iouan zum Besten seines Jahrgangs ernannt worden. Bisher hatte er seine Ziele immer erreicht, wenn er sich etwas in den Kopf gesetzt hatte. Aber je älter er wurde, desto schwieriger wurde das.

In den nächsten Tagen kehrte eine gewisse Routine ein. Morgengebet, Frühstück, Schreibstube. Beide, Braínach und Cormac, brauchten doch länger als gedacht, bis ihre Schrift wieder die frühere Qualität erreichte. Aber es war herrlich, wieder zusammen zu arbeiten. Sie stellten sich gegenseitig immer schwierigere Übungsaufgaben, lachten viel über missglückte Versuche und freuten sich gemeinsam an den Fortschritten. Der gegenseitige Ansporn machte Spaß und verbesserte ihre Ergebnisse Schritt für Schritt. Es war fast wie früher auf Iouan, nur dass dort viel mehr Schreiber im gleichen Raum arbeiteten.

Am dritten Tag sprach Braínach seinen jungen Mitbruder auf dem Weg von der Kirche zum Mittagessen darauf an: »Seit du hier bist, ist es viel schöner. Die älteren Brüder waren von Anfang an sehr nett zu mir, aber mit dir ist es noch mal ganz anders. Du bist einfach ein Freund.«

»Ehrlich gesagt«, meinte Cormac, »hast du mir in Iouan auch gefehlt. Ohne dich hat mir die Arbeit im Skriptorium nur halb so viel Spaß gemacht. Deshalb war ich dankbar, dass ich den Sommer über so oft mit meinem Boot losgeschickt wurde, um Aufträge zu erledigen. Hier oben ist es aber erst recht einsam. Ich weiß nicht, ob ich das auf Dauer aushalten würde.«

»Was für weitere Pläne hast du eigentlich?«

»Och, da mach ich mir nicht so viele Gedanken. Mir reicht es, wenn mich Abt Columcille mal hier, mal da einsetzt.«

»Hm«, meinte Braínach, »ich möchte lernen, wie man das Evangelium zu Menschen bringt, die noch nie davon gehört haben, und später vielleicht selbst mal so eine Pilgergruppe leiten.«

»Das ist ehrgeizig! Dann wünsch ich dir viel Erfolg«, antwortete Cormac ernsthaft. Ein herausforderndes Lächeln schlich sich auf sein Gesicht: »Vielleicht kann ich dir ja dabei helfen, indem ich deine Ablenkung ein bisschen ablenke.« Er machte eine Kopfbewegung zu Gwid hinüber.

»Die lenkt mich nicht ab!«, gab Braínach ärgerlich zurück. Cormac war manchmal ganz schön nervig!

Bei Tisch saß Cormac Gwid schräg gegenüber. Heute stach ihn offenbar der Hafer. Braínach beobachtete aus den Augenwinkeln, wie sein Freund einen Witz nach dem anderen machte und Gwid darüber lachte, bis sich ihre Nase kräuselte. Ja wirklich, Cormac konnte echt nerven!

So verging die erste Woche im Skriptorium. Morgens lag immer dichter Nebel über Loch Carron und drängte bis zu ihnen hoch. Nachmittags wurde es ein wenig heller, aber von den Bergen ringsum war nichts zu sehen. Kalt war es dabei nicht. »Hoffentlich ist es die nächsten Monate nicht immer so grau«, dachte Braínach. »Wenn die Tage immer kürzer werden, wäre das zu deprimierend.«

Am Sonntag schaffte es die Sonne jedoch, nach dem Mittag den Nebel und die Wolken zu durchbrechen. Und weil kein Lüftchen wehte, wärmte sie sogar etwas. Nach dem Mittagessen sagte Oswald: »Ich würde gerne ein Stündchen auf der Bank draußen sitzen. Könnt ihr mir bitte helfen?«

So kurz nach seinem schweren Unfall konnte er seine gebrochenen Beine noch nicht belasten. Auch mit den beiden Krücken, die ihm Ternan zurechtgesägt hatte, waren nur sehr kurze Wege möglich. Daher fassten sich Cadog und Cormac über Kreuz an den Händen, sodass ein Sitz entstand. Oswald setzte sich darauf, legte die Hände über ihre Schultern und sie trugen ihn nach draußen. Über die Schulter rief der Zimmermann Braínach zu: »Magst du mir Gesellschaft leisten?«

Der junge Mönch nickte und setzte sich neben ihn auf die Bank an der Südseite ihres Gemeinschaftshauses. Von hier hatten sie einen schönen Blick über Loch Carron und die herbstlich kahlen Bergwälder rechts und links davon. Sie schwiegen zufrieden und blinzelten in die tief stehende Sonne. Es war angenehm, nebeneinanderzusitzen und einfach mal an nichts zu denken. Immer wieder atmete Oswald ruhig und tief ein und aus, als genösse er die frische Luft.

Nach einer Weile fragte er: »Wie geht's dir, Braínach?«

Der lachte: »Das wollte ich dich auch gerade fragen.«

»Na ja«, gab Oswald zur Antwort, »zum Glück sind meine Schmerzen inzwischen erträglich. Ich schlafe ganz ordentlich und muss mich ansonsten in Geduld üben. Du ahnst, dass mir das nicht leichtfällt, ich bin ja normalerweise immer beschäftigt. Aber ich bin froh, dass ich lebe. Cailton hat meine Verletzungen sehr gut versorgt und sie scheinen gut zu heilen. Ich werde demnächst wieder durch die Wälder hüpfen.«

»Das wünsch ich dir.«

»Und du?«

Braínach überlegte kurz und antwortete: »Hm, nicht so leicht zu sagen. Eigentlich sehr gut. Ich freu mich, dass Cormac bei uns ist. Das Schreiben macht mir viel Spaß, auch weil's wieder ziemlich gut gelingt. Und ich bin stolz, dass ich zu der Pilgergruppe gehöre, die das alles hier aufgebaut hat. Also – gut…«

»Aber…?«

»Tja, wenn ich das wüsste. Es gibt so vieles, was mich verwirrt.«

Wieder schwiegen sie. »Das ist das Wunderbare an Oswald«, dachte Braínach. »Er strahlt so viel Ruhe aus und drängt einen zu nichts. Und seine Fragen bringen mich zum Nachdenken.« Der junge Mönch überlegte: »Was ist es denn, was mich innerlich so durcheinanderbringt?«

Oswald blinzelte weiter in die Sonne und meinte: »Du bist noch so jung und erlebst in diesem Jahr so vieles, das völlig neu für dich ist. Für uns auch, aber wir haben schon einige Lebenserfahrung. Das macht einen Unterschied. Und wie ich dich kenne, hast du viel höhere Ziele als wir Alten. Das macht das Leben auch ein bisschen komplizierter.«

Braínach seufzte: »Stimmt. Cormac hat es leichter. Der macht sich keine großen Gedanken und tut einfach, was gerade dran ist. Fertig.« Er schaute Oswald von der Seite an. »Aber das kann ich nicht. So bin ich nicht.«

Oswald wendete sich ihm zu, nickte und lächelte ermutigend: »Ja, du bist du. Und du musst deinen Weg gehen.«

»Aber was ist mein Weg?«, brach es aus Braínach hervor. »Ich bin schon als Kind nach Iouan gekommen, weil ich Gelehrter werden wollte. Jetzt merke ich, dass es noch ganz andere Dinge gibt, die wichtig sind. Und neulich hab ich zu Cormac gesagt, dass ich später vielleicht mal eine Pilgergruppe leiten will. Das kam mir in den Sinn, ohne groß nachzudenken. Aber ob ich das wirklich kann? Ich glaub, Cormac hat gedacht, ich überdrehe ein bisschen. – Meinst du, ich könnte es?«

Oswald schaute wieder in die Ferne: »Vielleicht ist es jetzt noch gar nicht dran, das zu entscheiden. Ich glaube, dass in dir viel drinsteckt, wovon du noch nichts ahnst. Aber wenn ich sage: Du musst deinen Weg gehen, dann heißt das Schritt für Schritt. Wenn du ständig über den zehnten Schritt nachdenkst, stolperst du beim zweiten.«

Wieder trat nachdenkliches Schweigen ein.

»Es gibt noch etwas, worüber ich stolpern könnte«, nahm Braínach schließlich den Faden wieder auf. Oswald sah ihn mit diesem unvergleichlichen verständnisvollen Leuchten in den Augen an und setzte den Gedanken fort: »... und das sitzt seit dieser Woche in unserer Schule und hat lange rote Locken.«

Braínach riss die Augen auf und starrte Oswald erschrocken an: »Woher weißt du...? Hat Cormac dir das erzählt?« »... oder Vater Cailton?«, dachte er, ohne es auszusprechen.

Oswald schüttelte den Kopf: »Nein. Und Cailton auch nicht, falls du das gedacht hast. Man sieht es, wenn man nur ein wenig darauf achtet. Und es ist völlig normal. Gwid ist etwas Besonderes. Es wäre eher seltsam, wenn sie dich völlig kaltließe. Auch hier gilt: Schritt für Schritt. Da ist eine interessante, intelligente und lustige Häuptlingstochter. Die lässt eine Saite in dir erklingen, die du noch nicht kanntest. Punkt! Da gibt es erst mal nichts zu stolpern.«

»Meinst du?«, fragte Braínach immer noch unsicher, aber auch ein wenig erleichtert. Oswald nickte.

»Du, Oswald«, begann Braínach nach einiger Zeit noch einmal. »In der Samhain-Nacht, als Aodhán uns seine Geschichte erzählt hat, da hast du mich einmal so angeschaut, so... ich weiß nicht, wie ich das beschreiben soll.«

Oswald nickte nachdenklich und meinte. »Ja, das hab ich. – Du hast in die Finsternis geblickt, nicht wahr?«

»Ja«, kam es fast tonlos zurück. »Woher wusstest du das?«

Oswalds Blick wanderte über den Meeresarm in die Ferne. Dann seufzte er tief und antwortete: »Die meisten von uns kennen sie. Wer sie nicht kennt, bewegt sich nur an der Oberfläche. Ich bin ihr zum ersten Mal begegnet, als ich noch gar kein Christ war. Meine Mutter wurde von einem Blitz erschlagen, als ich sechs war, und ich hab es gesehen. Meine Mutter war ein wunderbarer Mensch. Sie hatte keinen Götterzorn verdient.«

»Oh, das tut mir leid«, murmelte Braínach.

Oswald wiegte den Kopf hin und her. »Ja, das kann einem leidtun. Aber weißt du, es kommt immer darauf an, wie man mit so etwas umgeht. Erst war da nur Nacht. Dann hab ich die Götter verflucht. Aber irgendwann habe ich aufgehört, zu fragen ›Warum?‹, und angefangen, nach dem Wozu zu suchen. Das war einer der Gründe, weshalb ich auf Reisen gegangen bin. Und ich entdeckte dann auch, dass der neue Glaube helfen kann, vertrauensvoll nach vorne zu schauen. Als ich mich hab taufen lassen, dachte ich, damit wäre die Nacht in der Seele, die Zweifel, die Verzweiflung, ein für alle Mal vertrieben. Aber sie gehört dazu, auch für Christen.«

»Aber es war schrecklich, in den Abgrund zu schauen. Aodháns Geschichte hat bei mir viel kaputt gemacht«, wandte Braínach ein.

»Und trotzdem gehört es dazu. Es sind Schmerzen, die nötig sind, damit der Glaube erwachsen wird. Weh dem, der diese Schmerzen nicht kennt.« Eine Wolke schob sich vor die Sonne und es wurde sofort empfindlich kühl.

Der Zimmermann fuhr fort: »Du wirst lernen, deinen Glauben zu leben – mit den Zweifeln. Wahrscheinlich fürchtest du jetzt, dass der Zweifel dir die Wahrheit offenbart und der Glaube nur ein Traum ist. Aber so ist es nicht. Dein Zweifel zeigt genauso wie dein Glaube nur einen kleinen Ausschnitt der Wahrheit, die viel größer ist, als wir je fassen können. Und vor allem: Du musst dich nicht selbst halten. Du bist gehalten.«

Brainach wusste nicht recht, wie er mit all diesen Empfindungen umgehen sollte. Aber er war dankbar, dass er mit Oswald über dieses Thema hatte sprechen können. Kein Zweifel: Oswald war sein Seelenfreund. Und seinen letzten Satz wollte er sich unbedingt merken: »Du musst dich nicht selbst halten. Du bist gehalten.«

Sprache, Zweifel, Seelenfreunde

Gebete und Lieder

In diesem Kapitel wird aus der »Lorica« zitiert, dem berühmten »Schutzschild«-Gebet des heiligen Patrick, einem Gebet, das für keltische Spiritualität typisch ist. Auch hiervon können wir einiges lernen.

Die keltische Spiritualität denkt konsequent trinitarisch: der eine Gott in drei Gestalten, Erscheinungsformen, Wirkungsweisen. Diese Theologie und Spiritualität erwächst aus den lebendigen Quellen des christlichen Glaubens und nicht aus einem abstrakten Gottesbegriff. Sie schützt vor Engführungen, Einseitigkeiten und Oberflächlichkeit. Gott als Schöpfer, Versöhner und heilende Lebenskraft wahrzunehmen, führt dazu, dass wir unsere Lebenswirklichkeit vollständig in den Blick bekommen.

Die keltische Kultur war von mündlicher Überlieferung und von der Überzeugung geprägt, dass Worte große Macht haben, Segensworte und Flüche verändern die Wirklichkeit. Deshalb wurde sehr bewusst und kunstreich mit Sprache umgegangen. Das war das Kerngeschäft der Druiden und Barden. Wir leben heute in einer Kultur, in der Worte inflationär geworden sind, wir »zugetextet« werden und dem Wort wenig Kraft zugemessen wird. Dass ungeschickte Formulierungen einen Shitstorm auslösen können, ist die andere Seite der Medaille.

Im Hinblick auf sorgfältigen Umgang mit Sprache und Inhalt habe ich Anfragen an viele Lobpreislieder. Manche sind zu schnell geschrieben (oder schlecht übersetzt), manche werden zu unüberlegt eingeführt, obwohl eine weitere Bearbeitung sinnvoll gewesen wäre. Dabei muss es ja nicht immer um tiefe Theologie gehen. Aber ich finde, sowohl Jesus als auch die Menschen im Gottesdienst sind es wert, dass die Inhalte durchdacht, die Sprache schön und die Melodie ausbalanciert ist. Zugleich gibt es viele Lieder mit in jeder Hinsicht hoher Qualität. Im Hinblick auf eine tief gehende Segenswirkung hängt deshalb sehr viel davon ab, wie sorgfältig die Lobpreis-Leitenden die Lieder auswählen.

Manches, was an »irischen Segensgebeten« produziert und veröffentlicht wird, oft mit idyllischen Fotos der Grünen Insel versehen, ist »weich gespült«, lässt sich gut verkaufen, hält aber dem rauen Lebensalltag nicht stand. Die Lorica und vergleichbare Gebete sprechen die Schönheit der Welt und die Segensgaben Gottes ebenso bildreich an wie die alltäglichen Gefährdungen und Härten. Gerade dadurch sind sie nicht oberflächlich, sondern haben Tiefgang und Kraft.

- Wo hast du schon mal erlebt, dass ein Wort, ein Satz, ein Gedanke richtig Kraft entfaltet, getröstet, ermutigt, korrigiert hat?

Der Abgrund des Zweifels

Menschen sind sehr unterschiedlich in Bezug auf ihre Gaben, ihre Ziele und das, was ihnen zugemutet wird. Nicht jeder blickt gleich tief in den Abgrund des Zweifels.

Die Studie von Tobias Faix und weiteren Autoren »Warum ich nicht mehr glaube« zeigt wichtige Faktoren dafür auf, dass Menschen den Glauben verlieren. Das passiert unter anderem dann, wenn junge Menschen in ihrer Gemeinde keinen Raum und keinen Ansprechpartner für ihre Fragen und Zweifel finden.

- Wie wird in deiner christlichen Gemeinschaft mit Zweifeln umgegangen?

Seelenfreundschaft

Oswald wird für Braínach zum »Seelenfreund«. Das ist eine ganz besondere »Errungenschaft« der keltischen Christen. Ein Seelenfreund ist etwas anderes als ein Beichtvater, obwohl es Berührungen gibt. Ein Seelenfreund, eine Seelenfreundin ist ein erfahrener Christ oder eine erfahrene Christin, eine Person, der man sich rückhaltlos anvertrauen kann, weil sie einen nicht verurteilt, sondern Raum gibt und sortieren hilft, Perspektiven aufzeigt und für einen betet. Dabei geht es nicht nur um bestimmte religiöse Themen, sondern um das ganze Leben im Licht Gottes. In manchen Gemeinden sind Seelenfreundschaften auch unter dem Namen »Mentoring« bekannt.

In der evangelischen Kirche gibt es dafür immer mehr ausgebildete »Geistliche Begleiter« oder Begleiterinnen. Dieser Dienst ist nicht an ein kirchliches Amt gebunden, sondern kann von erfahrenen Ehrenamtlichen genauso wie von Hauptamtlichen übernommen werden. Die Ausbildung dazu ist hilfreich, aber keine zwingende Voraussetzung, um anderen zum Seelenfreund zu werden.

- Hast du eine Seelenfreundin, einen Seelenfreund?
- Könntest du vielleicht jemand anderen geistlich begleiten?

10. KAPITEL

in dem über Spötter nachgedacht und eine Warnung ausgesprochen wird

Die neue Woche begann grau und mit Nieselregen. Trotzdem kamen Gwid und Braan pünktlich zum Morgengebet und dem anschließenden Frühstück. Die Tage wurden immer kürzer, zwischen der langen Morgen- und Abenddämmerung lagen über 14 Stunden Dunkelheit – falls die Sonne schien. Bei einem solchen Wetter wurde es den ganzen Tag nicht richtig hell und sie mussten Öllampen anzünden, um im Skriptorium zu arbeiten und zu lernen.

Am Mittwochnachmittag schickte Vater Cailton die beiden Schüler zu den jungen Mönchen an den Nachbartischen. Sie sollten in den Texten, die die Schreiber kopierten, die Buchstaben finden, die sie schon gelernt hatten. Braan stand sofort an Braínachs Tisch und beugte sich über sein Pergament, Gwid ging zu Cormac.

»Ich hab ein A gefunden«, rief Braan, »direkt der zweite Buchstabe nach dem verschnörkelten. Was heißt das Wort?«

»Paulus«, sagte Braínach.

»Is' das der, von dem Cormac vorgelesen hat, in der Nacht, als das mit Oswald passierte?«

»Sehr gut«, lobte Vater Cailton aus dem Hintergrund. »Du hast ein sehr gutes Gedächtnis.«

Braínach war nicht bei der Sache, sondern mit einem Ohr an Cormacs Tisch, wo Gwid versuchte, den verzierten Anfangsbuchstaben zu entschlüsseln, den der junge Mann gemalt hatte. Irgendwie musste Braínach Braan beschäftigen, um weiter Gwid und Cormac zuzuhören. »Bis wohin kannst du zählen?«, fragte er den Jungen.

»Bis hundert!«, strahlte Braan.

»Ehrlich?«, gab sich Braínach staunend. »Ja, dann schau mal, wie viele A du hier auf der ersten Seite findest.«

Er rückte vom Tisch ab, damit Braan näher an das Pergament kam, und reichte ihm einen Zeigestift. Damit war der Junge erst mal beschäftigt.

»Ah, ich hab's«, kam es vom Nachbartisch. »Das ist ein großes B.«

»Genau«, sagte Cormac.

»Kannst du mir mal den ganzen ersten Satz vorlesen?«, bat Gwid.

Cormac räusperte sich und las feierlich vor: »*Beatus vir qui non abiit in consilio impiorum et in via peccatorum non stetit in cathedra derisorum non sedit.*«

»Klingt irgendwie heilig«, meinte Gwid, »und was heißt das?«

»Das ist der Anfang des ersten Psalms. Psalmen sind die Lieder in der Bibel«, erklärte Cormac. »Dieser Vers bedeutet: Selig der Mann, der nicht …«

»Wieso Mann?«, fragte Gwid. »Was ist mit den Frauen?«

Cormac schüttelte verwirrt den Kopf und schaute hilflos zu Vater Cailton hinüber.

»Du kannst auch einfach ›Mensch‹ übersetzen«, mischte sich Braínach ein.

»Na«, widersprach Cailton, »*vir* bedeutet schon *Mann* und nicht *Mensch*. Aber ich glaube dennoch, dass sich Psalm 1 auch auf Frauen anwenden lässt.«

»Bei uns können Frauen alle Berufe ergreifen, sie können sogar Druidinnen werden«, sagte Gwid. »Und es gibt weise Frauen, auf die alle hören, wie die alte Morrigan.«

»Also«, drängte Cormac weiter. »Hier steht: Selig der Mann oder eben Mensch, der nicht weggeht in den Rat der Ungläubigen und im … ähm, auf dem Weg der Sünder nicht steht – und auf dem Stuhl der Spötter nicht sitzt.«

»Cormac wird nie ein Gelehrter«, dachte Braínach, »so wie der beim Übersetzen rumstolpert.«

»Fertig«, rief Braan dazwischen, »ich hab fünfundvierzig A gezählt. Manchmal gibt es eine ganze Zeile kein einziges und manchmal ein paar dicht hintereinander. – Was sind Spötter?«

Die anderen sahen sich verblüfft an. »Ich dachte, du hättest Buchstaben gesucht und gezählt«, sagte Braínach.

»Na und?«, gab Braan selbstbewusst zurück, »daneben kann man ja wohl noch 'n bisschen zuhören! Also, was sind Spötter?«

Cormac und Braínach sahen zu Vater Cailton, aber der nickte ihnen auffordernd zu: »Wie würdet ihr *derisori* erklären?«

Cormac machte ein Zeichen mit dem Kopf zu seinem Mitbruder und meinte: »Du. Du willst ja Gelehrter werden.«

»Also, hm. Spötter sind Menschen, die sich über andere lustig machen. Die versuchen, andere klein zu machen, sie auslachen und das, was ihnen wichtig ist. Sie fühlen sich besser und schlauer als andere und zeigen das auch. Spötter haben immer Leute um sich, die sie toll finden und über ihre Witze lachen.«

»Ja, das trifft es«, kommentierte Vater Cailton. »Und in diesem Psalm geht es nicht um irgendwelche Spötter, sondern um die, die unseren Glauben lächerlich machen wollen. Die meinen, sie wüssten mehr von der Welt und dem Leben als die Bibel.«

Cormac hatte in der Zwischenzeit noch mal seinen lateinischen Text studiert: »Ja genau, das passt zu den anderen beiden Gruppen, mit denen man nichts zu tun haben soll: die Ungläubigen und die Sünder.«

»Statt Ungläubige kann man auch Gottlose sagen«, ergänzte Braínach.

»Was ist mit ›ungläubig‹ oder ›gottlos‹ gemeint?«, fragte Gwid. »Wulfric macht zwar den christlichen Glauben lächerlich, also ist er ein Spötter. Aber er glaubt auch was und hat sogar viele Götter.«

Vater Cailton antwortete: »Wenn man noch mehr aus dem Alten Testament, also dem ersten Teil der Bibel, kennt, wird das klar. Die Propheten sagen: Ob jemand gottlos ist, zeigt sich nicht so sehr daran, was jemand glaubt, sondern daran, wie er lebt. Einer, der nur an sich selbst denkt, an den eigenen Reichtum oder die eigene Macht, und dafür anderen den Raum zum Leben nimmt, sie sozusagen für seine Wünsche opfert, der ist gottlos. Und ein Sünder ist jemand, der keine Verbindung zum lebendigen einen Gott hat.«

»Also doch Wulfric«, murmelte Gwid und erschauderte.

»Ja, wahrscheinlich. Aber nicht nur er. Wie Braínach eben schon gesagt hat: Der Psalm meint auch die, die dabei mitmachen. Die selbst nicht stark genug wären, um zu spotten, aber sich dranhängen und auf so jemanden hören. Es gibt noch mehr bei euch im Dorf, die Gift verspritzen. Das kann man wahrlich nicht nur Wulfric anlasten. Der verhält sich im Grunde nur so, wie er es gelernt hat.«

»Willst du ihn etwa verteidigen?«, brauste Braínach auf. »Nach dem, was der im Sommer gemacht hätte, wenn wir nicht da gewesen wären?!«

Vater Cailton schwieg einen Augenblick. Dann sagte er leise: »Kann es sein, dass du Wulfric hasst?« Nach einer kurzen Pause fügte er hinzu: »Hass gehört auch zum Rat der Gottlosen und zum Sitz der Spötter. Der Weg Jesu ist ein anderer.«

Braínach schwieg betreten – und auch ein wenig zornig. So hätte ihn Cailton nicht zurechtweisen müssen, erst recht vor den anderen. Bevor er etwas erwidern konnte, erklärte Vater Cailton: »So, es reicht für heute.« Damit meinte er nicht nur den Unterricht, sondern auch die Arbeit am Schreibtisch.

Beim Rausgehen schob sich Gwid neben Braínach und stieß ihn leicht in die Seite. »Hey, mach nicht so ein zerknittertes Gesicht. Das war doch ein spannender Nachmittag. Und ... du weißt sooo viel!«

Braínach blieb stehen, hob den Kopf und schaute sie überrascht und erfreut an. »Danke«, brachte er hervor und räusperte sich, um noch mehr zu sagen. Aber es fiel ihm nichts ein.

Gwid lachte ihn an: »Nix zu danken.« Und schon lief sie ihrem Bruder hinterher. »Hey, warte auf mich«, rief sie fröhlich und ihre roten Locken wippten ausgelassen.

Braínach blieb stehen und seufzte. Diese Gefühle sollten normal sein? Aber irgendwie waren sie schön.

Eine Woche später kamen Gwid und Braan mit einer Bitte aus dem Dorf ins Kloster. Auch wenn immer wieder Dörfler zu den Mönchen kamen, mit ihnen plauderten oder sie um etwas baten, waren die beiden Häuptlingskinder so etwas wie die offiziellen Nachrichtenüberbringer.

»Gestern Abend«, begann Gwid, »kam eins der Urenkel der alten Morrigan zu uns und fragte, ob wir mal rüberkommen könnten. Vater sieht es zwar nicht so gerne, wenn wir im Dunkeln noch unterwegs sind, aber zu zweit im Dorf geht in Ordnung. Vor allem, wenn die alte Morrigan ruft. Vor ihr haben alle großen Respekt.«

»Sie hat uns gefragt, was wir so alles bei euch lernen«, setzte Braan den Bericht fort.

»Sie hat uns sehr aufmerksam zugehört«, warf Gwid ein. »Ihr wisst ja, sie kann so gut wie nichts sehen, aber dafür sind ihre Ohren und ihre Gedanken umso schärfer.«

»Und sie hat gesagt, wir sollen euch fragen, ob ihr sie mal besuchten könnt. Also Vater Cailton und ihr beide.« Braan zeigte auf Cormac und Braínach.

»Ach, wirklich?«, fragte Cailton interessiert. »Gerne kommen wir. Ich war länger nicht mehr bei euch im Dorf. Können wir uns auf Sonntagnachmittag einigen? Da haben wir Zeit.«

»Wir fragen sie heute Abend«, antwortete Gwid.

Am Sonntagnachmittag erwarteten Braan und Gwid die drei Mönche am Dorfeingang, um ihnen den Weg zu Morrigans Rundhütte zu zeigen. Es war eine recht große Hütte, aber darin wohnte auch eine große Familie mit vier Generationen, wie Gwid ihnen erklärte.

»Guten Tag, Morrigan«, grüßte Gwid. »Wir bringen dir deine Gäste aus dem Kloster: Vater Cailton, Bruder Braínach und Bruder Cormac.«

Es dauerte etwas, bis sich die Augen der Mönche an die Dunkelheit in der Hütte gewöhnt hatten. Die Fenster waren verschlossen und nur eine kleine Öllampe erhellte notdürftig den Raum. Morrigan saß auf einem Hocker nahe dem Herd, in dem ein wärmendes Feuer knisterte. Trotzdem war die Alte in ein dickes Tuch gehüllt. Unzählige Runzeln überzogen ihr Gesicht und ihre von harter Arbeit verkrümmten Hände, die tatenlos in ihrem Schoß ruhten. Mit trüben Augen, aber hellwacher Miene schaute sie die Besucher an. Eine weitere Frau saß auf einem Stuhl an der Wand und nähte ein Hemd. Auf der anderen Seite wuselten sechs Kinder zwischen etwa drei und zwölf Jahren umher, die beim Eintritt der Fremden stehen blieben und diese neugierig anstarrten.

»Tretet näher und setzt euch hier auf die Bank«, sagte die alte Frau mit erstaunlich klarer Stimme. Im nächsten Atemzug fuhr sie ihre Urenkel an: »Macht mal Platz. Raus. Geht spielen. Los!« Gehorsam verschwanden die Kinder nach draußen. »Gwid, Braan, ihr könnt auch gehen«, forderte Morrigan die Häuptlingskinder auf. »Und bestellt eurem Vater einen schönen Gruß.«

Die beiden sahen sich enttäuscht an. Zu gerne hätten sie den Gesprächen gelauscht. Aber Morrigan winkte kurz und energisch mit der Hand und sie trotteten folgsam nach draußen.

Die drei Besucher nahmen auf der Bank an der Wand Platz. »Schön, dass ihr meiner Einladung gefolgt seid«, sagte die alte Skotin freundlich. »Ailean, würdest du unseren Gästen etwas zu trinken bringen? Und mir bitte auch. Trinkt ihr warmen, gesüßten Met?«

»Sehr gern.«

»Ailean ist meine Enkelin. Sie ist die Mutter der sechs Bälger, die ich rausgeschickt habe. Ein fleißiges Mädchen.«

Die trotz ihrer Kinderschar immer noch recht junge Frau machte sich am Herd zu schaffen. Kurz darauf reichte sie ihnen vier Becher mit dampfendem Met. Dann zog sie sich in den Hintergrund zurück und beschäftigte sich wieder mit ihrer Handarbeit. »Wie kann sie in dieser Dunkelheit nur arbeiten?«, fragte sich Braínach. »Aber vielleicht muss sie ja gar nicht hinschauen.«

»Aileans Mann Haerviu ist Fischer. Er sitzt mit den anderen Fischern zusammen beim Met, bevor sie in der Dämmerung zum Fischfang ausfahren. Meine Tochter Fearchara besucht eine Freundin. Sie ist schon seit vielen Jahren Witwe. Ihr Mann war auch Fischer. Bei einem plötzlichen Sturm, der über Loch Carron hereingebrochen ist, ist sein Boot gekentert und er ist ertrunken. Er war ein guter Schwiegersohn. Mögen die Götter ihn in die Anderswelt aufnehmen. Meine beiden Söhne sind am Kindsfieber gestorben und meine anderen Töchter haben ins Nachbardorf geheiratet.«

Damit war die Vorstellung der Familie beendet und die alte Frau kam zum Grund ihrer Einladung: »Ihr seid im Frühjahr in unsere Nachbarschaft gezogen. Ich habe schon viel von euch gehört. Was führt euch in diese wilde, einsame Gegend?«

Als Ältester und Leiter der Gruppe übernahm Cailton das Wort, denn alles andere wäre unhöflich gewesen: »Erst einmal vielen Dank für deine Einladung und Gastfreundschaft. Wir durften noch nicht viele Häuser hier betreten und wissen das hoch zu schätzen.« Morrigan nickte gnädig.

»Um auf Eure Frage zu kommen: Uns hat unser Glaube hierhergeführt. Wir gehören zum christlichen Kloster auf der heiligen Insel Iouan, gegründet von Abt Columcille, einem Prinzen des irischen Fürstenhauses der Cenél Conaill und Verwandter von König Conall mac Comgall von Dál Riata.«

»Von dem habe ich schon gehört«, kommentierte Morrigan, »aber Irland ist weit.«

»Ich selbst stamme auch aus Irland und unser junger Bruder Braínach hier ebenso.«

»Soso, und warum hat euch euer Glaube in die Ferne geführt? Ich kenn das sonst nur von Händlern. Seid ihr«, sie blickte kritisch von einem zum anderen, »seid ihr so etwas wie Glaubenshändler? Oder Glaubenskämpfer? Nach eurem grandiosen Auftritt im Sommer auf dem Berg, als ihr Wulfric das Fürchten gelehrt habt, muss ich das fast vermuten.«

»Nun, das kommt drauf an, wie Ihr diese Worte versteht«, antwortete Cailton. »Wir sind hier auf einer Pilgerreise, so wie auch Columcille als Pilger auf Iouan gelandet ist. Es gehört zu unserem Glauben, die Heimat zu verlassen. Wenn wir reisen, sind wir Christus besonders nah.«

»Christus, das ist doch euer Gott, nicht wahr? Und der fordert von euch, eure Verwandtschaft, euer Dorf, euren Besitz, eure heiligen Orte zu verlassen und durch die Welt zu reisen? Wozu soll das gut sein? Braucht ein Mensch nicht Wurzeln, um zu leben? Je tiefer seine Wurzeln, umso mehr Stürme übersteht er. Schaut mich an. Wie viele Stürme habe ich erlebt in den über achtzig Sommern und Wintern, die ich gesehen habe.«

»Ich stimme dir zu«, antwortete Vater Cailton, »aber wir wollen unsere Wurzeln nicht in einem Dorf schlagen oder an einer heiligen Quelle oder Eiche. Wir wollen unsere Wurzeln in Gott schlagen, dem lebendigen und dreieinigen, der den Himmel, die Erde und das Meer geschaffen hat.«

Braínach lauschte mit offenem Mund. Das war wirklich ein Gespräch zwischen zwei weisen Menschen. Und er staunte, wie geschickt Vater Cailton auf die Gedanken der Alten einging und zugleich Verbindungen zu ihrem eigenen Glauben herstellte.

»Und wie wollt ihr solche Wurzeln schlagen – ohne einen festen Ort?«, erkundigte sich Morrigan.

»In Gottes Wort, wie wir es in unserer Heiligen Schrift lesen, in unseren Gottesdiensten und Gebetszeiten – und in der Gemeinschaft der Pilger.«

Morrigan dachte eine Weile über das Gehörte nach. Dann sagte sie: »Aber ihr seid ja nicht in die Wildnis und Einsamkeit gezogen, wie manche Einsiedler, sondern in die Nähe von anderen Menschen, in unsere Nachbarschaft. Wozu?«

»Weil wir unser Leben und unseren Glauben mit euch teilen wollen. Wir haben manches von euch mitbekommen, nicht nur durch die beiden Häuptlingskinder. Und wir glauben, dass wir euch helfen können bei vielem, was euch beschäftigt.«

»Soso. Ihr wollt uns helfen. – Und braucht ihr auch unsere Hilfe?«, fragte die Alte herausfordernd.

Cailton stutzte. Diese Frage hatte er sich noch nicht gestellt.

»Ja, brauchen wir«, antwortete Braínach rasch. »Wir wären sonst einsam hier. Wir hätten keinen, mit dem wir handeln könnten. Woher hätten wir im Sommer Schafe und Ziegen bekommen können? Unsere Schule wäre leer. Und – wir hätten keinen, der uns Fragen stellt, so wie Braan und Gwid und auch Ihr jetzt.«

»Und«, traute sich Cormac zu ergänzen, »es gäbe keinen, mit dem wir über den wahren Glauben streiten könnten.«

Morrigan sah von einem zum anderen, nickte Cailton zu und meinte: »Zwei helle Bürschchen hast du da an deiner Seite. Ich kann mir vorstellen, dass die zusammen mit den beiden Häuptlingskindern richtig Leben bei euch reinbringen. Also, ihr Glaubenspilger und Glaubenshändler: Ich verstehe, dass ihr es gut meint. Aber ich weiß nicht, ob wir zusammenpassen. Manches in euren Worten klingt weise. Aber es ist eine fremde Weisheit, sehr fremd!«

»Vielleicht in manchem doch weniger fremd, als du denkst«, gab Cailton zurück.

»Hm, mag sein, aber lasst uns ein andermal weiter darüber reden«, antwortete die alte Frau bestimmt. »Ich habe euch zu mir gebeten, weil ich euch persönlich kennenlernen wollte. Und weil ich euch warnen will.«

Cailton runzelte die Stirn. »Warnen? Wovor?«

Morrigan holte tief Luft und suchte eine bequemere Sitzposition auf ihrem Hocker, bevor sie sagte: »Wenn man schon so lange im Dorf lebt, kennt man die Menschen in- und auswendig. Erst recht, wenn man sie aufmerksam beobachtet, wie ich das immer getan habe. Jetzt im Alter gelte ich als weise. Viele kommen zu mir, um mir etwas zu erzählen und mich um Rat zu fragen. Glaubt mir, auch wenn ich kaum noch aus dieser finsteren Hütte herauskomme: Ich weiß mehr als Wulfric und Garnaíd zusammen.«

Sie schüttelte mitleidig den Kopf: »Ach diese Jungs. Der eine zu fanatisch und der andere zu unsicher. Dabei wollen sie bestimmt nur das Beste. Aber weise ist keiner von ihnen. Sie haben viel Macht über die Menschen im Dorf, besonders Wulfric. Aber erwachsen sind sie beide noch nicht. Wenn Männer Macht haben, aber nicht erwachsen sind, dann können sie viel Schaden anrichten...« Unvermittelt richtete sie ihren Blick in die Ferne und versank in brütendes Schweigen.

Braínach rutschte unbehaglich auf seinem Platz hin und her. Woran dachte sie wohl? Wovor wollte sie sie warnen? Die Zeit dehnte sich und immer noch war Morrigan weit entfernt. Aber niemand hätte es gewagt, sie zum Weiterreden aufzufordern. Plötzlich schüttelte sie sich und kehrte zu ihnen zurück.

»Ich glaube nicht, dass ihr selbst in Gefahr seid. Aber es wird ein harter Winter werden ab den Raunächten zur Wintersonnenwende. Und in den Raunächten wird Wulfric wieder die Herrschaft über das Dorf ergreifen. Ich höre, wie er jetzt schon seine Leute darauf vorbereitet. Wenn die Nächte lang und die Tage kurz sind, wenn das dunkle Heer übers Land zieht und der schwarze Reiter im Wald haust, wenn der Sturm in den Bäumen heult und die Eulen rufen, dann wächst die Angst. Keiner wird ihr widerstehen. Nur die tief verwurzelten Bräuche werden trösten und Halt geben. Dann werden wir alle auf den Druiden hören und tun, was er sagt. Wir alle. Und wehe uns, wenn nicht...« Erneut versank sie in Schweigen.

Beklemmung breitete sich im Raum aus und ergriff auch die drei Mönche. Schließlich räusperte sich Vater Cailton vernehmlich, sagte aber nichts.

»Glaubt nicht, ihr hättet schon was erreicht«, sagte Morrigan plötzlich scharf. Und dann friedlicher: »Geht jetzt. Und nochmals danke für euren Besuch.« Sie reichte jedem von ihnen zum Abschied die Hand.

»Auch wir danken«, sagte Cailton freundlich.

Auf dem Heimweg blieb Cormac plötzlich stehen und sah die beiden anderen ratlos an: »Ich versteh überhaupt nicht: Was hat das alles zu bedeuten?« Braínach zuckte ebenso ratlos mit den Schultern.

»Wir werden sehen«, antwortete Vater Cailton. »Sie ist eine weise Frau. Und sie wird recht haben. Nie verlaufen Entwicklungen geradlinig. Der Erfolg von heute ist vielleicht morgen nur noch wenig wert.«

Die beiden Jüngeren schauten sich verwirrt an und schüttelten den Kopf. Jetzt redete Vater Cailton auch schon in Rätseln!

»Vielleicht müsst ihr euch gar keine Gedanken darüber machen. Ihr seid jung, ihr habt keine Verantwortung«, fuhr Cailton leichthin fort. »Und es war doch wirklich ein interessanter Besuch, oder nicht? Ich finde es immer lohnend, neue Menschen kennenzulernen und sich mit ihnen auszutauschen.«

Ganz geheuer war dieser Stimmungswechsel den jungen Brüdern nicht. Aber sie wussten auch nicht, was sie sagen sollten.

»Kommt, gleich ist es dunkel«, sagte Vater Cailton im gleichen Ton wie eben. »Wir wollen doch nicht zu spät zum Abendbrot kommen.« Schon marschierte er weiter in Richtung Kloster.

Am nächsten Morgen wollten Gwid und Braan wissen, wie das Gespräch mit Morrigan gewesen war. Aber die Brüder gaben sich wortkarg und Vater Cailton erklärte nur: »Sie wollte erfahren, weshalb wir hierhergezogen sind. Und ich finde auch, dass sie eine weise Frau ist.«

Die folgenden Wochen verliefen ohne besondere Vorkommnisse. Die Häuptlingskinder lernten eifrig und die Schreiber kopierten fleißig. Manchmal brachte Vater Cailton sie im Rahmen des Schulunterrichtes zusammen und stellte ihnen Aufgaben, an denen sie alle lernen konnten. Besonders liebte es Braínach, wenn sie über einen Abschnitt aus der Bibel diskutierten. Vater Cailton ermutigte sie dabei und sagte, das sei die höchste Form der Gelehrsamkeit.

An Gwids tägliche Anwesenheit gewöhnte sich der junge Mönch auf eine angenehme Weise. Oft erzählte sie in den Mittagspausen Geschichten aus dem Dorf. Manchmal neckte er sie, wenn sie Buchstaben verwechselte oder die lateinischen Worte nicht behalten konnte. Die meiste Zeit aber waren sie alle konzentriert mit ihren Aufgaben beschäftigt.

Bruder Oswalds gebrochene Beine heilten gut. Bald konnte er alleine an Krücken gehen. Und nach ein paar weiteren Wochen machte er mit einem Stock kleine Spaziergänge. Bald würde er wieder arbeiten können.

Auch Ternan und Cadog gingen verschiedenen Tätigkeiten nach, vor allem hackten sie Holz für den Winter. Nur sonntags ruhte die Arbeit, anders als im Dorf, wo man den wöchentlichen Ruhetag nicht kannte. Andere heilige Tage bestimmten dort den Rhythmus.

Etwa eine Woche vor dem Sonnwendfest kamen die Häuptlingskinder wieder mit einer Anfrage aus dem Dorf zu den Brüdern. »Unser Vater fände es schön, wenn ihr bei unserer Feier zum Sonnwendfest mitmachen würdet«, berichtete Gwid. Und Braan ergänzte: »... wo ihr schon beim Samhain nicht dabei wart.«

»Das solltest du doch nicht sagen!«, fuhr ihn seine Schwester an. »Also, unser Vater meint, das wäre gut für die Nachbarschaft.«

»Hm«, reagierte Vater Cailton etwas reserviert, »danke für die Einladung. Ich möchte das mit den anderen Brüdern besprechen und werde euch morgen eine Antwort geben.«

Am Abend berief Cailton zwischen Mahlzeit und Nachtgebet eine Brüderversammlung ein. Er eröffnete sie im Namen des dreieinigen Gottes, Vater, Sohn und Heiliger Geist und erklärte: »Wir haben eine Einladung von Häuptling Garnaíd zur Dorffeier zum Sonnwendfest erhalten. Er meint, das sei gut für die Nachbarschaftsbeziehungen. – Wie denkt ihr darüber?«

»Warum nicht? Man muss die Feste feiern, wie sie fallen«, meinte Aodhán. Den anderen war nicht klar, ob er das ernst meinte.

»Das Sonnwendfest ist ganz klar ein heidnisches Fest«, gab Cadog mit seiner tiefen Stimme zu bedenken. »Auf Iouan wird es jedenfalls nicht gefeiert.«

»Aber dass es einen kürzesten Tag gibt, an dem sich der Lauf der Sonne wendet, das hat unser Schöpfer gemacht. Sollten wir den nicht feiern?«, gab Aodhán verschmitzt zurück.

Ternan meldete sich: »So simpel ist es nicht. Die Frage ist, was wir machen müssen, wenn wir mit den Dörflern feiern. Ich habe keine Lust, mit Masken und Fackeln rumzuhopsen. Das ist doch das gleiche lächerliche Spiel wie beim Samhain-Fest.«

»So gesehen hast du recht«, schaltete sich Oswald ein. »Aber wenn ich das richtig verstanden habe, hat Garnaíd uns als Gäste zum Fest eingeladen, um die Nachbarschaft zu verbessern. Als Gast gehöre ich nicht zur Familie. Also muss ich auch nicht alles machen wie sie. Und ich finde, wir könnten mehr für ein gutes Verhältnis zu den Dörflern tun als bisher. In letzter Zeit hat das doch wenig stattgefunden, oder?«

»Wenn wir anderen beim Hopsen zuschauen können, ist es bestimmt doppelt lustig«, witzelte Aodhán wieder, aber die anderen fanden das weder lustig noch hilfreich, und Ternan sagte ihm das sehr deutlich, bevor er erklärte: »Also ich bin dagegen.«

»Jetzt mal langsam«, sagte Oswald, »Wenn wir sie besuchen, ohne bei ihren Zeremonien mitzumachen, dann freuen sie sich bestimmt, und uns bricht kein Zacken aus der Krone.«

»Das ist doch auch merkwürdig«, wandte Cadog ein. »Die machen ihre Tänze und so weiter, und wir stehen daneben und schauen ihnen dabei zu, als wären sie Tiere in einem Käfig? Ich kann mir nicht vorstellen, dass das die Nachbarschaft verbessert.«

»Aber wir zeigen ihnen unser Interesse an ihrem Leben«, widersprach Oswald.

»Ach was«, protestierte Ternan, »wir bestärken sie in ihren heidnischen Bräuchen.«

»Und was meint ihr?«, fragte Vater Cailton die beiden jungen Brüder, die bisher geschwiegen hatten.

Cormac zuckte die Schultern: »Keine Ahnung. Finde ich echt schwierig. Und ich bin ja auch nur als Gast bei euch. Entscheidet ihr das mal.«

»Und du, Braínach?«, fragte Cailton.

»Hm, ich bin mir auch nicht sicher. Ich würde mich Oswald anschließen. Aber vielleicht können wir Garnaíd auch fragen, wie er sich das genau vorstellt.«

»Gute Idee«, lobte Oswald.

»Ich weiß nicht.« Vater Cailton wiegte den Kopf. »So wie ich Garnaíd bisher kennengelernt habe, wird da nicht viel bei rauskommen. Der hängt sein Fähnchen nach dem Wind. Und wenn Wulfric anderer Meinung ist, haben wir nachher den größten Streit. Lass uns abstimmen. Wer ist dafür, die Einladung anzunehmen?«

Oswald, Braínach und Aodhán meldeten sich.

»Wer ist dagegen?«

Cadog, Ternan und Cailton erhoben den Arm.

»Was ist mit dir«, fragte Cailton Cormac.

»Na, ich enthalte mich.«

Cailton schnaubte: »Damit haben wir Gleichstand. In diesem Fall zählt die Stimme des Vorstehers doppelt. Also nehmen wir nicht teil.«

Beim anschließenden Nachtgebet war Braínach mit seinen Gedanken immer noch bei der Diskussion und der Abstimmung. Er hatte das Gefühl, dass sie keine weise Entscheidung getroffen hatten. Aber jetzt war es zu spät. Und er ärgerte sich über Cormac. War der zu faul zum Denken? Dann hätte er doch aus Freundschaft mit ihm stimmen können!

Die Häuptlingskinder waren verständlicherweise enttäuscht, als sie am nächsten Tag das Ergebnis der Beratungen erfuhren.

»Und wie sollen wir das meinem Vater erklären?«, fragte Gwid.

»Richte ihm noch mal unseren Dank für die Einladung aus. Aber wir können an keiner Zeremonie für die alten Götter und Geister mitmachen. Wir bitten um sein Verständnis. Und sag ihm bitte auch, dass wir zu unserem Gott für die Sicherheit des Dorfes beten werden.«

Kultur, Nähe und Distanz

Christliche Bildungsarbeit

Bildungsarbeit gehört schon immer zur Missionsgeschichte, in besonderem Maße aber zur keltischen. Die Klosterschulen wurden nicht nur für Mönche eingerichtet, sondern auch für die Bevölkerung, und in den Predigten wurde der neue Glaube erläutert. Die Kirche war sich darüber klar, dass Glaube, der Bestand haben soll, kulturelle Wurzeln schlagen muss und Bekehrung nicht einfach eine Meinungsänderung ist.

Fundierte Kenntnisse über Gott und die Bibel, Entwicklung von Kompetenzen und prägende Lebensformen (Rituale und Traditionen) sind auch heute unverzichtbar. Wenn das zu kurz kommt, passiert dem Glaubens-»Samen« dasselbe wie einem Großteil der Aussaat im Gleichnis vom vierfachen Ackerfeld (Markus 4,3-7): Er kann erst gar nicht aufkeimen, er verdorrt bei der ersten Dürreperiode oder er gerät unter die Dornen und Disteln. An Jesus zu glauben heißt, ihm nachzufolgen, bedeutet Jüngerschaft und Zugehörigkeit zum Reich Gottes, also zur direkten Einflusssphäre Gottes.

Wenn Kirche, wenn Gemeinden sich hier mit ein bisschen Offenheit gegenüber Elementen des christlichen Glaubens zufriedengeben, statt eine umfassende Zuwendung anzustreben, wird aus ihrer Aussaat nichts. Genau das zeigt sich in der zunehmenden Entfremdung weiter Teile der Bevölkerung vom christlichen Glauben. Da ist nichts mehr, was positiv prägt und die Grundhaltungen des Lebens beeinflusst.

Deshalb helfen wunderbar designte Veranstaltungen und Gottesdienste nicht (mehr) weiter, wenn sie nicht verbunden sind mit Bildungsarbeit (z. B. christliche Kindertagesstätte, Kindergottesdienst oder Glaubenskurse für Jugendliche und Erwachsene), Ritualen (regelmäßige, sorgfältig gestaltete Lebensformen, die Wurzeln im Unterbewussten schlagen) und Formen gemeinsamen Lebens.

Die Warnung der weisen Morrigan zielt auf die Kraft der prägenden Kultur, mit der man aufgewachsen ist und die nicht im Vorbeigehen nachhaltig verändert werden kann. Deshalb müssen Christen nicht nur die gesellschaftliche Kultur verstehen, in der sie leben, sondern beständig eine Kultur des Glaubens (weiter)entwickeln, gestalten, leben und weitergeben.

Auch wenn wir kein mehrheitlich christliches Land mehr sind, kann man an den meisten Orten in Deutschland um 12 Uhr und um 18 Uhr Kirchenglocken läuten hören, wenn man sie denn wahrnimmt! Normal ist heute – leider auch bei Kirchen – bei gleichzeitigen Sitzungen die Glocken mit lauteren Stimmen zu übertönen und weiterzumachen. Wie wäre es, stattdessen mitten in der Diskussion innezuhalten, still zu werden, auf die Glocken zu lauschen und zu beten? Und gegebenenfalls nicht christliche Sitzungsteilnehmer einzuladen, die Zeit für einen Moment der Entspannung oder Atemübungen zu nutzen, um dann mit einem Segenswort abzuschließen?

Für ein paar Jahre war ich Teil einer kleinen geistlichen Gemeinschaft, in der das Mittagsläuten von Bedeutung war. Weil man nicht überall in Berlin Glocken hört, haben wir uns für 12 Uhr auf dem Handy das Angelusläuten als Wecker einprogrammiert, um – wo auch immer jeder von uns gerade war – gleichzeitig und im Geiste verbunden kurz zu beten. Von der Umgebung wurde das manchmal mit großer Verwunderung beobachtet.

In vielen Gemeinden, vor allem in freikirchlichen, wird die Bildungsbedeutung des Kirchenjahres unterschätzt. Die jährlich wiederkehrenden Feste prägen Grundlagen des Glaubens ein. In der Berliner Stadtmission biete ich deshalb mit meinem Team jedes Jahr neu das vierteilige Mitarbeiter-Seminar »Horizonte des Glaubens erkunden« an. Darin erläutern wir Grundbegriffe des christlichen Glaubens anhand des Kirchenjahres. Daran kann jeder teilnehmen, der bei uns arbeitet: überzeugte Christen, aber auch Menschen, die suchend sind oder die bisher keine Berührung mit dem Glauben hatten. Diese Bildungsarbeit ist nachhaltig, und zwar bei Menschen aus allen drei genannten Gruppen, weil nicht nur irgendwelche Traditionen und Bräuche abgespult werden, sondern die ursprüngliche, biblische Bedeutung neu reflektiert wird.

- Welche hilfreichen Traditionen und Rituale und welche Formen christlicher Bildungsarbeit haben dich in deinem Glauben, in deiner Seele geprägt? Welche Bedeutung hat das in deiner Gemeinde oder Gemeinschaft?

Kulturelle Nähe und Distanz

Mit der Bildungsarbeit verbunden ist eine schwierige Frage, die sich nicht grundsätzlich lösen lässt, sondern immer wieder neu ausbalanciert werden muss: die Frage nach Nähe und Distanz beziehungsweise Gemeinsamkeiten und Unterschieden, Solidarität und Profil (vgl. 3. Kapitel).

Dürfen Christen beispielsweise Karneval und Schützenfest feiern? In meiner früheren Gemeinde in Köln war das ein wichtiges Thema. Die übliche Antwort lautete: »Nein, Karneval verführt zur Sünde und Schützenfest zum Saufen.« Wir fanden jedoch eine neue Antwort: »Ja, beides, aber mit Verstand und mit eigenen Akzenten.« Das führte dazu, dass wir im Stadtteil auf einmal ernst genommen wurden, weil wir uns in die Lebenswelt der Menschen hineinbegaben und sie teilten – und weil wir dabei erkennbar waren mit dem, was uns wichtig ist, nämlich Raum zu schaffen für Menschen, die in der traditionellen Dorfgemeinschaft des alten Ortskerns keinen Raum bekamen.

- Wie werden in deiner Gemeinschaft oder Gemeinde die beiden Pole von Nähe (Solidarität) und Distanz (eigenes, christliches Profil) zum Umfeld zusammengehalten? Lässt man sich vor allem von dem leiten, was man gewohnt ist, oder traut man sich aus der Komfortzone?
- Hältst du es aus, dass andere Christen hier anders entscheiden? Gönnt ihr euch gegenseitig »Spielräume« des Glaubens?

11. KAPITEL

in dem der Kontakt abreißt, Angst regiert
und kleine Leuchten verspottet werden

Braínach beugte sich tief über sein Pergament und malte sorgfältig Buchstabe für Buchstabe. Seit seine Finger wieder flüssig schrieben, war es seine Aufgabe, die Briefe des heiligen Apostels Paulus mit Verzierungen am Anfang jedes Abschnittes zu kopieren. Braínach dachte an die Unglücksnacht, als Oswald im Sturm fast von einem Baum erschlagen worden war und Cormac das kostbare Manuskript mit den Paulusbriefen aus seiner Truhe hervorgezaubert hatte.

Der junge Mönch hob den Kopf und überprüfte die letzten Zeilen aus dem Brief an die Gemeinde in Galatien, die er gerade geschrieben hatte. Trotz aller Sorgfalt konnte manchmal ein Fehler passieren. Dann musste er die getrocknete Tinte vom Pergament kratzen und das Wort neu schreiben. Zum Glück geschah das relativ selten. Wort für Wort ging er das Geschriebene durch:

> Als wir unmündig waren, waren wir geknechtet unter die Mächte der Welt. Als aber die Zeit erfüllt war, sandte Gott seinen Sohn, geboren von einer Frau und unter das Gesetz getan ...[8]

Er nickte zufrieden, alles war wie in der Vorlage. Braínach lehnte sich zurück und streckte seinen schmerzenden Rücken. »Sandte Gott seinen Sohn, geboren von einer Frau«, murmelte er. Das hatten sie gefeiert, am 25. Dezember. Das Geburtsfest ihres Erlösers. Früher, bei den Römern, so hatte er gelernt, war dieser Tag das Fest des unbesiegten Sonnengottes gewesen. Aber dann hatten die Christen dieses Fest auf die Geburt Jesu Christi umgedeutet. Er und nicht irgendein Sonnengott war das Licht der Welt! Deshalb hatten sie sich von Iouan auf den Weg in den Norden gemacht, um von Jesus Christus zu erzählen und sein Zeichen, das Kreuz mit dem Sonnenkreis, aufzurichten.

Aber hier im Dorf hatten die Leute wenige Tage vorher, in der Nacht vom 21. auf den 22. Dezember, ihr heidnisches Sonnwendfest gefeiert, wie seit eh und je. Dass die Mönche nicht dabei gewesen waren, hatte wahrscheinlich keinen Unterschied gemacht.

Merkwürdig. Viele von ihnen waren durchaus interessiert und offen für den neuen Glauben, allen voran Braan und Gwid. Die waren ja sogar Schüler des neuen Glaubens. Aber jetzt, in der Zeit der Wintersonnenwende, war ihr Glaube an die alten Götter wohl doch wieder stärker. Oder vielleicht war ihnen noch gar nicht klar, was das eine mit dem anderen zu tun hatte. – Wobei, eigentlich konnte das nicht sein. Gwid hatte schon im Spätsommer bei dem legendären Treffen oben am Hochkreuz bekannt, dass sie vor den alten Göttern keine Angst mehr hatte. Und Braan hatte einmal gesagt: »Unser Jesus.« Auch andere hatten vor dem Kreuz gekniet. Aber Samhain und Sonnwende feierten sie trotzdem.

Brent, dessen Hütte sie repariert hatten und der ihnen seitdem treu ergeben war, war ein sehr schlichtes Gemüt. Von dem konnte man nicht viel erwarten. Aber Braan und Gwid?

Plötzlich fiel Braínach der merkwürdige Besuch bei der weisen Morrigan wieder ein: »Glaubt nicht, ihr hättet schon was erreicht«, hatte sie gesagt. Und Vater Cailton hatte anschließend etwas Ähnliches gesagt: »Nie verlaufen Entwicklungen geradlinig. Der Erfolg von heute ist vielleicht morgen nur noch wenig wert.«

Braínach fuhr auf und schlug sich vor die Stirn, als ihm bewusst wurde, dass das Sonnwendfest schon fast vier Wochen her war und weder Braan noch Gwid seitdem bei ihnen aufgetaucht waren. Wo waren die beiden? Warum kamen sie nicht mehr?

Nach der Sonnenwende hatte starker Schneefall eingesetzt. Fast eine Woche lang hatte es fast ununterbrochen geschneit, meterhoch, sodass kein Durchkommen mehr war. Nur mit Mühe konnten die Brüder innerhalb der Klosteranlage den Weg zwischen Blockhaus, Kirche, Skriptorium und Tiergatter frei halten. Unmöglich, dass da jemand vom Dorf herüberkam. Der Schnee war nass und schwer gewesen, und als dann noch starker Wind dazugekommen war, hatten sie immer wieder vom Wald her das Krachen von Bäumen gehört, die unter der weißen Last zusammengebrochen oder umgekippt waren.

Dann war das Wetter umgeschlagen, hatte milde Luft von Süden, aber leider auch Regen gebracht. Der spülte den Schnee von den Hängen, verwandelte die Wege in Schlammbahnen und ließ die Bäche über die Ufer treten. Die Holzbrücke auf der anderen Seite des Dorfes hatte zwar den Schneelasten getrotzt, war aber dann von den ins Tal stürzenden Wassermassen wie Kienspäne weggerissen worden. Auch das lag jetzt schon fast zwei Wochen zurück, die Wege waren wieder halbwegs begehbar und die Brücke notdürftig wiederaufgebaut. Nur der Wald war ein riesiges Trümmerfeld. Aber Braan und Gwid waren trotzdem nicht wiedergekommen.

Braínach legte sein Schreibgerät zu Seite, öffnete die Tür und spähte zum Dorf hinüber. Vater Cailton trat hinter ihn: »Du machst dir Sorgen um Gwid und Braan, stimmt's?«, fragte er.

»Ja«, antwortete Braínach, »es wird ihnen doch wohl nichts passiert sein? Auch sonst kommt kein Einziger aus dem Dorf zu uns herüber. Was ist bloß los?«

»Ich habe da so eine Ahnung«, sagte Cailton nachdenklich. »Vielleicht gehst du morgen mal hinüber zum Dorf und schaust dich um. Ich gebe dir dafür frei.«

Braínach schaute Cailton unsicher an, nickte stumm und machte sich wieder an die Arbeit. Den begonnenen Abschnitt wollte er heute noch fertig bekommen, auch wenn es ihm schwerfiel, sich zu konzentrieren. Wieder malte er sorgfältig Buchstabe um Buchstabe:

> Weil ihr nun Kinder seid, hat Gott den Geist seines Sohnes gesandt in unsre Herzen, der da ruft: Abba, lieber Vater! So bist du nun nicht mehr Knecht, sondern Kind; wenn aber Kind, dann auch Erbe durch Gott. Aber zu der Zeit, als ihr Gott noch nicht kanntet, dientet ihr denen, die ihrer Natur nach nicht Götter sind.[9]

Mit einem harten Klacken legte er sein Schreibgerät wieder hin. Plötzlich wusste er, welche Ahnung Cailton hatte und was ihn morgen im Dorf erwarten würde.

Gleich nach dem Morgengebet machte sich Braínach auf den Weg, ohne Frühstück, nur mit einem ordentlichen Stück Brot in der Tasche. Alles lag im Dämmerlicht, denn die Nächte waren noch sehr lang.

Braínach suchte sich einen Busch etwas oberhalb, von wo aus er unbemerkt das Dorf beobachten konnte. In einem der kahlen Bäume am Rand saßen nachtschwarz ein paar schlafende Krähen. Wie ein Schleier lag der Morgennebel über den Hütten. Die ihm zugewandte Seite der Palisade mit dem großen Tor, das nachts geschlossen wurde, konnte er gut erkennen, ebenso die kleine Rundhütte von Brent und die große der Häuptlingsfamilie. Aber alles, was hinter der Dorfeiche lag, verschwamm im grauen Dunst. Irgendwo dort mussten die Häuser von Morrigan und auch von Wulfric stehen.

Kein Mensch war zu sehen. Nur ein paar struppige Hunde verschiedener Farbe und Größe waren schon unterwegs, schnüffelten hier und da, suchten nach etwas Fressbarem oder hoben ihr Bein. Einzelne feine Rauchsäulen von Herdfeuern, die die Nacht über gebrannt hatten, stiegen auf und vermischten sich mit dem Nebel. Es roch nach Nässe und einem Hauch von Qualm.

Endlich ging irgendwo hinter den Schwaden die Sonne auf. Fast gleichzeitig, als hätten alle nur darauf gewartet, öffneten sich die Türen der Hütten und die Menschen traten ins Freie, jeder mit irgendetwas bepackt. Auch das Tor wurde geöffnet. Die Dörfler sahen sich gehetzt um und eilten mit ihren Taschen und Körben in verschiedene Richtungen davon. Auf dem freien Platz in der Mitte standen der Druide Wulfric und Häuptling Garnaíd und schienen alles zu kontrollieren.

Als sich die Leute verstreut hatten, machten auch sie sich auf den Weg, Wulfric zum Meeresarm Loch Carron hinunter und Garnaíd den Hang hinauf. Ganz nah kam er an Braínach vorbei, der sich in den Busch drückte. Aber Garnaíd hätte ihn wohl auch so nicht bemerkt. Mit starrem Blick lief er den Pfad hinauf, der durch den Bergwald zum Steinkreuz führte. Braínach schüttelte befremdet den Kopf und schaute wieder zum Dorf. Jetzt sah er weitere feine Rauchsäulen aufsteigen. Offenbar hatten die Dörfler draußen an verschiedenen Stellen Feuer angezündet: bei der Dorfeiche, am Tor, bei der Brücke am Bach. Und unten am Ufer, wo der Druide hingeeilt war.

Alles sehr merkwürdig. Er musste nachschauen, was da los war!

Braínach lief den Abhang hinunter zum Tor. Jetzt, wo die Erwachsenen draußen waren, konnte er vielleicht Braan und Gwid finden. Niemand hielt ihn auf, als er durch das Tor zur Hütte des Häuptlings ging. Die Tür stand offen und der junge Mönch trat ein. Braan und Gwid knieten vor der Feuerstelle. Ein süßlicher Geruch erfüllte den Raum. Offenbar waren dem brennenden Holz duftende Kräuter beigemischt.

Als der Mönch die Häuptlingskinder grüßte, fuhren ihre Köpfe erschrocken herum. Bei seinem Anblick wurden ihre Augen noch ängstlicher.

»Du darfst hier nicht sein!«, flüsterte Braan. »Wir dürfen keine Verbindung mehr zu euch haben.«

Und Gwid fügte an: »Geh bitte schnell, bevor etwas Schlimmes passiert.«

Aber so leicht ließ Braínach sich nicht abwimmeln. »Was ist denn los mit euch und mit eurem Dorf? Ihr seid so anders, so gehetzt. Was ist passiert?«

Gwid sah ihren Bruder an, zog die Schultern hoch und seufzte: »Also gut, ich zeig's dir. Braan, du kannst dich auch allein um den Feuergott kümmern.«

»Um den – was?«, fragte Braínach fassungslos, aber Gwid führte ihn ohne eine Antwort nach draußen.

»Wir haben alle Angst«, begann sie zögernd, »dass das neue Jahr uns nur Unglück und Not bringt, dass wir eine schlechte Ernte bekommen und unsere Schafe krank werden, dass wir Hunger leiden müssen und krank werden, dass das Wasser vergiftet ist und das Feuer unsere Häuser verzehrt oder dass Feinde uns überfallen und ausrauben. Aber wir wollen, dass es uns gut geht, dass wir gesund sind, dass wir wieder mehr Schafe haben, dass es mit unserem Dorf aufwärtsgeht und wir keine Angst vor Überfällen haben müssen. Ich hab keine Angst vor irgendwelchen Geistern mehr. Aber vor dem Unglück!« Die letzten Worte brachen mit einer verzweifelten Entschlossenheit aus ihr heraus.

»Aber«, stotterte Braínach verwirrt, »aber ich verstehe nicht. Warum habt ihr solche Angst? Und warum laufen alle Leute so gehetzt hierhin und dahin? Und was hast du da eben von einem Feuergott gefaselt? Ich dachte, ihr würdet an Christus glauben, oder doch einige von euch.«

»Das tun wir ja auch. Deshalb opfert unser Vater vor dem Steinkreuz. Aber – ach, das verstehst du nicht.«

»Vor dem Steinkreuz?« Braínach blieb vor Schreck der Mund offen stehen. Dann drängte er: »Bitte, erklär es mir.«

Gwid fuhr sich durch ihre wirren Locken und zog die Nase kraus, von der auch im Winter die Sommersprossen nicht ganz verschwanden. Sie holte tief Luft und flüsterte: »Das Problem ist, dass ihr bei unserem Sonnwendfest nicht mitgefeiert habt und ihr uns nicht geholfen habt, mit Fackeln und Masken die dunklen Geister zu vertreiben. Da hat Wulfric schon geschimpft, dass das die Götter ungnädig stimmen würde. Und dann kamen die zwölf Raunächte, wo der wilde Jäger unterwegs ist. Den kann man nur vertreiben, wenn man jeden Abend mit Lärm und Fackeln um das Dorf zieht. Aber wir konnten ihn nicht vertreiben, weil so viel Schnee lag. Und dann kam der Regen, und der Bach hat unsere Brücke weggerissen. Da ist Wulfric von Haus zu Haus gegangen und hat allen erklärt: Das sind die Götter, die uns zürnen, weil ihr Mönche nicht bei den Zeremonien mitgemacht habt. Wenn wir ein glückliches neues Jahr haben wollen, dann dürfen wir keinen Kontakt mehr zu euch haben. Erst müssen wir alle alten Götter wieder besänftigen. Unser Vater hat gesagt: Nicht nur die alten, auch den neuen, damit uns keiner im Stich lässt.«

Brainach klappte seinen Mund auf und langsam wieder zu. Jetzt wurde ihm klar, was die Rauchsäulen zu bedeuten hatten. Braan war wohl an der Feuerstelle fertig, denn er kam zu ihnen heraus und berichtete: »Jetzt bringen wir allen Göttern jeden Tag unsere Opfer. Das Schlimme ist, dass wir bald kein Korn mehr haben, um unser Brot zu backen. Wir sparen schon am Essen, aber die Götter werden alles verschlingen.«

Bei seinen Worten fiel Brainach auf, dass Braan ziemlich schmal geworden war. »Ja, sag mal, wie viele Götter müsst ihr denn bei Laune halten, damit ihr auf ein gutes Jahr hoffen könnt?«, fragte er.

»Oh«, meinte Braan, »das sind viele: den Gott des Feuers und der Quellen, den Gott der uralten Bäume und den Fruchtbarkeitsgott für die Felder und Schafe, den Mond und den Donnergott und dann die Geister, die uns vor Überfällen schützen und – ach ich weiß gar nicht alle, und natürlich noch Christus, weil der stärker ist als die Herbststürme, hat mein Vater gesagt.«

»Warum habt ihr bloß so viele Götter?«, fragte Brainach.

»Na, jeder Gott ist für was anderes zuständig.«

»Ach was!« Auf einmal war Brainach unglaublich wütend. »Jeder eurer sogenannten Götter will an euch verdienen! Und ihr fallt darauf herein. Die kassieren nur! Glaub bloß nicht, dass sie helfen! So ein Schwachsinn!«

Er ereiferte sich immer mehr. »Und ihr beide macht bei diesem Schwachsinn auch noch mit, obwohl ihr Jesus längst kennt. Habt ihr denn überhaupt noch nichts von dem lebendigen Gott verstanden? Wenn ich das höre: Jeder Gott ist für was anderes zuständig! Und dann hetzt ihr hin und her und opfert eure ganzen Vorräte. Meint ihr etwa, so das Glück herbeizwingen zu können? Ich fasse es nicht!« Die letzten Worte schrie er regelrecht heraus.

Leider zog er dadurch die Aufmerksamkeit der Dorfbewohner auf sich, die von ihren Opfergängen zurückgekommen waren. Die meisten von ihnen trugen Umhängetaschen, in denen sie wohl Feuerstein, Zunder und Duftkräuter aufbewahrten. Manche, deren Weg durch ungebahntes Gelände verlaufen war, hatte kräftige Stöcke in der Hand. Auch Wulfric kam um die Hütte des Häuptlings geeilt, um zu sehen, was los war. Er verströmte einen unangenehmen Geruch aus Rauch, Kräutern und Schweiß.

Keifend packte er Braínach bei der Kutte und knurrte: »Na, traut sich endlich einer von euch verräterischen Kerlen zu uns?« Mit diesen Worten zerrte er den jungen Mönch auf den Dorfplatz. »Ihr Ungläubigen, ihr Frevler, ihr Unglücksbringer! Ja im Sommer, da könnt ihr angeben. Aber im Winter, wenn es drauf ankommt, da lasst ihr uns im Stich. Da verkriecht ihr euch. Da beschwört ihr das Unglück herauf. Da bringt ihr uns den Fluch. Verflucht seid ihr selbst!«

Noch bevor sie die Dorfeiche erreicht hatten, waren die meisten der Dörfler dort zusammengelaufen. Einige, die schon im Sommer zu Wulfric gehalten hatten, starrten Braínach hasserfüllt an. Andere schauten furchtsam zwischen ihm und dem Druiden hin und her. Wieder andere richteten ihren Blick beschämt auf den Boden. Braínach kannte fast alle Gesichter, aber nur wenige Namen. Trotzdem wusste er viel über die Dörfler, Geschichten, die Gwid und Braan erzählt hatten, Lustiges, Trauriges und Schlimmes. Plötzlich spürte er einen ungeheuren Mut in sich und eine Energie, die er gar nicht kannte.

»Rühr mich nicht an!«, schleuderte er dem Druiden ins Gesicht. Der ließ ihn wahrhaftig los und wich einen Schritt zurück. »Nicht wir sind es, die dem Dorf Unglück bringen«, rief Braínach und wunderte sich selbst über die Kraft seiner Stimme. »Und eure sogenannten Götter sind es nicht, die euch Glück und Beistand geben. Sie unterdrücken euch. Sie machen euch unfrei. Ihr opfert ihnen sogar das Saatgut, von dem eure Zukunft abhängt. Hört, was ich euch vom lebendigen, vom einzigen Gott zu erzählen habe.«

Die Dorfbewohner schüttelten irritiert die Köpfe und kamen neugierig ein wenig näher. Braínach holte tief Luft. Jetzt bloß die richtigen Worte finden!

»Vor langer Zeit«, begann er laut und hoffte, dass sie das Zittern in seiner Stimme nicht bemerkten. »Vor langer Zeit lebte ein Mann, dessen Volk in großer Not und Unterdrückung lebte. Sie hatten keine Hoffnung und viel Angst vor der Zukunft. Da traf er in der Wüste auf etwas Merkwürdiges: einen Dornbusch, der brannte und doch nicht verbrannte. Aus diesem Busch sprach der lebendige Gott selbst zu ihm.«

»Das ist doch nichts Neues«, rief ein Mann und lachte. »Dass Götter in den Bäumen wohnen, wissen wir schon lange.«

»Sei still«, rief eine Frau, »ich will hören, was er erzählt.«

»Was wird das schon Besonderes sein. Bäume, Feuer. Kennen wir doch alles«, gab der Spötter zurück.

»Hört zu!«, befahl Braínach energischer, als er sich fühlte. »Als der Mann die Stimme Gottes hörte, warf er sich zu Boden. Aber dann wollte er doch mehr wissen von diesem Gott. ›Welchen Namen hast du?‹, fragte der Mann.«

»Hätte ich auch gemacht«, rief der Vorwitzige wieder, »wenn du den Namen eines Gottes rausfindest, kannst du ihn beschwören, und er muss tun, was du sagst.«

»Ja, ja«, erwiderte Braínach lachend. »Mehr haben eure Götter nicht drauf, als sich von euch beschwören und bestechen zu lassen und euch das letzte Korn zu stehlen. Und ihr meint, die könnten euch vor irgendetwas bewahren! Pass auf, wie es weitergeht! – Der Mann wollte den Namen wissen, um ihn von den anderen Göttern unterscheiden zu können. Und er wollte erfahren, wofür er zuständig wäre. Aber Gott antwortete ihm: ›Mein Name ist ein Geheimnis. Aber ich erkläre dir, was er bedeutet. Er bedeutet: Ich bin, der ich bin. Ich bin, wo ich bin. Ich bin da. Jetzt und hier, aber auch überall und zu jeder Zeit. Und ich gehe mit euch. Es gibt keinen Ort, an dem ich nicht bin und der nicht zu meiner Herrschaft gehört. Die ganze Welt gehört mir, nicht nur dieser Strauch!‹«

»Unsinn«, rief eine Frau aus der zweiten Reihe. »So einen Gott gibt's nicht. Jeder Gott hat seinen Ort, wo er wohnt, und seine Sache, für die er zuständig ist!«

»Ach ja?«, spottete Brainach jetzt. »Ich sag's ja, eure Götter sind ziemlich kleine Leuchten. Aber der lebendige Gott, von dem ich euch erzähle, ist etwas ganz anderes. Der hat nämlich diesen Mann, von dem ich euch erzähle, ausgewählt, um sein Volk zu befreien. Mose hieß der Mann. Sein Volk wurde in einem fremden Land als Sklaven gefangen gehalten. Aber Gott war stärker als die Sklavenhalter und befreite sie. Danach ließ er dem Volk durch Mose sagen: ›Ich bin immer und überall da. Du sollst keinen einzigen Gott haben außer mir. Und du brauchst auch keine anderen. Denn ich bin der Gott, der euch befreit hat.‹«

Ungläubiges, teilweise furchtsames Gemurmel erhob sich. Solch eine Rede hatte keiner dem jungen Mönch zugetraut. Sie hatten das Gefühl, als wäre noch jemand bei ihm, jemand Stärkeres, obwohl er allein in der Mitte des Dorfplatzes stand. Die kleineren Kinder drückten sich neugierig und ein wenig ängstlich an ihre Mütter.

Brainach schaute sich um und war selbst verwundert über die Wirkung seiner Rede. So musste sich Mose gefühlt haben, als er vor dem Pharao stand. Aber dann sah er die Unsicherheit und Angst in den Gesichtern und fügte mit ruhiger Stimme an: »Ihr könnt euch eure ganzen Opfer sparen, eure ganze ängstliche Hast! Denn das Wichtigste habe ich euch noch nicht erzählt: Den lebendigen Gott müsst ihr nicht gnädig stimmen. Ihr müsst ihn nicht bezahlen, damit er sich um euch kümmert. Er ist ja längst schon hier und sorgt sich um euch. Meint ihr, sonst hätte er uns geschickt? Ihr braucht ihm nichts zu opfern. Dafür ist Jesus, Gottes Sohn, am Kreuz gestorben. Habt ihr das schon vergessen? Ihr braucht ihm nur zu vertrauen und euch mit allen Sorgen an ihn zu wenden. Ja, ihr dürft zu diesem Gott, der stärker ist als alle eure Götter, einfach Vater sagen. Das reicht. Er wird euch nicht verlassen. Denkt darüber nach, statt euch mit sinnlosen Opfern selbst zu schaden.«

Der junge Mönch holte tief Luft. Nachdenkliche Gesichter musterten ihn. Dann drehte er sich um und ging unbehelligt vom Dorfplatz in Richtung Brückenkopf des Himmels. Langsam spürte er, wie ihm das Herz bis zum Halse schlug und die Knie weich wurden. Er schnaufte mehrfach tief durch, um sich wieder zu beruhigen. Hinter der nächsten Rundhütte traf er auf Cailton, der dort auf ihn wartete. Der Priester lächelte ihn an und lobte: »Gut gemacht, mein Junge! Ich habe hier für dich gebetet. Aber ich wusste, dass Gott bei dieser schweren Aufgabe bei dir sein würde.«

Brainach lächelte dankbar zurück und nickte, obwohl ihm alles wie ein merkwürdiger Traum vorkam. Beide wussten, dass der Kampf noch lange nicht ausgestanden war. Vielleicht niemals.

»Ich glaube, es wäre gut, wenn ich Garnaid einen Besuch abstatte«, sagte Vater Cailton. »Ich möchte versuchen, ein paar Dinge in Ruhe mit ihm zu besprechen. Vielleicht hätte ich vor dem Sonnwendfest doch deinen Vorschlag ernster nehmen und mich mit ihm treffen sollen. Geh du ruhig schon mal nach Hause. Du hast für heute genug geleistet. Vielleicht kannst du mit Oswald einen Spaziergang machen.« Brainach nickte und wandte sich zum Kloster, während Cailton noch ein wenig im Dorf blieb.

Am Abend hielten die Brüder eine Versammlung ab, bei der Brainach und Cailton ausführlich von ihrem Besuch im Dorf berichteten. Nachdem der junge Mönch seinen Teil beendet hatte, erzählte der Priester: »Als ich nach Brainachs eindrücklicher Predigt ins Dorf kam, standen die Leute noch zusammen und redeten über das, was sie gehört hatten. Kurz darauf kam Häuptling Garnaid von seinem Opfer am Hochkreuz zurück. Er schaute mich grimmig an und fragte, was ich hier wolle. Zum Glück stand Wulfric mit seinen Leuten zusammen und bemerkte weder mich noch Garnaíd. Aber Gwid und Braan hatten uns gesehen und kamen zu uns.

›Was ist hier los?‹, fuhr Garnaíd sie an. Die beiden berichtet ihm, was passiert war. Ihr Vater wollte sie mehrfach wütend unterbrechen. Aber Gwid richtete sich mutig auf und sagte: ›Du hörst uns jetzt erst mal zu!‹ Schließlich konnte ich ihn überreden, mit mir in sein Haus zu gehen und in Ruhe über alles zu reden. Dann habe ich mich entschuldigt, dass wir seine Einladung zum Sonnwendfest ausgeschlagen haben.«

»Was hast du?«, grollte Ternan. »Dich entschuldigt? Aber wir waren uns doch einig…«

»Nein, du irrst«, gab Cailton bestimmt zurück. »Wir waren uns nicht einig! Am Ende habe ich entschieden. Ich weiß immer noch nicht, ob richtig oder falsch. Aber für Garnaíd war dadurch eine ganz schwierige Situation entstanden. Und deshalb habe ich mich entschuldigt. Nur wer bereit ist, um Vergebung zu bitten, dem wird man auch weiter zuhören.«

Ternan grummelte noch etwas in sich hinein, erhob aber keinen Widerspruch mehr.

»Ich habe mir von Garnaíd erzählen lassen, wie sie die letzten Wochen erlebt haben. Mehr und mehr habe ich verstanden, wie schwierig die Lage für sie war. Wenn Menschen verunsichert sind, halten sie sich an das, was sie kennen, und das sind nun mal die alten Riten, denen schon ihre Vorfahren seit unzähligen Generationen gefolgt sind. Wie sehr sie sich damit selbst geschadet haben, hat keiner gemerkt.«

»Ja«, sagte Braínach, »nicht mal Gwid und Braan konnten das auseinanderhalten.«

»Jedenfalls war Garnaíd bereit, ein paar Dinge mit mir auszuhandeln. Erstens dürfen seine Kinder wieder zu uns zum Unterricht kommen. Zweitens werden wir ihnen mit Lebensmitteln helfen. Unsere Vorräte sehen noch deutlich besser aus als ihre.«

»Ach so«, maulte jetzt Aodhán, »dafür habe ich also die ganze Zeit so sorgfältig gehaushaltet, dass wir jetzt alles verschenken.«

»Nein, nicht verschenken«, korrigierte Vater Cailton, »wir verkaufen es ihnen. Alles andere würde sie als Hilfeempfänger demütigen. Aber wir verkaufen zu einem günstigen Preis.«

»Für sie oder uns?«, wollte Aodhán wissen. Dabei stand ihm aber schon wieder der Schalk in den Augen. »Schon gut, schon gut. Ich hab nichts dagegen.« Er hob entschuldigend die Hände und nickte beschwichtigend.

»Und wenn sie die Lebensmittel, die sie von uns kriegen, dann auch wieder opfern?«, wollte Cadog wissen.

»Dann ist das ihre Sache«, antwortete Vater Cailton. »Ich glaube aber, dass sie sich das nach Braínachs Ansprache genau überlegen werden. Das letzte Thema, worüber wir gesprochen haben, ist Wulfric. Aber da sind wir nicht wirklich weitergekommen. Ich wollte wissen, ob Garnaíd eine Idee hat, wie wir seinen Hass abbauen können. Natürlich besteht ein gewisser Machtkampf zwischen uns. Aber vielleicht gibt es ja eine Möglichkeit, dass er sein Gesicht wahren kann, ohne immerzu die Dörfler unter Druck zu setzen und uns zu bekämpfen.«

Die Brüder sahen sich nachdenklich an. Sollte es wirklich möglich sein, echten Frieden mit dem Druiden zu schließen?

Mechanismen der Angst und Gebets-Support

Angst
Die keltisch-heidnische Welt war geprägt von Angst. Viele religiöse Rituale dienten dazu, diese Angst zu bewältigen oder zumindest einzudämmen.

Unsere Gesellschaft heute scheint oberflächlich betrachtet weit davon entfernt zu sein. Aber das ist ein Irrtum. Auch wenn man das wachsende religiöse Neuheidentum, die sogenannten Neuen Hexen und die Esoterik außer Acht lässt, ist unsere Zeit nicht weniger von Angst getrieben als frühere Zeiten, nur dass das Angsteinflößende andere Gestalten angenommen hat. Erst kürzlich hat ein neues Virus viele Menschen in Angst und Schrecken versetzt. Der Ukrainekrieg mit den befürchteten und den realen Folgen auch für uns (Energieknappheit, Wirtschaftsrückgang, Inflation, Flüchtlingswellen, Atomwaffen) löst in vielen Menschen eine dauernde Beklemmung und Zukunftsängste aus. Zudem stellt sich die Frage: Sind wir angesichts des dramatischen Klimawandels womöglich wirklich die »letzte Generation«, die die Welt noch retten kann?

Hinzu kommt die Angst vor dem Tod, die durch den enormen medizinischen Fortschritt nicht kleiner geworden ist. Nur die Verdrängungsmöglichkeiten sind größer geworden. Häufig näher am Tageserleben ist die Angst vor dem Verlust von Ansehen oder vor wirtschaftlichem Niedergang.

Menschen in Angst suchen nach Halt und Sicherheit, nach etwas, das sie beschützt. Und dabei vertrauen sie vor allem dem, was sie kennen (selbst wenn das in der Vergangenheit kein besonders guter Schutz war). Deshalb fallen Menschen unter Druck oft in eigentlich schon überwunden geglaubte Mechanismen zurück. Sie sind bereit, sehr viel zu opfern, Zeit, Geld oder auch Beziehungen, sofern dadurch das unmittelbare Gefühl der Angst zurückgedrängt wird.

Die keltischen Christen reagierten auf die Angst in ihrem Umfeld mit dem Herzstück des Evangeliums: Christus hat uns von Angst befreit.

Sie predigten das aber nicht nur, sondern gestalteten neue Riten, die die Befreiung von der Angst erfahrbar machten. Solche Riten setzten bei den konkreten Ängsten und Angstmechanismen an und gaben darauf eine neue Antwort.

Das setzt aber voraus, dass wir die Angstmechanismen und die daraus entstehenden Verhaltensweisen nicht moralisch beurteilen, sondern als das verstehen, was dahintersteckt: grundlegende menschliche Bedürfnisse und mehr oder weniger hilfreiche Lösungsmuster. Hamsterkäufe zum Beispiel oder manche Formen von Fremdenfeindlichkeit entspringen schlicht der Angst, zu kurz zu kommen.

Die moralische Verurteilung eines Verhaltens als egoistisch, rassistisch oder materialistisch führt zu Verhärtung. Verständnis für die Bedürfnisse und Anliegen bereitet dagegen den Boden für Vertrauen. Vielleicht entsteht dann eine Ahnung, dass es wirklich noch andere Lösungen, womöglich bessere, geben könnte als die altbekannten und gewohnten oder die aus Panik geborenen.

Dieser Weg ist nicht leicht und geht Konflikten nicht aus dem Weg: Braínach predigt in der Erzählung ja durchaus konfrontativ. Aber nachdem er die Not verstanden hat, kann er seine Empörung überwinden und »Evangelium« predigen, das heißt grundlegende, nachhaltige Hilfe anbieten.

Dieser Weg erfordert die Bereitschaft, zu lernen und die ursprüngliche Einschätzung gegebenenfalls zu revidieren, wie Cailton es tut und Ternan es ablehnt.

- Welche Angstmechanismen kennst du von dir selbst, welche beobachtest du um dich herum?

- Welche Grundbedürfnisse stehen dahinter, die bedroht erscheinen?
- Wie kann das Evangelium von Jesus Christus heute konkret auf diese Ängste antworten?
- Wo erlebst du das als wirkliche Hilfe und kannst es dadurch authentisch weitergeben?
- Wie kann das eine erfahrbare Gestalt bekommen, die auch von Menschen ohne christlichen Hintergrund begriffen werden kann?

Fürbitte

Während Braínach sich in einer herausfordernden Situation bewähren muss, steht Cailton in der Nähe und betet für ihn. Solche betende Unterstützung (Fürbitte oder »Gebets-Support«) kann einen großen Unterschied machen.

In der Citystation der Berliner Stadtmission, einem »Restaurant für Arme, Wohnungs- und Obdachlose«, hat das Team folgende Absprache getroffen: Wenn es eine kritische Situation mit Gästen gibt, wo vielleicht die Polizei oder ein Krankenwagen gerufen werden muss, weil ein Konflikt eskaliert oder jemand verletzt ist, kümmern sich einige um diese Situation, andere um die restlichen Gäste – und mindestens einer zieht sich in den Gebetsraum zurück und nimmt Verbindung zu Gott auf. Diese Arbeitsteilung einschließlich Gebets-Support wird im Team als große Stärkung erlebt.

Auch im persönlichen Glaubensleben ist das Gebet füreinander und für andere unendlich wertvoll.

- Wo wird in deiner Gemeinde oder Gemeinschaft die Möglichkeit genutzt, andere konkret im Gebet zu begleiten?
- Wen würdest du um Gebets-Support bitten?
- Würdest du deine Unterstützung anderen anbieten? Wenn ja, wem? Wenn nein, warum nicht?

12. KAPITEL

in dem der Häuptling schluchzt
und vier Männer gemeinsam schuften

An der Westküste Schottlands, im Schutz der vorgelagerten Inselketten, waren die Winter normalerweise stürmisch und nass, denn der Wind kam von Westen, vom großen Meer her. Dieser Winter jedoch war besonders schneereich gewesen. Ein eisiger Nordostwind hatte immer wieder Schnee und Frost gebracht. Selbst der Uferbereich der tief ins Land reichenden Bucht Loch Carron war eisbedeckt gewesen. Aber seit gut zwei Wochen waren die Wiesen und Felder um das Dorf herum schneefrei, und die Bauern hatten eifrig begonnen, ihre Felder zu bestellen.

Häuptling Garnaíd war zugleich der Lehnsherr des Dorfes. Sein Vater hatte sieben Familien das Land zugeteilt, das sie als Pächter oder »Freimannen« bewirtschafteten. Von dem Ertrag mussten sie dem Häuptling Abgaben machen. Nach dem Tod seines Vaters hatte Garnaíd keinen Grund gesehen, an der Zuteilung etwas zu ändern. Zwar wurden nach sieben Jahren die Verträge normalerweise neu ausgehandelt, aber Garnaíd lebte gut von den Abgaben und war der wohlhabendste Mann im Dorf. Auch die Pächter waren weitgehend zufrieden. Ihnen waren jeweils einige Feldarbeiter untergeordnet, arme Schlucker, die kaum Rechte hatten.

Wie in Irland teilten sich drei oder vier Bauern einen Pflug mit Eisenschar, einen Ochsen mit Halfter und einen Stachelstock. An einem Tag pflügte der eine sein Feld, während die anderen mit ihren Feldarbeitern den Mist, den ihre Tiere in diesem Winter reichlich produziert hatten, mit Mergel durchmischten, auf die Felder transportierten und verteilten. Manche schnitten am Ufer trockenes Seegras und mischten es zur Auflockerung darunter. Wenn sie mit Pflügen dran waren, wurde dieser natürliche Dünger gleich mit untergegraben.

Brainach und Cormac hatten die Arbeit in der Schreibstube beendet, um außerhalb ihres Klosterwalls ein Stück Land von Gestrüpp und Steinen zu befreien. Wenn eine Gruppe von Bauern mit Pflügen fertig war, wollte Cadog sich ihr Gespann leihen und den neuen Acker ebenfalls umpflügen.

Die beiden jungen Mönche hatten schon ein ansehnliches Stück urbar gemacht. Immer wieder rieben sie sich die schmerzenden, mit Blasen übersäten Hände. Während der feinen Schreibarbeit der zurückliegenden Monate hatten sich die Schwielen vom letzten Jahr zurückgebildet, und die harte körperliche Arbeit begann genauso schmerzhaft wie im vorigen Frühjahr.

Nach ein paar Tagen besuchte Cadog sie auf dem Feld und verkündete: »Ich könnte euch beim Pflügen gut als Helfer gebrauchen. Und es schadet nichts, wenn ihr auch lernt, Ochsen und Pflug zu führen. Habt ihr Lust?«

Die beiden sahen sich an.

»Na klar«, erwiderte Brainach, der immer für eine Abwechslung zu haben war, erst recht, wenn er dabei etwas lernen konnte.

Aber Cormac schüttelte den Kopf: »Nee, nicht wirklich. Ich bin Schreiber und Segler. Landwirtschaft ist nicht mein Ding. Das hier reicht mir. Und ich muss ja bald wieder nach Iouan zurück.«

Brainach schüttelte innerlich den Kopf. Manchmal konnte er seinen Freund echt nicht verstehen.

Der Steinmetz fuhr fort: »Okay, Brainach, dann unterbrich deine Arbeit hier am besten heute mal und geh am Nachmittag zu den

Feldern der Dörfler. Dort ist unser Freund Brent gerade am Pflügen. Da kannst du dir bestimmt was abgucken.«

»Der?«, wunderte sich Braínach. »Aber der ist doch nur ein Hilfsarbeiter.«

»Ja, und? Geh einfach hin und frag ihn.«

Nach dem Mittagsmahl ging Braínach hinunter zum Dorf. Und wahrhaftig, auf einem der Felder am Weg sah er Brent, wie er einen großen Pflug in die Erde drückte und den Ochsen, der das Gerät zog, mit Worten dirigierte. Am Rande des Feldes saß der Bauer auf einem großen Stein und sah zu.

Braínach grüßte ihn höflich. Der Mann grüßte mürrisch zurück. Das wunderte den jungen Mönch nicht, denn er gehörte zu Wulfrics Unterstützern. Ohne sich weiter um ihn zu kümmern, lief er über den noch nicht beackerten Teil des Feldes zu Brent hinüber. Obwohl es immer noch sehr kühl war, arbeitete der nur mit einer Hose bekleidet. Braínach staunte über den muskulösen Oberkörper und die Hände, die fast so riesig waren wie die von Cadog, obwohl Brent viel kleiner war. Als der Feldarbeiter den jungen Mönch sah, strahlte er übers ganze Gesicht. Mit einem kurzen Pfiff durch die Zähne hielt er sein Gespann an.

»Schön, dich zu sehen. Was machst du denn hier?«

»Cadog meint, ich könnte von dir was lernen, und hat mich hergeschickt. Wir wollen uns nämlich bald von einem Bauern so ein Gespann leihen. Aber wie kommt es, dass du pflügst und dein Herr am Rand sitzt und dir zuschaut?«

Brent warf einen kurzen Blick zu dem mürrischen Bauern, bevor er antwortete: »Mein Herr ist nicht besonders geschickt mit Tieren. Irgendwann hat er gemerkt, dass ich den Ochsen nicht mal schlagen muss, damit er sich bewegt. Er hat mich an den Pflug gestellt und gesagt: ›Zeig mal, was du kannst!‹ Als dann meine Furchen auch noch viel gleichmäßiger waren als seine, hat er mir die Arbeit übertragen.«

»Das ist ja mal eine Ehre«, meinte Braínach anerkennend.

»Ja, das ist es«, nickte der andere. »Allerdings wäre es mir lieber, wenn er nicht immer faul am Rand sitzen und mich beaufsichtigen würde. Ich bin schließlich kein Sklave.«

»Hey, was ist los?«, dröhnte es da auch vom Feldrand her. »Die Mittagspause ist vorbei. Vorwärts. Vorwärts! Wir haben nicht ewig Zeit.«

Braínach verdrehte die Augen, aber Brent zuckte mit keiner Miene, schnalzte und der Ochse setzte sich wieder in Bewegung. Der junge Mann ging nebenher und beobachtete ihn bei der Arbeit.

»Braucht man sehr viel Kraft dafür?«, fragte er nach einer Weile.

»Nö, find ich nicht. Wenn der Ochse in der richtigen Geschwindigkeit geht, zieht sich der Pflug eigentlich von selbst in die Erde. Dann brauchst du nur die richtige Technik, um ihn in der Spur zu halten. Na gut, etwas Kraft auch.«

»Und wie lenkst du den Ochsen?«

»Ich arbeite schon seit ein paar Jahren mit ihm. Am Anfang musste ich ihn noch mit einem Stock antippen, um ihn zu lenken. Aber inzwischen weiß er, wie geradeaus geht – und dass ich ihn nach der Arbeit gut füttere. Ochsen sind nicht besonders schlau, aber wenn sie dir vertrauen, kannst du alles mit ihnen machen.«

»Meinst du, Cadog könnte sich euer Gespann ausleihen?«

»Von mir aus, gerne. Aber«, er warf einen kurzen finsteren Blick zum Feldrand, »der Bauer wird das nicht erlauben. Oder nur zu einem unverschämten Preis. Fragt lieber jemand anderes. Und jetzt geh bitte. Sonst krieg ich noch Ärger.«

»Oh, das will ich auf keinen Fall. Aber vielen Dank für deine Tipps. Kann ich dir noch irgendwie helfen?«

»Habt ihr ja schon«, meinte Brent lächelnd und dachte an die Unterstützung der Mönche bei der Reparatur seiner Hütte.

Als Braínach ins Kloster zurückkam, wartete dort Braan auf ihn. Deshalb beschloss er, heute nicht mehr aufs Feld zu gehen, sondern etwas Zeit mit dem Jungen zu verbringen. Es war ein richtig schöner Nachmittag und die Sonnenstrahlen schienen zum ersten Mal in diesem Jahr so kräftig, dass man gut draußen sitzen konnte.

Die beiden ließen sich auf dem Mäuerchen an der Südseite der Gemeinschaftshütte nieder. Der neue Acker lag auf der anderen Seite. Das war gut so, denn es wäre Braínach ziemlich peinlich gewesen, wenn Cormac sie beim Faulenzen gesehen hatte. Von hier hatte man einen wunderbaren Blick über Loch Carron. Die Fischer hatten schon vor Wochen eine Fahrrinne in das schmelzende Eis gehackt, sodass sie mit ihren kleinen Booten in die Bucht hinausrudern und endlich wieder frischen Fisch fangen konnten. Die Wintervorräte waren verbraucht und in manchem Heim herrschte schon lange Hunger.

Die Vorräte bei den sechs Iouan-Mönchen waren ebenfalls knapp geworden. Das lag auch daran, dass sie in den letzten Wochen immer wieder etwas an Dorfbewohner verkauft hatten, die – manche heimlich – zu ihnen gekommen waren und um Hilfe gebeten hatten. Bei den ganz Armen hatten sie die Lebensmittel gegen Holz, Schnitzereien, gewebte Stoffe oder andere Gegenstände eingetauscht, die sie in der kalten Jahreszeit hergestellt hatten. Die Mönche waren dabei oft mehr als großzügig gewesen.

Jetzt aber, wo es endlich wärmer wurde, der Boden auftaute und man im Wald nach Wurzeln graben konnte, die mit dem Fisch zusammen einen leckeren Eintopf ergaben, zogen langsam wieder Hoffnung und neuer Lebensmut ins Dorf ein.

Schweigend saßen der junge Mönch und der Häuptlingssohn auf der Mauer, hielten ihre Nasen in die Sonne und hingen ihren Gedanken nach. Schließlich schaute Braínach Braan von der Seite an und stellte fest: »Du bist so schweigsam.«

»Hm«, machte der Junge. Dabei bohrte er mit einem Finger tief in seiner sommersprossigen Nase wie immer, wenn er intensiv nachdachte. Das hatte ihm auch Vater Cailton während der winterlichen Schulzeit nicht abgewöhnen können oder wollen.

»Was, hm?«

Braan zog seinen Finger gedankenverloren wieder heraus und wischte ihn sorgfältig an seiner Hose ab: »Unsere Hütte ist kaputt.«

»Wie das? Was ist passiert?« Braínach sprang von der Mauer und stand jetzt so vor Braan, dass ihre Augen auf gleicher Höhe waren. Aber der Kleinere wich seinem Blick aus.

Braínach packte ihn an den Schultern: »Hey, was ist los? Erzähl doch!«

»Also«, begann Braan drucksend, »die Rückwand unserer Hütte hat nachgegeben. Als das Tauwetter kam. Darunter war, glaub ich, vorher alles weggespült, nur der Frost hat das noch festgehalten. Aber jetzt ist die Wand im hinteren Zimmer eingekracht und das halbe Dach.«

Die Rundhütte des Häuptlings war die einzige, die zwei Räume hatte.

»Ja, warum habt ihr sie denn nicht repariert?«

»Mein Vater hat es alleine nicht geschafft. Da braucht man mächtig viel Kraft für. Ich kann ihm dabei nicht helfen. Und dann hat er unseren Druiden Wulfric geholt. Aber der«, auf einmal kicherte Braan, »der ist vielleicht ein schlappes Hemd. Der redet ja immer, als wäre er wer weiß was. Aber der hat sich gleich am Anfang ein bisschen den Finger geklemmt und war kurz drauf plötzlich verschwunden. Mein Vater hat geflucht, kann ich dir sagen! Jemand anderes aus dem Dorf wollte er aber nicht fragen. Hat immer nur gesagt: ›Die Blöße gebe ich mir nicht.‹ Keine Ahnung, was er damit meinte.«

»Wieso habt ihr uns denn nicht geholt? Du weißt doch, dass wir helfen, wo wir nur können«, fragte Braínach.

»Ich hab es meinem Vater vorgeschlagen. Aber da ist er fuchsteufelswild geworden. ›Diese verfluchten Mönche rühren mein Haus nicht an. Die haben eh schon alle Dorfbewohner verzaubert‹, hat er geschrien. Und mir eine Ohrfeige verpasst, die ich jetzt noch spüre. Obwohl das schon gestern war. Ich habe keine Ahnung, was mit ihm los ist.« Braan seufzte und schüttelte den Kopf.

Braínach setzte sich wieder neben ihn auf die Mauer und legte den Arm um seine Schultern. Nach einer Weile fragte Braínach: »Sag mal, hat das aus dem Dorf noch keiner bemerkt?«

»Nee, is' ja hinten raus. Früher kamen immer alle möglichen Leute aus dem Dorf und fragten meinen Vater um Rat, da hätten die das bestimmt gemerkt. Aber jetzt gehen sie zu euch.«

»Interessant. Und warum?«

»Ich glaube, zu euch haben sie Vertrauen. Wie ich ja auch. Meinen Vater und Wulfric ehren sie. Aber sie haben vor allem Angst vor ihnen. Und sie sagen: ›Unser Druide und unser Häuptling kümmern sich doch eigentlich nur um sich selbst.‹«

»Interessant«, sagte Braínach wieder und dann vorsichtig: »Kann es sein, dass dein Vater neidisch auf uns ist?«

Braan nickte stumm. Braínach sprang wieder von der Mauer und rief: »Dann müssen wir ihn davon überzeugen, dass er mit uns zusammen ein viel besserer Häuptling werden kann, dem seine Leute auch wieder vertrauen.«

»Wie denn?«, fragte Braan skeptisch und kräuselte seine sommersprossige Nase.

»Ich habe da eine Idee«, rief Braínach und war auch schon verschwunden.

Verblüfft schaute Braan ihm nach. Als sein Freund nicht wieder auftauchte, machte er sich enttäuscht auf den Heimweg. Es wäre ihm lieber gewesen, wenn Braínach ihn in seine Pläne eingeweiht hätte. Abwarten war nicht seine Stärke. Außerdem fürchtete er seinen Vater, der in der letzten Zeit ziemlich ungenießbar geworden war.

Am nächsten Morgen klopfte es kurz vor Sonnenaufgang an der Tür der Häuptlingsfamilie. »Mach mal auf und schau, wer das ist«, knurrte Garnaíd seinen Sohn an. Braan öffnete und sperrte verblüfft den Mund auf. Zögernd wandte er sich zu seinem Vater um. Da traten die drei Besucher aber schon in die Hütte und schlossen die Tür hinter sich. Gwid, die noch nicht aufgestanden war und wegen der kaputten Wand im vorderen Raum geschlafen hatte, zog sich schnell die Decke über den Kopf, als sie sah, wer da kam.

Vorn ging Braínach mit einem Bündel Zimmermannswerkzeug auf der Schulter, dann kam Cadog, der mit seinen muskulösen

Armen zwei dicke Holzbalken hereinschleppte. Als Letzter humpelte der Zimmermann herein. »Guten Morgen«, grüßte er fröhlich, »wir haben gehört, dass deine Rückwand eingeknickt ist, und wollten mal sehen, ob wir dir ein bisschen helfen können.«

Häuptling Garnaíd war zunächst wie erstarrt, doch im nächsten Moment sprang er auf und brüllte: »Raus hier, verschwindet, ihr gemeinen Verräter, ihr Zauberer, ihr Halunken, ihr wollt mich nur fertigmachen!«

Außer sich vor Zorn griff er nach allem, was nicht niet- und nagelfest war, und schleuderte es den dreien entgegen. Die Holzschüsseln vom Tisch, den Eisentopf vom Feuer, den Schürhaken und zuletzt sein Jagdmesser. Cadog wich aus, doch das scharfe Messer verletzte ihn am Arm. Blut quoll aus der Wunde. Der Steinmetz gab keinen Laut von sich, sondern legte bedächtig die Balken auf die Erde. Braan und Gwid, die erschrocken aufgesprungen war, drängten sich ängstlich an die Wand und erwarteten das Unvermeidliche. Sicher würde der Steinmetz mit seinen unvorstellbaren Kräften ihren Vater jetzt zerquetschen. Das war sein gutes Recht. Immerhin hätte das Messer ihn auch tödlich treffen können. Er trat einen Schritt vor und Garnaíd wich zurück.

Cadog öffnete den Mund und sagte: »Hol mir bitte einen Verband, Garnaíd.«

Garnaíd wurde kreidebleich und wankte noch einen Schritt nach hinten. Gwid fasste sich als Erste, sie sprang zu einem Haken an der Wand, kramte in einem Beutel, eilte mit einem halbwegs sauberen Stück Leinen auf den Steinmetz zu und verband ihm den Arm.

»Danke«, sagte Cadog, als sie fertig war. »Dann lass uns mal mit der Arbeit anfangen.«

Da brach der Häuptling zusammen. Er warf sich vor den drei Mönchen auf den Boden und schluchzte: »Warum tut ihr das? Bei allen Göttern, warum tut ihr das?«

Den Männern war die Szene etwas peinlich. Oswald räusperte sich und ergriff Garnaíd am Arm: »Komm, steh auf, lass das!«

»Nicht bevor ihr mir sagt, warum ihr das tut!«, stieß er hervor.

Oswald seufzte und antwortete: »Erstens, damit du und deine Familie nicht in einem halb zerstörten Haus leben müsst. Und zweitens, weil wir dir helfen wollen, ein Häuptling zu werden, den alle im Dorf ehren, weil sie ihm vertrauen.«

Garnaíd richtete sich halb auf und sah sie mit weit aufgerissenen Augen an: »Woher wisst ihr ...«, stammelte er.

Der Zimmermann schmunzelte: »Meine Güte, wir leben jetzt seit fast einem Jahr mit euch zusammen. Meinst du, wir bekommen nicht mit, was die Menschen denken und fühlen? Wir fragen nach ihren Sorgen. Wir hören ihnen zu. Und wir helfen ihnen, wo wir können. Wie jetzt dir.«

Da brach die ganze Verzweiflung aus Garnaíd hervor: »Ich kann machen, was ich will, die Dorfbewohner akzeptieren mich nicht mehr als Häuptling. Sie laufen mit allem zu euch. Aber mir misstrauen sie. Ich spüre das. Egal, ob ich ihnen drohe, ob ich ihnen Versprechungen mache, ob ich sie besteche und was weiß ich. Sie haben vielleicht noch Angst vor mir, aber keinen Respekt.«

»Eben drum«, kommentierte Cadog. Er war kein Mann der großen Worte. »Heute Abend wird's regnen. Bis dahin will ich fertig sein.« Weil Garnaíd immer noch völlig erschüttert am Boden kniete, wandte der Steinmetz sich an Braan. »Komm, zeig uns mal eure schöne Hinterstube.« Der Junge nickte und führte sie eilig in den hinteren Raum.

Die drei Mönche schufteten den ganzen Tag. Zuerst hoben sie mit vereinten Kräften das schief hängende Dach an und stützten es provisorisch mit einem Balken ab.

»Ihr habt doch bestimmt eine Hacke und eine Schaufel?«, fragte Cadog Braan. Der nickte und holte eifrig das Werkzeug aus dem Schuppen neben der Hütte. Ein Stück abseits des Hauses hackte Cadog den steinigen Boden auf, und Braínach schaufelte das lose Gestein in das ausgespülte Loch, um wieder einen festen Untergrund zu schaffen. Oswald nahm genau Maß und begann, Balken und Streben zu sägen. Braan sprang aufgeregt zwischen ihnen herum und war mehr im Weg, als zu helfen. Aber die drei Mönche mochten den Jungen zu sehr, um etwas zu sagen.

Gegen Mittag hatte sich der Häuptling einigermaßen gefangen und packte mit an. Als am Spätnachmittag die ersten Regentropfen fielen, war der unterspülte Boden mit Steinen aufgefüllt, die Wand mit den neuen Balken wieder gerichtet, die Stangen für das Flechtwerk eingezogen und das Dach notdürftig abgedichtet. Den Rest würde Garnaíd auch alleine schaffen.

Gwid hatte in der Zwischenzeit einen großen Topf Fischsuppe mit frischen Wurzeln gekocht und alle setzten sich im vorderen Raum zum Essen hin. Als sie fertig waren, fragte Garnaíd noch einmal, aber diesmal in Ruhe: »Warum tut ihr das?«

Oswald stieß Braínach in die Seite: »Komm schon, unser kleiner Gelehrter, jetzt bist du dran.«

Braínach warf ihm einen verärgerten Blick zu. Er hasste es, wenn die anderen ihn den »kleinen Gelehrten« nannten, aber er antwortete trotzdem: »Wie du weißt, glauben wir an unseren Herrn Jesus Christus, den Sohn des einzigen Gottes. Und der war sich nicht zu schade, seinen Nachfolgern die Füße zu waschen.«

»Was? Das kann nicht sein!«

»Doch. Das steht im Evangelium von Johannes, einem Buch, das für uns besonders wichtig ist. Und unser großer Apostel Paulus, von dem ich im Winter einige Briefe abgeschrieben habe, sagt: ›Seid unter euch so gesinnt, wie es der Gemeinschaft mit Christus entspricht.‹«

»Und was bedeutet das?«, fragte der Häuptling stirnrunzelnd.

»Wir glauben«, fuhr Braínach fort, »dass einmal alle Menschen ihre Knie vor Jesus beugen werden und auch alles, was es sonst noch an unsichtbaren Mächten gibt. Nicht weil sie sich vor ihm fürchten. Nicht weil er sie sonst alle vernichten würde. Sondern weil er sich bis auf die unterste Stufe erniedrigt hat, den Menschen geholfen und gedient und sogar sein Leben für sie geopfert hat. Durch nichts hat er sich von den Menschen vertreiben lassen – aus lauter Liebe. Deshalb beten wir ihn an. Nicht aus Angst, sondern aus Dankbarkeit und Vertrauen. Und wir versuchen, so miteinander und mit euch zu leben, wie er es uns vorgemacht hat, damit ihr hier im Dorf etwas von seinem guten Geist mitbekommt. Wir versuchen, ein Beispiel der Gemeinschaft mit Christus zu leben.«

»Amen«, kam es von den beiden älteren Mönchen und sie nickten kräftig.

»Und deshalb vertrauen die Leute im Dorf euch. Und mich fürchten sie nur«, murmelte der Häuptling.

»Ja, so ist das wohl«, fuhr Braínach fort, »aber dass sie dich nur fürchten, werden wir jetzt ändern – wenn du willst!«

»Wie denn?«, fragte Garnaíd skeptisch.

»Oh«, antwortete Braínach und grinste, »ich habe da eine Idee.«

Dienen und Empfangen

Viele Gemeinden, denen Mission wichtig ist, setzen den größten Teil ihrer Energie in missionarische Veranstaltungen. Dadurch werden aber häufig kaum neue Menschen erreicht, selbst wenn die Engagierten in der Gemeinde fleißig ihre Freunde einladen. Viele Leute haben einfach keine Vorstellung, weshalb der christliche Glaube für sie relevant sein sollte, deshalb gehen sie gar nicht erst zu solchen Veranstaltungen, egal wie gut diese sind.

Harald Sommerfeld schreibt in seinem großartigen Buch »Mit Gott in der Stadt«: »Wir werden für die Menschen in unserer Umgebung nicht dadurch interessant, dass wir versuchen, uns interessant zu machen, sondern dadurch, dass wir uns für sie interessieren.«[10]

Dienen als christliche Haltung ist in der Kirchengeschichte häufig auf fatale Weise so umgesetzt (oder verordnet) worden, dass die Helfer sich selbst völlig verloren haben und im Grund nur ausgebeutet wurden. Gleichzeitig war und ist der christliche Dienst ein Nährboden für das sogenannte Helfersyndrom. Menschen haben das Gefühl: »Ich bin nur was wert, ich spüre mich selbst nur, wenn ich anderen helfe.« Im Endeffekt ziehen die Helfenden dann ihren Wert aus den guten Taten statt aus der liebevollen Zusage Gottes. Kombiniert mit dem erwarteten Dank bekommt Dienen so einerseits einen erpresserischen Zug (ich entziehe dir meine Liebe, wenn ich dir nicht dienen darf) und degradiert andererseits die Hilfeempfangenden zu unmündigen und unfähigen Opfern, deren wirkliche Interessen nicht interessieren – Hauptsache, die Helfenden fühlen sich gut.

In seinem sehr berührenden Buch »Zusammenhalten – Als Seelsorger im Ahrtal« berichtet der katholische Pfarrer Jörg Meyrer, wie die Kinder an Weihnachten nach der Flut mit Geschenken überhäuft wurden. Er erzählt von Eltern, deren Wunsch abgelehnt wurde, die Geschenke vorher zu sichten und »etwas zu lenken«. Die Begründung dafür war: »Die Helfer/Spender wollten die Geschenke den Kindern selber geben. Das Hinwegsetzen über den Willen der Eltern, aufgrund der Befindlichkeiten der Spender, macht mich wütend und hinterlässt kein gutes Gefühl.«[11] Da hatten die Geschenke-Spender anderen ungefragt etwas übergestülpt, sie gedemütigt und es zugleich vermieden, ihre eigene Bedürftigkeit (nach Anerkennung) wahrzunehmen.

»Empfangen« wird oft als unchristlich, womöglich egoistisch missdeutet. Demut als christliche Tugend bedeutet aber, sich für beides nicht zu fein zu sein: zu dienen und zu empfangen.

Von den keltischen Mönchen können wir zweierlei lernen: Sie haben gedient, wo es sinnvoll und angebracht war. Und sie haben sich dienen lassen, sind selbst Lernende geworden. In der Anmerkung zum zweiten Kapitel und dem Gespräch mit der weisen Morrigan (Kapitel 7) wurde das schon berührt. Sommerfeld schreibt zu diesem Aspekt: »Ich misstraue einer Mission, bei der wir nur die Gebenden und nicht auch die Bedürftigen und Empfangenden sind.«[12]

Im Mai 2022, etwa zehn Monate nach der Flutkatastrophe in Rheinland-Pfalz und Nordrhein-Westfalen, durfte ich einen Zukunftsworkshop in der betroffenen katholischen Pfarrei Bad Neuenahr-Ahrweiler leiten. Dass man nicht so weitermachen konnte wie bisher, war eigentlich schon vor der Flut klar gewesen, bekam aber jetzt durch mehrere beschädigte Kirchengebäude neue Dringlichkeit. In den Gesprächen gab es eine spannende Wende: Zunächst wurde bedauert und kritisiert, wie unkirchlich und unchristlich die Menschen seien und dass sie sich überhaupt nicht mehr für die Angebote der Gemeinde interessierten.

Plötzlich aber drehte sich das Gespräch und sie begannen zu erzählen, wie sehr die freiwilligen Helfer aus ganz Deutschland vor einem Jahr ihnen Hoffnung und Perspektive gegeben hatten, einfach weil sie nicht geredet, sondern mit ihnen zusammen Schlamm geschaufelt hatten. Wie sie sich heute immer noch über Unterstützung freuten, aber eben nicht über sinnlose Sachspenden, die sie jetzt gar nicht bräuchten und durch die sie auf die Opferrolle festgenagelt würden.

Und dann wurde ihnen bewusst, dass überall da zu den Nachbarn ein positives Verhältnis entstanden war, wo diese bei gemeinsamen Projekten auch ihre Fähigkeiten hatten einbringen können. – Eine 180-Grad-Wendung der Perspektive. Von hier aus kamen ganz neue Möglichkeiten der Gemeinde in den Blick, »bei den Menschen« zu sein: dienend und empfangend.

- Ist Dienen und Empfangen in deinem persönlichen Leben und in deiner Gemeinde in einer guten Balance?
- Wie kannst du die Falle des Hochmuts überwinden, keine Hilfe anzunehmen?

13. KAPITEL

in dem Abschied genommen wird und Vorschläge gemacht werden

Am Abend dieses arbeitsreichen und sehr befriedigenden Tages saßen die Mönche zur wöchentlichen Beratung zusammen.

»In wenigen Tagen werden wir von Bruder Cormac Abschied nehmen müssen«, eröffnete Vater Cailton die Runde.

»Schade, schade«, meinte Aodhán mit einem schelmischen Grinsen, »jetzt, wo ich ihn mit Ach und Krach durch den Winter gefüttert habe, könnte er auch noch länger bleiben und helfen, die Vorratskammern wieder aufzufüllen.«

»Schade«, dachte auch Braínach, sagte aber nichts. Eine lustige Bemerkung wie die von Aodhán fiel ihm nicht ein. Und die traurigen Gedanken, die ihm tatsächlich durch den Sinn gingen, wollte er nicht aussprechen.

Cormac aber schien der bevorstehende Abschied nichts auszumachen. Er hatte einfach ein unverwüstlich sonniges Gemüt. »Ich habe in den letzten Tagen schon das Wetter studiert«, verkündete er. »Wenn ich mich nicht täusche, müsste nach dem Regen jetzt eine längere Zeit mit ruhigem, trockenem Wetter kommen. Der Wind hat heute von Westen auf Norden gedreht. Und normalerweise dreht er, wenn der Regen abgezogen ist, weiter auf Ost. Das wäre perfekt, um ohne Ruderarbeit aus Loch Carron herauszusegeln und bis zur

Meerenge zu kommen, die zum Sund von Steat führt. Da muss ich natürlich hindurchrudern. Aber wenn der Ostwind bleibt, kann ich anschließend mühelos nach Südsüdwest bis Mull und Iouan segeln. Vater Columcille wird mich schon dringend erwarten.«

»Sicher wird er das«, schmunzelte Cailton, »er wartet ja immer ungeduldig auf Nachrichten. Auch wenn er mit dem Auge eines Sehers oft schon vorher weiß, was passiert. Wovon wirst du als Erstes berichten, Cormac?«

Der junge Mann zuckte die Schultern: »Weiß ich noch nicht. Wahrscheinlich, wonach er mich als Erstes fragt. Aber ich hab ja auch noch die ganze Fahrt Zeit, mir das zu überlegen.«

Braínach schmunzelte innerlich. Das war typisch Cormac, bloß nicht zu früh oder zu viel nachdenken. Das war für ihn unnötige Energieverschwendung. Manchmal regte das Braínach auf, aber meistens tat ihm diese Art, die Dinge nicht so schwerzunehmen, gut. Ein bisschen beneidete er den Freund darum.

»Die Bücher, die wir im Winter kopiert haben, soll ich wieder mitbringen, aber die Kopien bleiben selbstverständlich hier. Und das ganze Werkzeug und Schreibzeug auch. Wollt ihr eine Bestellung aufgeben, was ihr braucht, falls in diesem Jahr noch mal jemand von Iouan kommen sollte?«

Die Mönche nickten begeistert und es wurde eine ganze Reihe von Vorschlägen gesammelt, die Cormac alle mit einem Griffel in eine Wachstafel ritzte. Pergament war zu kostbar, um es für Notizen zu benutzen.

Nachdem sie die Runde mit ihrem Abendgebet geschlossen hatten, begaben sie sich zur Ruhe. Braínach ertappte sich dabei, wie er auf seinem Lager betete, der Wind möge noch nicht auf Osten drehen. Aber das war natürlich Unsinn. Eigentlich wäre es gut, wenn sie jetzt zügig Abschied nehmen könnten. Schließlich war Cormac nur zu Besuch hier.

Am nächsten Tag regnete es nicht mehr, aber der Wind kam immer noch von Nordwesten, inzwischen unangenehm kühl. Trotzdem halfen die Mönche Cormac, sein Boot umzudrehen und den Mast aufzurichten und zu vertäuen. Den Rest des Tages war er damit beschäftigt, das Boot wieder seetüchtig zu machen und sein diesmal sehr überschaubares Gepäck zu sortieren und zusammenzupacken. Die Truhe, die er mitgebracht hatte, war viel zu groß für die Heiligen Schriften, die er nach Iouan zurückbringen würde. Deshalb hatte Oswald einen kleineren Holzkasten gebaut, in dem er die kostbare Fracht sicher transportieren konnte.

Währenddessen saß Braínach allein im Skriptorium und versuchte, seinen Unterstützungsplan für Garnaíd auszuarbeiten. Aber er kam nicht vorwärts, weil seine Gedanken immer wieder abschweiften. Gegen Abend kam Cormac zu ihm, gab ihm einen freundschaftlichen Klaps auf die Schulter, schaute ihn von der Seite an und meinte leichthin: »Ach komm, du willst doch jetzt wohl keine Trübsal blasen.«

Braínach sah zu ihm auf und seufzte: »Du hast ja recht. Aber es war wirklich ein Segen für mich, dass du den Winter über hier warst. Kommst du im Herbst wieder?«

Cormac zuckte die Schultern: »Keine Ahnung. Wer weiß, was Vater Columcille sich als Nächstes einfallen lässt. Vielleicht finde ich ja auch eine hübsche junge Schwester in Iouan, die ich heiraten kann. Dann werde ich sesshaft.«

»Ach, das glaubst du doch selbst nicht«, erwiderte Braínach lachend. »Du und sesshaft!«

»Na ja«, grinste Cormac, »du hast hier ja auch schon eine Holde gefunden. Wer weiß, was sich bis zum Herbst zwischen euch tut.«

»Du Blödmann!«, rief Braínach und rammte seinem Freund den Ellbogen in die Magengrube.

Der knickte halb zusammen und schnappte nach Luft. Aber dann grinste er, drosch Braínach auf den Rücken und sagte: »Ja, Mann, so gefällst du mir schon viel besser.«

Jetzt musste auch Braínach grinsen. Er sprang auf und rief: »Ach so, davon kannst du mehr haben.« Gleich darauf war die schönste Prügelei im Gange.

»Was ist denn hier los?«, ertönte plötzlich die strenge Stimme von Vater Cailton neben ihnen. »Wenn ihr euch prügeln wollt, dann macht das gefälligst draußen, sonst geht hier noch alles zu Bruch.«

Die beiden stutzten kurz, liefen hinaus und fielen wieder übereinander her. Cailton stand in der Tür des Skriptoriums und sah ihnen wehmütig lächelnd zu.

Ach ja, die Jugend. Die hatte noch andere Möglichkeiten, mit dem Leben fertigzuwerden. Er hatte Braínachs Trauer wahrgenommen und freute sich, dass der Junge seine Gefühle jetzt in Energie umwandelte, statt sie zu verstecken. Das würde ihm helfen, Abschied zu nehmen.

Der nächste Morgen erwartete sie mit einem frischen Wind von Nordosten. Raureif lag auf dem Gras und glitzerte in der Sonne, die sich gerade über den Bergen erhoben hatte, um ihren Tageslauf durch den strahlend blauen Himmel zu beginnen. In den Bäumen und Sträuchern, die in helles Grün gekleidet waren, sangen die Vögel in ungebremster Lebensfreude ihre Frühlingslieder.

Obwohl es Nachtfrost gegeben hatte, ließen die Mönche beim Morgengebet die Tür der Kapelle offen, sodass sich der strenge Sprechgesang der Lorica mit dem vielstimmigen, unsortierten Chor draußen mischte:

Ich binde mich heute
An die Tugenden des strahlenden Himmels,
Die herrliche, lebensspendende Sonne.

Das Frühstück wurde zügig eingenommen, denn Cormac wollte heute möglichst weit kommen. Das Wetter war einfach perfekt. Am Ende der Mahlzeit überreichte Aodhán ihm ein großes Paket mit den Worten: »Hier, dein Reiseproviant. Du sollst mir ja nicht unterwegs vor Hunger umkommen.«

»Danke«, freute sich Cormac, drehte und schüttelte das Paket und meinte grinsend: »Zum Glück ist keine Fischsuppe drin. Ich hab nämlich keinen Kessel zum Aufwärmen und kalt schmeckt die nicht.«

»Sehr gut«, lobte Aodhán mit einem Augenzwinkern, »von mir hast du hier offenbar auch was gelernt, nämlich wie man ernste Situationen durch dumme Sprüche aufheitert.« Er hob belehrend den Zeigefinger: »Dass du mir diese Lektion niemals vergisst.«

Oswald und Braínach kamen vor Lachen die Tränen und die Übrigen konnten sich eines Grinsens nicht erwehren.

»Los jetzt!«, rief Vater Cailton schließlich und klatschte in die Hände. Immer noch lachend machten sich die Brüder auf den Weg zum Ufer. Sie halfen Cormac, das Gepäck zu tragen und im Boot zu vertäuen. Dann schoben sie das Curragh ins flache Wasser und der junge Mönch sprang elegant hinein.

Oswald hielt das Boot noch einen Moment fest und schaute Cailton an. Der breitete seine Hände aus und betete feierlich:

Gesegnet sei deine Überfahrt, Cormac.
Die Wellen mögen dich tragen,
der Wind dich vorantreiben,
die Sonne dich wärmen,
die Sterne dir den Weg weisen
und Delfine dich umspielen.

Gesegnet sei deine Ankunft auf Iouan.
Möge dein Bericht die Herzen erfreuen,
den Glauben stärken,
die Ängstlichen ermutigen
und die Kleingläubigen staunen lassen.

Und möge der Allmächtige dein Boot wieder
an unser Ufer führen.

So sei gesegnet und behütet im Namen des dreieinigen Gottes,
Vater, Sohn und Kraft des Geistes.

Das energievolle Amen der Brüder kam aus vollem Herzen und war zugleich das Startzeichen für Cormac.

Braínach schob das Boot ins tiefere Wasser, ohne auf die Eiseskälte zu achten. Das war er seinem Freund schuldig. Cormac setzte bereits sein Segel, das sich sogleich im Wind blähte, sodass das kleine Boot rasch an Fahrt aufnahm.

Die anderen Mönche standen in einer Reihe am Ufer und winkten dem jungen Bruder nach, bis das Segel im Südwesten hinter einer Landzunge verschwand.

»Guter Junge«, murmelte Oswald. »Man muss ihn einfach gernhaben.« Und an Cailton gewandt: »Ich hoffe, dein Segenswunsch geht in Erfüllung und er besucht uns irgendwann wieder. Schon allein«, er schaute zu Aodhán, »damit wir nicht nur einen Spaßvogel haben.«

Auch Braínach musste lachen, obwohl ihm nicht wirklich danach zumute war. Mit bis zu den Hüften nasser und kalter Kutte folgte er zitternd den Brüdern. Doch schon auf dem Weg richteten sich seine Gedanken nach vorn aus. Er hatte einen Plan, der viel Fingerspitzengefühl erforderte.

»Ich werde mich heute Nachmittag mit Oswald darüber beraten«, beschloss er. »Der wird mir bestimmt ehrlich sagen, was gelingen kann und was nicht. Aber jetzt muss ich erst mal meine Kutte trocknen.«

Der Nachmittag war schon fortgeschritten, als Braínach seinen Seelenfreund ansprach: »Oswald, hast du vielleicht bis zum Abendbrot eine Stunde Zeit für mich? Ich brauche deinen Rat.«

»Ja, gerne« erwiderte der Zimmermann, »nehmen wir die Bank? Ich glaube, der kühle Wind kommt da nicht an, und die Sonne wärmt noch genug.«

Kurz darauf saßen die beiden nebeneinander auf der Südseite des Gemeinschaftshauses.

»Nun, was gibt's?«, fragte der Ältere. »Ich vermute, es geht um Garnaíd?« Braínach nickte.

»Na denn mal los. Ich bin gespannt, was du vorhast.«

Braínach zögerte. »Ich muss dich erst was fragen: Wie schafft man Vertrauen?«

»Vertrauen?«, wiederholte Oswald langsam und zupfte sich am linken Ohrläppchen. »Daran schließt sich für mich gleich die nächste Frage an: Kann man Vertrauen wirklich schaffen? Ist es nicht eher so, dass Vertrauen wächst, ganz langsam? So wie eine Blume oder ein Baum?«

»Na gut«, gab der junge Mönch zu, »aber dabei gibt es ja Blumensamen oder Eicheln und dann Erde und Feuchtigkeit und Sonne und so weiter. Wenn wir unser neues Feld bestellen, dann düngen wir es auch. Und im Sommer, als es trocken war, haben wir eine Bewässerungsanlage gebaut, damit das Gemüse von Aodhán und die Kräuter von Vater Cailton nicht verdorren.«

»Sehr gut«, nickte Oswald, »dann lass uns das mal weiterdenken. Wenn wir im Bild vom Vertrauensgarten bleiben, dann hat Garnaíd den in letzter Zeit weder gedüngt noch begossen.«

»Genau. Aber damit sind wir doch wieder am Anfang meiner Frage: Wie schafft man Vertrauen? Kann man es pflanzen und düngen und begießen? Wenn eine Pflanze vertrocknet ist, kann man sie zehnmal düngen und gießen, da wird nichts mehr draus. Kann Vertrauen, das einmal verloren ist, wiedergefunden werden?«

»Junge, du kannst vielleicht schwierige Fragen stellen. Lass uns einen Schritt zurücktreten und überlegen, was Vertrauen überhaupt bedeutet. Hättest du eine Erklärung oder ein Beispiel?«

Braínach dachte einen Augenblick nach und sagte: »Ich versuch mal, von mir auszugehen: Ich vertraue *dir*. Das heißt, ich traue mich, dir Dinge zu sagen, die ich keinem anderen erzähle. Weil ich weiß, dass du mich nicht auslachst oder verurteilst. Oft schenkst du mir auch noch hilfreiche Gedanken. Und ich hab immer den Eindruck, dass du mich verstehst.«

»Danke, das freut mich«, erwiderte Oswald. »Du hast gerade drei Vertrauensdünger aufgezählt: erstens Verständnis, zweitens Nicht-Verurteilen, drittens Weiterhelfen.«

»Hm, aber meinst du, Garnaíd hätte kein Verständnis für seine Leute? Und er würde sie verurteilen? Und ihnen nicht helfen?«

»Na, überleg mal, was er bei unserem Handwerkerbesuch gesagt hat. Er versteht nicht, weshalb seine Leute zu uns kommen und nicht mehr zu ihm. Er meint, wir hätten sie verhext. Genau dafür verurteilt er sie…«

»…und uns hat er verflucht…«

»Genau. Statt ihnen zu helfen, macht er ihnen Druck oder versucht, sie zu bestechen. Beides ist eher Gift als Dünger. Übrigens auch für ihn selbst. Weil beides keinen Erfolg hat, sinkt sein Selbstwertgefühl immer weiter. Denk an das, was Morrigan über Männer gesagt hat, die Macht haben, aber nicht erwachsen sind. Die heimliche Ablehnung der Dörfler hat Garnaíd jedenfalls gehörig zugesetzt.«

Beide versanken in nachdenkliches Schweigen. Die Sonne neigte sich dem Horizont zu und Oswald fragte: »Es wird langsam kühl, findest du nicht auch? Sollen wir reingehen?«

»Nein, hier auf der Bank kann ich besser denken. Warte, ich hol uns Decken.« Braínach sprang auf und lief ums Haus. Im Handumdrehen war er wieder zurück und die beiden ungleichen Brüder hüllten sich in warme Decken ein.

»Also, wie willst du Garnaíd nun helfen?«, nahm Oswald den Faden wieder auf.

»Wir waren ja in den letzten Monaten bei vielen Dörflern und ich war meistens dabei, wenn es was zu helfen oder zu raten gab.«

»Deshalb hast du bis zum Winterende auch nur gerade eben die Abschrift des Paulusbriefes geschafft, oder?«

»Ja, aber ich hab's ja geschafft!«, antwortete Braínach mit einem Hauch von Kränkung in der Stimme. »Jedenfalls kenne ich viele Familien im Dorf wahrscheinlich besser als Garnaíd.«

»Genau!«, bestätigte Oswald. »Und zwar, weil wir uns wirklich für die Sorgen und Nöte der Leute interessieren und nachfragen, während Garnaíd sich im Grunde nur für sich und für seine Position als Häuptling interessiert. Vermutlich, ohne dass ihm das bewusst wäre.«

»Ja, aber die Leute spüren den Unterschied sehr deutlich.«

»Er will was *von* ihnen und wir was *für* sie.«

»Folgendes hab ich mir überlegt: Wenn ich Garnaíd bitte, mit mir zusammen Besuche in den Hütten und Häusern zu machen, wo wir die Leute fragen, wie es ihnen geht, was sie dieses Jahr so vorhaben und wo sie Unterstützung brauchen – das könnte doch was verändern, oder?«

»Ja«, bestätigte Oswald. »Und zwar auf beiden Seiten. Garnaíd könnte seine Leute besser verstehen. Und die bekämen den Eindruck, dass er sich wirklich für sie interessiert und nicht nur herrschen will. – Das hört sich nach einem Plan an. Vorausgesetzt, er lässt sich darauf ein. – Und dafür«, dachte Oswald laut weiter, »dafür musst du sein Vertrauen gewinnen. – Mit allem, was dazugehört.«

»Hm…verstehe…« Der junge Mönch kratzte sich am Hinterkopf. »Also, ich muss erst mal Verständnis für ihn entwickeln. Puh, gar nicht so leicht. Und dann«, er lachte verlegen, »darf ich ihn nicht verurteilen.«

»Genau. Denn sonst kannst du ihm nicht weiterhelfen.«

Braínach seufzte. »Oh Mann, da hab ich mir aber was vorgenommen. Hätte ich bloß den Mund gehalten! Ich siebzehnjähriges Mönchlein und der Häuptling des Dorfes! Das kann doch nichts werden.«

»Na, na, na!« Oswald schüttelte den Kopf. »Warum plötzlich so mutlos? Du hast den Vorteil, dass beide Häuptlingskinder dir schon lange vertrauen und dich lieben, oder? Das ist doch schon mal eine Grundlage.«

Braínach war froh, dass Oswald offenbar nicht merkte, wie es ihm bei dem Wort »lieben« plötzlich ganz warm wurde.

»Mir kommt noch ein Gedanke«, fuhr Oswald fort, »wie du Garnaíd auf die richtige Spur bringen kannst, ohne ihn zu beschämen. Du musst ihm ja nicht auf die Nase binden, wie gut du viele Leute im Dorf kennst. Du könntest ihm einfach die Leute vorschlagen, bei denen du gerne mal reinschauen würdest. Du hast doch neulich Brent auf dem Feld besucht. Das wäre ein guter Einstieg.«

Der junge Mönch nickte zustimmend und fragte: »Weißt du, ob er Frau oder Kinder hat?«

»Keine Ahnung. Als wir im Spätsommer seine Hütte repariert haben, war sonst keiner da. Aber es sah auch nicht so aus, als würde er allein leben.«

Braínach meinte: »Das sind echt tolle Vorschläge, Oswald! Wie kommst du auf das alles?«

Der Zimmermann zuckte die Schultern und antwortete: »Lebenserfahrung, schätze ich.«

»Ach, hier seid ihr!«, tönte plötzlich Aodháns Stimme neben ihnen. »Wollt ihr heute das Abendessen komplett fasten? Die Sonne ist schon untergegangen.«

Braínach sprang auf und rollte seine Decke zusammen. Der Zimmermann erhob sich gemächlicher.

»Ich danke dir«, sagte der junge Mönch, »ich werde dir berichten, wie es läuft.«

»Und ich für euch beten«, versprach der ältere Mönch.

Braínach war es trotz des hilfreichen Gesprächs mit Oswald ziemlich mulmig. Als sich die Brüder nach dem Nachtgebet zur Ruhe begaben, lag er noch lange wach. Irgendwann entschloss er sich, ein kurzes Gebet zu meditieren: »Herr Jesus Christus, lass Vertrauen wachsen.« Diesen Satz wiederholte er immer wieder im Rhythmus seines Atems, bis er eingeschlafen war.

Während die anderen Mönche am nächsten Vormittag an ihre Arbeiten gingen, wanderte Braínach nach Absprache mit Vater Cailton ins Dorf. Bevor er aufbrach, raunte Oswald ihm zu: »Eins noch: Hab Geduld. Lass dir Zeit.«

Bald darauf klopfte der junge Mönch an der Tür des Häuptlings. Zu seiner Freude öffnete ihm Gwid. Sie lächelte ihn an und sagte: »Komm rein, wir haben schon auf dich gewartet. Jedenfalls ein bisschen.«

Sofort kam Braan angestürmt und fragte: »Warum bist du gestern nicht gekommen?«

»Gestern haben wir Cormac auf seine Rückreise nach Iouan geschickt.«

»Ach, ist er schon weg?«, erkundigte sich Gwid. »Schade. Ich hätte ihm gerne Auf Wiedersehen gesagt. Kommt er im Herbst wieder?«

»Mal sehen.« Braínach gab sich gleichgültig, obwohl ihm ihr Interesse an Cormac einen kleinen Stich versetzte.

»Wer ist denn da?«, rief Häuptling Garnaíd aus dem hinteren Raum.

»Es ist Braínach, endlich«, rief Braan.

Garnaíd erschien in der Tür. Er hatte sich zum Arbeiten das Hemd ausgezogen und stand nur mit Hose bekleidet vor ihm. Seinen Torques, den bronzenen Halsreif eines Häuptlings, trug er trotzdem. Seine Arme waren fast bis zum Ellenbogen lehmverschmiert.

»Komm rein, Braínach, ich bin dabei, das letzte Stück der neuen Wand von innen auszuschmieren. Außen bin ich schon fertig. Möchtest du mir helfen?«

»Ja, gern. Ich weiß allerdings nicht, ob ich das kann. Ich hab das noch nie gemacht.«

»Ach, das ist nicht schwierig. Man muss den Lehm nur sorgfältig bis in die letzte Ritze pressen. Sonst bröckelt er nachher. Aber ich habe gerade gemerkt, dass der Lehmvorrat, den ich geholt habe, nicht ganz reicht. Du könntest aus der Lehmgrube hinterm Dorf noch was holen. Dann kann ich hier weiterarbeiten. Braan, hilfst du ihm?«

Der Junge sah Braínach an, um zu erfahren, wie der sich entscheiden würde. Als er nickte, grinste Braan zufrieden und sagte: »Wir sind doch immer ein gutes Team, oder?«

»Hier, nehmt die Kiepe und die Schaufel mit. Oder wollt ihr den Lehm mit den Händen ausbuddeln und tragen?«, zog der Häuptling seinen Sohn auf.

Nach einer guten halben Stunde kamen die beiden zurück. Braínach keuchte unter der Last der mit Lehm gefüllten Kiepe, während Braan fröhlich pfeifend die Schaufel trug.

»Reicht das?«, fragte der junge Mönch, während der Häuptling ihm half, das schwere Tragegestell draußen neben dem Eingang abzusetzen.

»Wir müssen erst Stroh untermischen. Und dann schauen wir mal, wie weit wir damit kommen.«

Das Untermischen war harte Arbeit und sie brauchten bis zur Mittagszeit dafür. Schließlich steckte Gwid den Kopf aus der Tür und rief: »Essen kommen! Aber wascht euch die Hände!«

»Hausherrin oder was?«, frotzelte Braínach.

Die Häuptlingstochter grinste zurück und antwortete: »Quatsch hier nicht rum, sondern wasch dir die Hände.«

In der großen Stube mit Herd und Esstisch roch es köstlich, als die »drei Männer« reinkamen. Braínach schnupperte und meinte: »Hey, das riecht nach Aodháns Fischsuppe.«

»Ja, hab ich mir von ihm beibringen lassen. Ich weiß aber nicht, ob sie genauso gut ist.«

»Bestimmt!« – »Niemals«, sagten Braínach und Braan gleichzeitig.

Braínach überlegte kurz, wie er es mit dem Mittagsgebet halten sollte, da sagte Garnaíd bereits mit feierlicher Stimme: »Gepriesen seien die Götter der Kräuter und des Meeres, dass sie uns versorgen, und der neue Gott der Mönche für die Nachbarschaft.« Leise fügte Braínach sein Amen an, jedenfalls für den letzten Teil des Gebets.

Gleich nach dem Mittag schleppte Braínach in kleineren Portionen das Lehm-Stroh-Gemisch ins Haus, während der Häuptling den Rest der Wand zuschmierte und mit einem Brett glatt strich. Braan stand vor allem im Weg und gab neunmalkluge Kommentare ab.

Der Nachmittag war halb vorbei, als sie ihre Arbeit beendet hatten.

»So«, sagte Garnaíd, »das muss jetzt in Ruhe trocknen. – Braan, schau mal, ob du deiner Schwester bei irgendwas helfen kannst. Ich muss mit Braínach sprechen.«

Der Junge zog einen Schmollmund, verzog sich aber ohne ein Wort.

Garnaíd setzte sich auf einen niedrigen Hocker und schob dem jungen Mönch einen anderen hin. »Vielen Dank für deine Hilfe«, begann er. »Das ging deutlich schneller, als wenn ich das allein gemacht hätte. Aber deshalb bist du nicht gekommen, stimmt's?«

»Na ja, schon auch. Ich freu mich, wenn ich helfen kann.«

»Das ist nett. So seid ihr Mönche wohl. Dazu wäre hier keiner einfach so bereit. Aber ich leide nicht unter Vergesslichkeit. Du wolltest mir einen Vorschlag machen. Also rede nicht drum herum«, fügte Garnaíd fast streng an.

Braínach zögerte und überlegte, wie er die Ratschläge von Oswald umsetzen konnte. Schließlich erwiderte er: »Eigentlich hab ich dir überhaupt keine Vorschläge zu machen. Du bist der Häuptling und ich nur ein junger Mönch, ein Gast in der Nachbarschaft. Aber ich dachte, vielleicht hast du Lust, mir dein Dorf zu zeigen. Ich kenn ja schon ein paar Leute, aber ich bin immer neugierig. Wie leben die reichen und die armen Familien hier? Wie werden die Kranken versorgt? Vielleicht gibt es jemanden, den du mal wieder besuchen wolltest. Dann könntest du mich mal mitnehmen.«

Der Häuptling runzelte die Stirn und dachte nach. »Sehr diplomatisch…«, sagte er dann mit einem Hauch von Ironie in der Stimme, »aber keine schlechte Idee. Ich habe wirklich lange keinen mehr besucht.«

Er kratzte sich am Hinterkopf und strich mit den Fingerspitzen beider Hände seinen roten Schnurrbart seitlich auseinander.

Braínach fiel auf, dass er diese Bewegung nicht zum ersten Mal sah. Der Vater hatte wie seine Kinder eine feste Angewohnheit, das Denken zu unterstützen. Offenbar fiel es ihm schwer, sich einen inneren Ruck zu geben, um mit dieser Aktion zu beginnen. Braínach unterdrückte seinen Impuls, einen Vorschlag zu machen. Oswalds letzter Ratschlag klang ihm noch in den Ohren nach: »Hab Geduld. Lass dir Zeit.«

Schließlich atmete der Häuptling tief durch und sagte: »Also gut. Du meinst, wenn ich mehr nach meinen Leuten schaue, wird mein Ansehen bei ihnen wieder steigen?«

Braínach nickte und zuckte gleichzeitig mit den Schultern, um Garnaíds Denkweg nicht einzuengen.

»Und wenn ich mir stattdessen Vorwürfe anhören muss?« Der Häuptling zog die Augenbrauen zusammen, die genauso rotblond waren wie sein Haar und sein Schnäuzer.

Wieder verkniff sich Brainach einen Kommentar, auch wenn er am liebsten gefragt hätte: »Was wäre so schlimm daran?«

Garnaid schüttelte ärgerlich den Kopf: »Und was wäre so schlimm daran?«, fragte er jetzt selbst. »Schließlich muss ein Häuptling auch etwas aushalten können. Und sich nicht wie ein Hosenscheißer in seiner Hütte verstecken und beleidigt sein! Ein gut informierter Häuptling ist besser als ein schlecht informierter. Hat mein Vater immer gesagt.« Er richtete sich auf, zog die Schultern nach hinten und drückte den Brustkorb heraus. »Wo sollen wir anfangen? Hast du einen Vorschlag?«

Brainach wiederholte seine unbestimmte Bewegung aus Nicken und Schulterzucken: »Jo, also ich hab neulich Brent auf dem Feld getroffen, als er beim Pflügen war. Am Rand saß sein Herr und beaufsichtigte ihn.«

»Muadnat? Ja, das passt. Der weiß, wie man seine Leute antreibt und sich selbst ein schönes Leben macht.«

»Wir haben Brent voriges Jahr geholfen, seine Hütte zu reparieren. Die war ziemlich baufällig.«

»Ach, habt ihr das?«, fragte Garnaid erstaunt. »Hab ich gar nicht mitbekommen.«

»Brent wollte das auch nicht. War ihm alles ziemlich peinlich. Mich würde interessieren, ob er eine Familie hat und wie es ihm im Winter ergangen ist.«

»Er ist verheiratet, aber Kinder hat er nicht.« Der Häuptling strich sich wieder den Schnurrbart glatt. »Gut. Wann?«

»Von mir aus jetzt gleich.«

»Hm, man muss ja nichts überstürzen«, bremste der Häuptling ihn. »Sagen wir: morgen zur Abendbrotzeit.«

»Gut. Dann bis morgen.« Mit diesen Worten stand Brainach auf und verabschiedete sich.

Garnaid nickte ihm zu und sagte mit gespielter Beiläufigkeit: »Ach, und danke für deine Unterstützung.«

Abschiedswinken

Die Abschiedsszene habe ich nach einem Brauch der Iona-Community gestaltet, wo man als Gruppe oder Einzelperson eine Woche mitleben kann. Dazu gehört die Teilnahme an den Gebetszeiten genauso wie Toiletten putzen, Gemeinschaftsräume reinigen, bei der Essenvorbereitung helfen und Geschirr spülen. Zusätzlich gibt es thematische Einheiten für die Wochengäste. Am Abreisetag laufen alle Communitymitglieder aus dem Kloster (die sogenannten »residents«) zur Anlegestelle der Fähre, um die Gäste herzlich zu verabschieden. Während die Fähre ablegt und über den schmalen Sund nach Mull übersetzt, winken die Residents mit Händen und Taschentüchern, bis man drüben ist. So wird die gemeinsame Zeit wertgeschätzt und dem Abschied Raum gegeben.

Rituale für Begrüßung und Abschied bieten Kraft und Geborgenheit, wenn sie mit Leben gefüllt sind und nicht nur abgespult werden. Eine Kollegin erzählte mir, dass sie ihre Kinder immer mit einem Kreuzzeichen auf der Stirn gesegnet hat, bevor sie zur Schule gingen. Neulich fragte die Tochter, die nun erwachsen ist, ob sie auch die Mutter mal vor der Arbeit segnen dürfe.

Bei Orientalen beobachte ich oft, wie ausführlich sie sich begrüßen und nach einem Treffen wieder verabschieden – selbst wenn es nur per Zufall auf der Straße war. Die Rituale sind bei Männern und Frauen unterschiedlich, aber sie nehmen sich immer Zeit dafür.

- Wie viel Achtsamkeit und Zeit »investierst« du in Begrüßung und Verabschiedung – bei deiner Familie, Freunden, in der Gemeinde? Welche hilfreichen Formen könntest du dafür entwickeln?
- Welchen Stellenwert haben Begrüßung und Verabschiedung in deiner Gemeinde? Müsste sich da etwas ändern, damit Menschen sich gesehen und wertgeschätzt fühlen?

14. KAPITEL

in dem eine harte Schule hilft und Vertrauen gedüngt wird

Am nächsten Abend erwartete der Häuptling den jungen Mönch schon vor seinem Haus. »Na, dann schau'n wir mal«, sagte er nur knapp, und die beiden gingen zu der kleinen Hütte in der Nähe des Tors.

An der Tür gab Garnaíd seinem Begleiter mit dem Kopf ein Zeichen, zu klopfen, und sagte leise: »Vielleicht ist es gut, wenn du erst mal mit den Leuten redest.«

Der Mönch nickte und klopfte. Es rührte sich nichts. Er wartete einen Augenblick und klopfte erneut, diesmal energischer, obwohl es auch beim ersten Mal in der kleinen Hütte zu hören gewesen sein musste. Jetzt öffnete sich die Tür einen Spaltbreit und dahinter erschien das verhärmte Gesicht einer eigentlich noch recht jungen Frau.

»Ja?«, fragte sie leise und misstrauisch. Ihr Blick wanderte von Braínach zum Häuptling und wieder zurück.

»Du bist Braínach«, sagte sie dann und ihre Miene hellte sich ein wenig auf, »der junge Mönch. So freundlich zu Brent.«

Sie schaute wieder zum Häuptling und ein Schatten fiel auf ihr Gesicht. »Warum bringst du den Dorfherrn zu unserer armen Hütte? Wir haben nichts verbrochen.«

»Das behauptet auch keiner«, beruhigte Braínach sie, während Garnaíd sich weiterhin im Hintergrund hielt. »Dürfen wir reinkommen?«

Die Frau schüttelte langsam den Kopf mit den strähnigen, farblosen Haaren: »Mein Mann ist noch nicht zu Hause.«

»Noch auf dem Feld?«

Die Frau zuckte mit den Schultern: »Feld, Stall, Wald, ... weiß nicht. Muss immer arbeiten bis Sonnenuntergang.« Und dann noch leiser: »Strenger Herr.«

Garnaíd antwortete: »Ja, das wissen wir. Deshalb wollten wir mal nach euch schauen.« Er blickte nach Westen, wo die Sonne tief über dem Meeresarm lag und einen roten Lichtteppich ausgerollt hatte. »Es kann ja nicht mehr lange dauern, bis Brent kommt. Dann warten wir so lange.«

Die Frau nickte, zog den Kopf zurück und schloss die Tür.

»Ist das Brents Frau?«, fragte Braínach leise.

»Ja, ich hätte sie beinah nicht wiedererkannt. Als die beiden vor ein paar Jahren geheiratet haben, war sie eine Schönheit. Sie stammt ebenfalls aus einer Landlosen-Familie. Ganz arme Leute. Es gab Bauernsöhne, die sich trotzdem für sie interessierten. Aber Brent war so aufmerksam zu ihr, dass er sie für sich gewonnen hat. Das hat ihm nicht nur Freunde eingebracht.«

»Sie sieht schrecklich aus, als wäre sie krank und völlig verzweifelt.«

Garnaíd nickte und strich sich den Schnurrbart. »Keine Ahnung. Warten wir auf Brent.«

Braínach überlegte, ob das wohl schon mal vorgekommen war, dass der Häuptling freiwillig auf einen Landarbeiter gewartet hatte. Aber jetzt tat er das, und zwar geduldig. Damit stieg er gehörig in der Achtung des jungen Mönchs.

Die Sonne war bereits hinter der Landzunge im Osten verschwunden, als Brent endlich kam. Müde und abgekämpft ging er voran, den Blick zwei Schritte vor sich auf den Boden gesenkt. Erst kurz vor seiner Hütte bemerkte er die wartenden Männer und schrak zusammen. Als er Braínach erkannte, begann sein Gesicht zu strahlen. Dann schaute er zum Häuptling und sein Blick verlor wieder jeden Glanz.

»Was wollt ihr hier? Ist etwas passiert?«

»Nein, nein, mach dir keine Sorgen«, antwortete Brainach mit ruhiger Stimme. »Wir wollten dich, also euch, nur besuchen.«

»Aber warum?«, fragte Brent immer noch besorgt. »Warum führst du den Häuptling zu unserer armen Hütte?«

»Na, den Weg hätte ich auch allein gefunden«, warf Garnaíd bemüht unbeschwert ein.

»Ja, aber...« Brent kam ins Stottern. »Ja, aber...«

»Du meinst, ich war lange nicht mehr in den Hütten der Landarbeiter?«

Brent sah wieder zu Boden, als sei er bei etwas Verbotenem ertappt worden.

Garnaíd nickte: »Wenn du das meinst, hast du durchaus recht. Brainach hat mir gestern geholfen, mein Haus zu reparieren. Da sind wir ins Gespräch gekommen. Und weil er so neugierig ist, hab ich ihm versprochen, ihn mit ein paar Familien bekannt zu machen. Bei der Gelegenheit komme ich auch mal rum. Ich hatte ja nun wirklich viel zu tun in letzter Zeit.«

Brainachs jungem Gesicht konnte man nicht ablesen, was er zu diesen Ausführungen dachte.

»Ja aber...«, stammelte Brent wieder, »mich kennt Brainach ja schon.«

»Ja, aber deine Frau nicht. Und deshalb hat er vorgeschlagen, hier anzufangen. Stimmt's, Brainach?«

Der Mönch kam ein bisschen ins Schleudern angesichts dessen, wie gut gelaunt Garnaíd sich gab, und versuchte nun seinerseits, die peinliche Situation aufzulösen: »Wir haben eben schon geklopft. Deine Frau hat uns gebeten, auf dich zu warten. Und das haben wir getan.«

Mit großen Augen sah Brent den Häuptling an: »Ihr habt auf mich gewartet? Das wäre doch nicht nötig gewesen!«

»Aber auch kein Problem. Wir haben ein bisschen den Sonnenuntergang beobachtet, und dann kamst du schon«, gab der zurück.

»Ja dann... dann kommt mal rein. Aber wie ihr wisst: Wir sind arm, können euch nix groß vorsetzen.«

»Mach dir keine Sorgen«, beruhigte Braínach ihn erneut. »Wir wollen einfach mal schauen, wie es euch geht.«

Brent nickte stumm, immer noch verwirrt, und öffnete die Hüttentür. Drinnen war es dunkel und roch muffig.

»Scod, machst du mal Licht? Wir haben Besuch.«

Aus dem Hintergrund hörten sie das Geräusch von aneinanderschlagenden Feuersteinen. Kurz darauf brannte eine kleine Öllampe und beleuchtete flackernd die fast leere Hütte. In der Mitte gab es eine in Steine eingefasste Feuerstelle mit einem Eisenkessel auf einem Metallrost. Daneben stand ein windschiefer niedriger Tisch. An einer Seite lagen ein paar löchrige Decken und auf einem Bord an der Wand befanden sich ein paar kleine Schüsseln, zwei grobe Holzkästen, wahrscheinlich zur Aufbewahrung von Lebensmitteln, und ein dickbauchiger Krug.

Brent machte eine einladende Handbewegung, und die drei Männer setzten sich auf den gestampften, mit Stroh bestreuten Lehmboden an den Tisch. Braínach schaute unbehaglich zu Garnaíd, denn das Stroh stank und schien zu leben vor lauter kleinen Krabbeltieren, die er nicht genauer studieren mochte. Wahrscheinlich war der Bodenbelag seit der Hüttenreparatur letzten Sommer nicht mehr ausgetauscht worden. Aber der Häuptling verzog keine Miene.

»Ja, wie gesagt«, begann Brent, »wir sind wirklich arme Leute. Tut mir leid.«

Derweilen war Scod im Hintergrund damit beschäftigt, etwas aus dem Krug in drei Schälchen zu füllen, die sie anschließend zum Tisch brachte. Sie stellt die Öllampe dazu, zog sich wieder ins Halbdunkle zurück und setzte sich auf die Decken.

»Vielen Dank«, sagte Garnaíd und nippte an dem Getränk. Es war verdünnter, ungesüßter Met, nach Quellwasser das billigste Getränk, wobei Braínach in diesem Fall das Quellwasser vorgezogen hätte.

Garnaíd aber nippte erneut an seiner Schale und sah Braínach von der Seite an. Da fiel ihm ein, dass er ja das Gespräch führen sollte.

»Ich bin immer noch beeindruckt«, begann er, »wie du mit dem Ochsen gearbeitet hast. Wie du den nur mit Worten geführt und schnurgerade Furchen gezogen hast. Ich habe mir auch andere Felder angeschaut: Das kann nicht jeder.«

Brent lächelte und nickte bescheiden. »Ja, das liegt mir eben.«

»Ich hab leider keine Ahnung«, machte Braínach weiter, »wie das hier so läuft. Wie wirst du denn von – wie heißt dein Herr noch?«

»Muadnat.«

»Ach ja, also, wie wirst du von Muadnat bezahlt?«

Aus dem Hintergrund erklang ein gemurmeltes »Schlecht«.

»Na ja«, antwortete Brent gedehnt, »er hat mir ein kleines Stück Land zugeteilt, hinten am Wald. Das darf ich bestellen. Und dann hab ich Anrecht auf einen Sack Gerste im Jahr, einen Krug Met im Monat und etwas Salz. Außerdem darf ich einmal im Monat im Bach angeln. Aber darin bin ich nicht besonders geschickt.«

»Und das Feld, wie ist das?«, hakte Braínach nach.

»Sehr steinig«, gab Brent zu. »Mit einem Pflug könnte man da nichts machen. Der wäre direkt kaputt. Ich versuch's mit Gemüse. Aber dafür bräuchte ich eigentlich mehr Zeit, als ich habe. Bis voriges Jahr hat Scod sich immer darum gekümmert ...«

Er verstummte. Nach einer Weile fragte Braínach leise: »Und das kann sie jetzt nicht mehr?«

Brent schüttelte den Kopf.

»Warum nicht?«

Braínach hörte, wie sich die Frau auf ihren Decken bewegte, und dachte an ihr verhärmtes Gesicht.

Brent seufzte: »Scod hat vorigen Sommer ihre dritte Fehlgeburt gehabt. Diesmal ist sie fast daran gestorben. Ihre Mutter konnte ihr gerade noch das Leben retten. Zum Glück ist sie rechtzeitig zu ihr gegangen. Sonst wären jetzt Scod und das Kind tot. Aber seitdem hat sie sich nicht mehr erholt.«

»War das letzten Sommer, als wir deine Hütte repariert haben?«

Brent nickte.

»Aber warum hast du uns damals nichts davon erzählt?«

Der Landarbeiter zuckte mit den Schultern. Dann wischte er sich mit der Hand über die Augen und räusperte sich ausführlich. Schließlich fuhr er fort: »Im Winter ist Scods Mutter krank geworden. Und seitdem versucht sie, mit dem bisschen Kraft, das ihr geblieben ist, ihrer Mutter beizustehen. Die anderen kümmern sich ja nich'.«

»Wenn ich das von Aodhán richtig gelernt habe, hätte ihr gutes, stärkendes Essen wieder neue Kraft gegeben. Muadnat hätte euch da doch sicher unterstützen können.«

Der Landarbeiter zuckte wieder mit den Schultern und schwieg.

»Niemals würde er das tun«, murmelte Scod da auf ihrem Deckenlager und Bitterkeit mischte sich in ihre leise Stimme. »Niemals. Er hat mich schließlich verflucht.«

»Sag das nicht!«, brauste Brent auf. »Ich hab dir schon oft genug gesagt, dass du das nicht sagen sollst. Damit machst du alles nur noch schlimmer!«

»Aber es stimmt doch«, flüsterte sie verzweifelt. »Aber es stimmt doch.«

Nachtschwarzes Schweigen breitete sich zwischen ihnen aus. Die kleine Öllampe flackerte und zischte. Selbst das Öl war von allerschlechtester Qualität.

»Nun«, schaltete sich jetzt Häuptling Garnaíd mit ruhiger Stimme ein – »Endlich!«, dachte Braínach dankbar –, »und weshalb hätte Muadnat dich verfluchen sollen?«

»Ich weiß es nicht! Ich weiß es ja nicht!«, brach es aus der verzweifelten Frau heraus und sie begann, hemmungslos zu schluchzen.

Brent ging zu ihr hinüber, setzte sich neben sie und wiegte sie in seinen Armen. Dabei sah er mit abgrundtiefer, hilfloser Trauer zu den Gästen.

»Nun«, sagte Garnaíd schließlich und strich sich wieder den Bart. »Ein Fluch kann auch gebrochen werden. – Oder etwa nicht?«, wandte er sich an Braínach. Der wusste nicht so recht, worauf der Häuptling hinauswollte.

»Nun«, sagte der Häuptling zum dritten Mal, »dafür gibt es doch Druiden, um die Macht von Flüchen zu brechen.«

Brainach rutschte das Herz in die Hose, als er an Wulfric dachte. Verfluchen, das konnte der sicherlich, aber einen Fluch brechen? Leben zurückschenken?

Er sah das gleiche Entsetzen in Brents Augen. »Nein«, murmelte er, »Wulfric kommt mir nicht ins Haus, solange ich lebe. Muadnat gehört zu seinen Leuten. Die halten zusammen.«

»Ob Vater Cailton so was auch kann?«, schoss es Brainach durch den Kopf und ihm fiel ein, mit welcher Kraft der Priester letzten Sommer oben am Steinkreuz die Todesgefahr von Gwid gebannt und den Hass durchbrochen hatte. Gotteskraft war das gewesen. Die gleiche Kraft, die er auch schon einmal gespürt hatte. Aber das hier war zehn Nummern zu hoch für ihn. Er schaute zu Garnaid und fragte: »Darf ich unseren Priester hierher einladen?«

Der Häuptling machte sich Brainachs unbestimmte Geste vom Vortag zu eigen, nickte und zuckte die Schultern gleichzeitig.

»Darf ich unseren Priester Cailton zu euch einladen? Du kennst ihn«, fragte Brainach erneut, diesmal an Brent gerichtet.

Ein Hauch von Hoffnung zog in dessen Blick ein, während er sagte: »Ja, mach das. Bitte!«

Scod hatte sich ein wenig beruhigt, wischte sich die Tränen von den Wangen und nickte.

»Na dann«, sagte Garnaid und erhob sich, »dann sind wir ja vielleicht einen Schritt weiter.«

Brainach und Brent standen ebenfalls auf, während Scod weiter auf den Decken kauerte und sich von Seelenschmerz geplagt hin- und herwiegte. Der Landarbeiter bedankte sich ernsthaft für den Besuch, wenn auch mit wenigen Worten.

Schweigend verließen der Häuptling und der junge Mönch die Hütte, die nicht nur armselig war, sondern auch trübsinnig. Am nachtklaren Himmel über ihnen hing der Mond wie eine geschliffene Sichel, aber über den Bergen im Nordosten lagen wie so oft schwere Wolken.

»Das habe ich nicht gewusst«, sagte Garnaíd, als sie am Dorftor ankamen, das bereits geschlossen war.

»Dass Brent es so schwer hat, hat er bis jetzt nie gezeigt«, meinte Braínach betroffen.

»Ich hab ihn immer für etwas einfältig gehalten, was er ja auch ist. Aber er hat ein gutes Herz und hält sich tapfer aufrecht...«

»...trotz der himmelschreienden Ungerechtigkeit«, setzte Braínach den Satz fort.

»Dass Muadnat ein Sklaventreiber ist, war mir schon länger klar, aber er hat auch Pflichten seinem Landarbeiter gegenüber. Leider gehört er zu Wulfrics Leuten. Komplizierter Fall. – Was meinst du, wird sich Cailton ein wenig um die beiden kümmern?«

»Ganz sicher. Ob er wirklich helfen kann, weiß ich nicht. Aber ich hoffe es. Ich mag Brent. – Willst du dabei sein, wenn ich ihn und Scod zusammen mit Vater Cailton besuche?«

Der Häuptling schüttelte den Kopf. »Nein, macht ihr das mal alleine. Sonst bekomme ich Ärger mit Wulfric. Und das ist mir nach dem ersten Besuch zu früh.«

»Machen wir morgen den nächsten?«

»Ja, das sollten wir wohl. Bei wem, muss ich mir noch überlegen. So, ich lass dich jetzt raus. Und danke.«

»Nichts zu danken«, erwiderte Braínach fröhlich. »Besser gesagt: Gern geschehen!«

Das große Dorftor knarrte in den Angeln, als Garnaíd es öffnete und hinter Braínach wieder schloss. Bedrückt über das Schicksal von Brent und Scod, aber auch ein bisschen stolz, dass er den Häuptling auf diese Spur gebracht hatte, ging der junge Mönch heim.

Die anderen Brüder schliefen bereits. Leise zog er sich aus und schlüpfte unter seine Decke. Doch gleich danach stand er wieder auf, warf sich die Kutte über und schlich aus dem Gemeinschaftshaus hinüber zur Kirche. Durch das blasssilbrige Mondlicht war es darin nicht völlig dunkel, jedenfalls wenn er die Tür offen ließ. Er kniete vor dem kunstvollen Altarkreuz und betete inbrünstig für den Landarbeiter und seine Frau, dass Gott sie aus ihrer traurigen Lage befreien und vor allem Scod wieder Lebensmut und Kraft geben möge. Und dann betete er gegen den Fluch. Das hatte er noch nie gemacht. Aber er vertraute darauf, dass Christus ihn hören und erhören würde. Es wäre ja nicht das erste Mal. Langsam stellte sich in seinen Gedanken und seinem Herzen Ruhe ein, und er hatte das Gefühl, als würde eine Last von seinen Schultern genommen.

Dankbar legte er sich vor dem Kreuz auf den Boden, breitete die Arme mit nach oben geöffneten Händen aus und schloss die Augen.

Als er sie wieder öffnete, schmerzten ihn sämtliche Knochen. Er richtete sich halb auf und schaute zur Tür. Statt des silbrigen Mondlichts lag der Widerschein erster Morgenröte auf dem Gras. Er schlich zurück ins Gemeinschaftshaus und war eingeschlafen, sobald er die Kutte abgestreift und sich in seine Decke gerollt hatte.

Nach dem Morgengebet und dem Frühstück bat Braínach Vater Cailton um ein Gespräch und schilderte ihm die Situation des Landarbeiters. Der Priester antwortete: »Gut, dass ihr dort wart. Das wird eine schwierige Aufgabe – auch für mich. Das Gefährliche an einem Fluch ist, wenn er sich in der Seele eines Menschen einnistet. Dem ist schwer beizukommen. Aber nun wollen wir sehen, welche Macht Christus hat. Solche Aufgaben sollte man nur zu zweit angehen. Du sollst dich aber nicht weiter damit belasten. Ich werde Oswald zu meinen Besuchen mitnehmen. Brent kennt ihn ja schon und wird Vertrauen zu ihm haben.«

Als sich die Sonne dem Horizont zuneigte, machten sich die drei Mönche auf den Weg ins Dorf, Cailton und Oswald zu ihrem Besuch bei Brent und seiner Frau und Braínach zum Haus des Häuptlings, der ihn erneut bereits erwartete.

»Ich hab mir gedacht, wir schauen mal nach einer weiteren Landarbeiter-Familie«, sagte Garnaíd, nachdem sie sich begrüßt hatten. »Moén und seine Frau Clídna. Die wohnen in einer Hütte ganz hinten am Dorfrand.«

Unterwegs erzählte der Häuptling, was er über diesen Dörfler wusste. Jede Menge Kinder hatte er gezeugt und er war ein Landarbeiter von Bressal. »Der ist bei dem Gericht am Steinkreuz letzten Sommer von Cailton auch wegen Ehebruch festgenommen worden, wie Feoras, Wulfrics Anhänger. Eigentlich kein schlechter Kerl. Wir sehen das auch nicht so streng wie ihr. Jedenfalls, wenn die andere Frau einwilligt.«

Die halbrunde Hütte von Moén war mit der Palisade verwachsen, diese bildete die Rückwand. Moén und Clídna standen vor der niedrigen Tür, als sie dort ankamen. Die hagere Frau hatte ein Tuch vor die Brust gespannt, aus dem zwei winzige Köpfe hervorlugten, offenbar Zwillinge, die erst wenige Monate alt sein konnten und wohl mitten in der schlimmsten Hungerzeit geboren waren. Moén schob zwei Finger zwischen die Lippen und stieß einen schrillen Pfiff aus. Kurz darauf kamen von allen Richtungen Kinder angerannt und -gewuselt. »Rein mit euch, wenn ihr was zwischen die Zähne wollt!«, rief er seiner Nachkommenschaft zu. Wenn Braínach richtig gezählt hatte, waren es sieben Kinder, mit den Babys insgesamt neun. Unabhängig von ihrem Alter waren sie alle in Lumpen gekleidet und sahen ungesund mager aus. Rasch verschwanden sie in der Hütte. Jetzt richteten die beiden Eltern ihren Blick auf die Gäste und verneigten sich. »Was verschafft uns die Ehre?«, fragte Moén, während eins der Säuglinge im Tragetuch seiner Frau zu quäken begann. Clídna zog sich in die Hütte zurück.

»Unser junger Freund Braínach und ich wollen hier im Dorf mal genauer nach dem Rechten sehen. Wir haben beschlossen, bei denen anzufangen, die wahrscheinlich die größten Schwierigkeiten hatten, über den Winter zu kommen.«

Moén nickte und ein Schatten lief über sein Gesicht. »Zwei Kinder mussten wir beerdigen. Sind krank geworden und waren zu abgemagert, um es zu überstehen. Wir hatten nicht genug, um sie wieder aufzupäppeln.«

»Zwei Kinder?«, fragte Garnaíd erschrocken. »Davon hab ich gar nichts erfahren!«

Moén zuckte mit den Schultern und schaute zu Boden. »Hätte das was geändert?« Er hob den Kopf und sah den Häuptling herausfordernd an: »Bisher hast du dich ja nicht um unsereins geschert.«

»Das war mutig!«, dachte Braínach. Garnaíds Augen wurden schmal und seine Kaumuskeln arbeiteten. Dann aber ließ er langsam die Luft durch die Nase ausströmen und nickte. »Ja, da hast du wohl recht. Wie du siehst, will ich das jetzt ändern.«

Um die Situation weiter zu entspannen, schaltete sich Braínach ein: »Können wir euch irgendwie helfen?«

Der Landarbeiter ließ seinen Blick zu ihm wandern. Dann holte er langsam Luft und sagte: »Meine Frau hat kaum noch Milch. Unsere Ziege mussten wir im Winter schlachten, um nicht alle zu verhungern. Und Milch kaufen können wir nicht.«

Braínach nickte und sagte: »Wir lassen uns was einfallen, nicht wahr, Garnaíd?«

Ein Lächeln huschte über dessen Gesicht: »Du lässt mir ja vermutlich keine andere Wahl.« Und dann zu Moén: »Ja, wir lassen uns etwas einfallen. Mach dir keine Sorgen.«

Der lachte kurz auf: »Mit so vielen Kindern hat man immerzu Sorgen. Aber trotzdem danke. So, ich muss rein. Clídna kann die Bande kaum alleine bändigen.«

»Und was lassen wir uns jetzt einfallen?«, forderte Garnaíd seinen Begleiter heraus, kaum dass der Familienvater in seiner Hütte war.

Braínach dachte nach. »Hm … wie wohlhabend ist Bressal? Kann der vielleicht ein Milchschaf abgeben? Er muss es ja nicht verschenken. Verleihen wäre doch schon eine Hilfe.«

»Gute Idee«, stimmte Garnaíd zu. »Komm, wir fragen ihn direkt.«

Bressal war wirklich kein schlechter Kerl. Als Garnaíd ihm Moéns Lage erklärt und ihren Vorschlag unterbreitet hatte, zögerte er nicht lange. »Das wusste ich nicht. Das tut mir echt leid! Was muss der auch so viele Kinder in die Welt setzen! Natürlich kann ich denen ein Milchschaf leihen.«

Bressal führte sie zu seinem Stall und erklärte: »Die Milchtiere kommen nachts rein. Mit den Jungtieren vom vorigen Jahr, die noch keine Milch geben, ist mein Hirte oben in den Bergen. So, dann schauen wir mal.«

Tiefe Dämmerungsschatten lagen über dem Land. Bressal ging zwischen den Schafen und Ziegen durch und betrachtete sie im Licht der Laterne. Ganz hinten erkannte Braínach zwei Kühe und einen Ochsen. Schließlich zog Bressal ein Schaf am Strick zwischen den anderen hervor und nickte zufrieden. »Das hier gibt ganz gut Milch. Die müssen es aber täglich ein paar Stunden grasen lassen.«

Braínach grinste und sagte: »Na, Moén hat ja genug Kinder, die es auf die Weide bringen können.«

»Denn mal los«, meinte Bressal. »Die können das Schaf im Mai auch gerne scheren und die Wolle verkaufen oder sonst was damit machen.«

»Danke, das ist toll. Ich geb's weiter«, rief Braínach, während er sich mit dem Tier auf den Weg machte. Er drehte sich noch mal um und sah, wie Garnaíd dem Bauern fest und lange die Hand drückte. Zwei Besuche hatten sie erst gemacht und ein klein bisschen schien sich schon zu verändern.

In den nächsten beiden Wochen waren der Häuptling und der junge Mönch an vielen Abenden im Dorf unterwegs. Sie besuchten die Armen und die Wohlhabenderen. Sie trafen auf glückliche und unglückliche Menschen. Garnaíd saß zum ersten Mal an Krankenbetten, hörte Leidensgeschichten und sah Armut und Verzweiflung, die er bisher nicht wahrgenommen hatte. Eine harte Schule für einen Häuptling, die ihn sehr beschämte, nachdenklich und schweigsam machte. Aber genau dadurch gewann er langsam das Vertrauen seiner Leute zurück. Mit einigen der freien Bauern beriet er sich, wie sie in diesem Jahr das Dorf fördern könnten.

Die Leute aus Wulfrics Kreis aber reagierten abweisend oder taten viel beschäftigt. Sie wurden in keine ihrer Hütten eingelassen. Der Druide und der Häuptling machten einen Bogen umeinander. Keiner wollte einen offenen Streit vom Zaun brechen: Garnaíd, weil er die verbesserte Stimmung im Dorf nicht gefährden wollte, und Wulfric, weil er spürte, dass er dagegen nicht ankam.

Vertrauens-Dünger

Die keltischen Mönche waren Meister darin, in kleinen Schritten Vertrauen aufzubauen. Wahrscheinlich ist das eins der Geheimnisse ihrer breiten Wirkung.

In vielen Planungssitzungen von Gemeinden wird ausführlichst über Strategien und Methoden, über Geld und Personal, über Gottesdienstformen und niedrigschwellige Angebote diskutiert. Aber die alles entscheidende Frage kommt oft zu kurz: Wie können wir Vertrauen aufbauen? Man könnte auch fragen: Sind wir vertrauenswürdig für die Menschen?

Auch im Alltag gibt es unzählige Situationen, in denen Vertrauensaufbau einen grundlegenden Unterschied machen würde. Stattdessen wird dort – gerade in Konflikten – oft die Schuldfrage diskutiert oder über unterschiedliche Meinungen gestritten. Und dann wundert man sich, weshalb man miteinander nicht weiterkommt. Wir haben zwar keinen direkten Einfluss auf unser Gegenüber, aber das eigene Verhalten, die eigenen Muster, können wir sehr wohl beeinflussen.

Drei Faktoren werden im Gespräch zwischen Brainach und Oswald genannt: Verständnis, Nicht-Verurteilen, Weiterhelfen. Weitere wichtige Punkte sind Verlässigkeit und Verschwiegenheit.

Verständnis: Wir können einen anderen Menschen nie vollständig verstehen, aber Verständnis für ihn entwickeln, d. h. versuchen, das Leben aus seiner Perspektive zu sehen, mit der Brille seiner Lebensgeschichte.

Nicht-Verurteilen: Abgesehen davon, dass Jesus und Paulus ausdrücklich vor dem »Richten« über andere Personen gewarnt haben, verstellen moralische Urteile auch immer den Blick auf die dahinterliegenden tiefen Bedürfnisse eines Menschen. Nicht-Verurteilen hingegen ermöglicht es, sich nicht von der Fassade eines (vermeintlich) unmoralischen Verhaltens blockieren oder ablenken zu lassen.

Weiterhelfen: Wenn wir uns nicht damit aufhalten, nach den Schuldigen zu suchen, sind wir in der Lage, Lösungen zu finden. Weiterhelfen bedeutet, dem anderen neue Möglichkeiten aufzuzeigen, ohne ihn von seiner Verantwortung zu entheben.

Verlässlichkeit: Ich stehe zu meinem Wort. Ich halte Absprachen ein. Dazu ist es zunächst wichtig, keine falschen Versprechungen zu machen und die eigenen Grenzen zu benennen. Wenn es mir nicht gelingt, etwas einzuhalten, melde ich mich bei der anderen Person und bitte um Verzeihung.

Verschwiegenheit: Nichts kann Vertrauen so sehr zerstören, wie wenn ich von Dritten erfahre, was ich jemandem *an-vertraut* habe. Umgekehrt, eben weil Verschwiegenheit eher selten ist, ist sie ein starker Vertrauensdünger.

Diese Vertrauensdünger lassen Vertrauen in allen Lebensbezügen wachsen.

- Mach dir bewusst, welche (schwierigen) Situationen der vergangenen Woche sich durch (mehr) Verständnis und Nicht-Verurteilen, Weiterhelfen, Verlässlichkeit und Verschwiegenheit vermutlich anders hätten entwickeln können.
- Bei welchen Menschen willst du gezielt Vertrauen aufbauen? Was musst du ändern, um vertrauenswürdig zu sein?

15. KAPITEL

in dem kein Feuer glüht
und viele umkehren

Nach dem Frühstück trat Braínach als Erster aus dem Blockhaus, das ihnen als Gemeinschaftshaus diente, und schaute – wie jeden Morgen – zum Dorf hinüber.

Über ein Jahr war vergangen, seit sie ihre Heimat verlassen hatten und von der Hebriden-Insel Iouan mit dem Boot hierhergekommen waren. Es war mit Abstand das aufregendste seiner 17 Lebensjahre gewesen. Viele der Skoten aus dem Dorf hatten begonnen, sich für den neuen Glauben zu öffnen, angefangen mit den beiden Kindern des Dorfhäuptlings, dem neunjährigen Braan und seiner fünf Jahre älteren Schwester Gwid.

In der Ferne konnte er die beiden entdecken. Der flammendrote Haarschopf und die kupferfarbenen Locken, die auf und nieder hüpften, als kämen sie in höchster Eile zum Kloster gerannt, waren unverkennbar.

»Was ist wohl passiert, dass die beiden es so eilig haben?«, schoss es Braínach durch den Kopf. Die älteren Mönche traten zu ihm und folgten seinen spähenden Blicken in Richtung Dorf. Nur Ternan, der Schmied, zog sich – wie so oft – gleich in seine Werkstatt zurück.

»Sieht aus, als gäbe es dringende Nachrichten von Garnaíd«, meinte Oswald.

Priester Cailton meinte: »Er ist ein herzensguter Mann, auch wenn er als Häuptling oft auf dem Holzweg war. Aber in den letzten Wochen hat sich einiges verändert. Nicht nur bei Garnaíd. Ich hätte nicht gedacht, dass wir in nur einem Jahr so viel erreichen. Ich finde, wir können stolz und dankbar sein.«

Die anderen Mönche stimmten ihm zu. Aodhán zog seine Flöte aus der Kutte und spielte eine kleine fröhliche Melodie. Plötzlich setzte er ab und prustete los: »Früher hätte ich dazu einen Handstand gemacht. Aber jetzt kann ich nur noch rollen.«

»Dann mach mal«, meinte Cadog grinsend und donnerte ihm mit seiner riesigen Hand so heftig auf die Schultern, dass der rundliche Koch einen Satz vorwärts machte, sich nur mit Mühe auf den Beinen halten konnte und einen Hustenanfall bekam. Als er sich wieder beruhigt hatte, drehte er sich um und tänzelte, die Flöte wie ein leichtes Schwert in der Hand schwingend, auf Cadog zu. Der wiederum wich in gespieltem Entsetzen zurück. Die anderen lachten Tränen. In diesem Moment stürmten Gwid und Braan durch das offene Tor im Ringwall, das Oswald inzwischen errichtet hatte. Sie waren wahrhaftig die ganze Strecke vom Dorf hierhergerannt.

»Unser Vater«, stieß Gwid atemlos hervor, »hat endlich Ja gesagt.« Der Schweiß rann ihr über die Stirn, aber sie strahlte von einem Ohr zum anderen. Ihr kleiner Bruder Braan strahlte nicht weniger, und als er wieder Luft kriegte, fügte er hinzu: »Ja ehrlich. Is' echt wahr. Is' das nicht supertoll?«

Die fünf Iouan-Brüder schauten sich verwundert und ein bisschen ratlos an. Braínach bat: »Könnt ihr uns mal verraten, wovon ihr redet? Wozu hat er Ja gesagt?«

»Dass wir getauft werden!«, rief Braan begeistert.

Braínach sah ihn überrascht an. Vater Cailton fragte erfreut: »Ist das wahr? Dann seid ihr unsere ersten beiden Täuflinge. Glückwunsch!«

»Nein, noch viel besser: die ersten drei!«, rief Braan und hüpfte in die Luft.

Sprachlos schauten die fünf Mönche sich an, dann wieder auf die beiden Häuptlingskinder und schüttelten verwundert die Köpfe.

Priester Cailton hatte sich als Erster wieder gefangen und erkundigte sich: »Heißt das, dass Häuptling Garnaíd sich zu Christus bekehrt hat und sich selbst und sein ganzes Haus taufen lassen will?«

»Ja, das heißt es«, jauchzten die Geschwister fast übermütig und Braan warf sich seinem Freund Braínach in die Arme.

Auf weiteres Nachfragen stellte sich heraus, dass Garnaíd – ohne weiter mit jemandem darüber zu sprechen – in den vergangenen Wochen sehr intensiv über alles nachgedacht hatte, was er durch die Iouan-Brüder, aber auch durch seine beiden Kinder über den neuen Glauben erfahren hatte. Er war zu dem Entschluss gekommen, dass es ihm selbst als Häuptling und dem ganzen Dorf besser gehen würde, wenn sie sich für diesen Gott entscheiden würden, der Himmel und Erde gemacht hatte, und für seinen Sohn Christus, für dessen Versöhnung und Liebe. Er wünschte sich, dass manches anders würde im Dorf, und hoffte, dass dieser Gott ihn auch weiter als Häuptling gebrauchen könnte. Zu dem Segen der alten Götter hatte er kein Vertrauen mehr.

Der ausgelassene Spaß der Mönche von eben wandelte sich in fast ehrfürchtiges Staunen. »Das hätte ich nicht gedacht, jedenfalls jetzt nicht«, bekannte Vater Cailton schließlich. »Ich hätte gedacht, dass Garnaíd sich noch Jahre Zeit nimmt, wenn er sich überhaupt entscheidet.«

»Na ja«, gab Braínach zu bedenken, »zurzeit läuft es für Garnaíd richtig, richtig gut. Die meisten Leute im Dorf hat er wieder für sich gewonnen. Die Stimmung ist prima. Und er hat uns im Rücken. Wenn er das durchzieht, kann er seine Position doch nur festigen.«

»Da ist was dran«, meinte Cailton.

»Aber was sagt denn Wulfric dazu, unser stets gut gelaunter und für alle Änderungen offener Druide?«, fragte Aodhán mit viel Ironie.

»Der weiß es noch nicht«, gab Braan zu.

»Uiuiui«, meinte Aodhán, »dann bekommen wir aber noch Spaß.«

»Wo ist eigentlich Ternan?«, fragte Cadog. »Er verpasst ja die ganzen guten Neuigkeiten!«

Oder hatte er sie doch mitbekommen? Braínach meinte, eine Bewegung an der Rundhütte wahrzunehmen, dort, wo es zur Schmiede ging.

»Ich schau mal nach ihm«, sagte Oswald und humpelte davon. Nach seinem Unfall im Wald war sein rechtes Bein etwas steif geblieben.

Es dauerte eine ganze Weile, bis er zurückkam. Die anderen sahen gleich, dass irgendetwas nicht stimmte. »Kannst du mal mitkommen?«, fragte er Cailton. »Ternan murmelt nur: ›Lass mich in Ruhe, alles in Ordnung.‹ Aber da ist gar nichts in Ordnung. – Ihr anderen bleibt am besten erst mal hier.«

Braínach spürte, dass ganz großer Ärger in der Luft lag. Aber er wollte nicht nur aus zweiter Hand mitbekommen, was los war.

»Ich muss mal eben – ihr wisst schon«, rief er den anderen zu und lief in Richtung Abort, drückte sich dann aber schnell an der Seite des Gemeinschaftshauses vorbei und schlich hintenherum zu einem Strauch, von wo er unbeobachtet in die Schmiede schauen konnte.

Ternan saß auf einem Holzklotz in seiner offenen Schmiede und schaute zum Meeresarm hinunter. Das Werkzeug hing sauber aufgeräumt an der Wand. In der Esse glühte kein Feuer. Er wendete seinen Kopf nicht, als die zwei Mitbrüder zu ihm traten, und starrte weiter in die Ferne.

Schließlich sagte er zynisch, ohne sie anzusehen: »Na, Cailton, bist du jetzt glücklich?« Als der schwieg, fuhr Ternan fort: »Jetzt hast du dein Ziel ja erreicht.«

Cailton runzelte die Stirn: »Was soll das heißen? Kannst du mir bitte eine Erklärung für dein eigentümliches Verhalten geben?«

»Eine Erklärung für dein eigentümliches Verhalten!«, äffte Ternan ihn nach.

»Sprich nicht so mit mir«, fauchte der Priester, »ich bin dein geistlicher Leiter. Vergiss das nicht!«

Braínach in seinem Versteck runzelte die Stirn. »Warum reagiert Vater Cailton so scharf und so unsouverän?«, wunderte er sich. So kannte er ihn gar nicht.

Eine bedrohliche Spannung lag in der Luft. Ternan erhob sich von seinem Holzklotz und drehte sich langsam zu Cailton um, den er um einen halben Kopf überragte.

»Geistlicher Leiter, dass ich nicht lache«, zischte er ihm direkt ins Gesicht.

Braínach hielt den Atem an. Woher kam denn auf einmal diese Wut, dieses Gift? Sie waren doch bisher so gut miteinander ausgekommen. Was war bloß passiert? Braínach konnte sich an keinen Zwischenfall erinnern.

Der Schmied wirkte schon seit Längerem ständig schlecht gelaunt und zog sich von den anderen zurück. Und jetzt so etwas! Ausgerechnet an dem Tag, der mit so einer wunderbaren Nachricht, mit so einem unglaublichen Erfolg ihrer Arbeit begonnen hatte. Warum musste Ternan das alles verderben mit seiner schlechten Laune und seiner Wut, die ausbrach wie ein Vulkan.

»Was starrst du mich so an«, schrie der Schmied seinen Mitbruder Oswald an. »Ich weiß schon, was du denkst! Jetzt bin ich euer Spielverderber! Was? Der euch eure schöne Freude kaputt macht. Der euch Wasser in den Wein gießt. Einen Wermutstropfen. Ich würde euch am liebsten ein ganzes Wermutsfass in euren Wein kippen, ihr verdammten Heuchler!«

Priester Cailton versuchte, ruhig zu bleiben. »Reg dich doch nicht so auf«, sagte er und wollte dem Schmied die Hand auf die Schulter legen. Aber der schlug sie mit seiner Faust weg.

»Fass mich nicht an«, knurrte er drohend.

Cailton holte tief Luft und trat einen Schritt zurück. Aber Braínach spürte, wie es in dem Priester kochte. »Die prügeln sich gleich«, dachte er entsetzt. »Mein Gott, die prügeln sich gleich. Warum tut Oswald denn nichts?« Aber der war mit der Situation wohl auch völlig überfordert.

Und schon machte Cailton die Lage noch gefährlicher: »Ist dir bewusst, dass du deine Hand gegen den erhoben hast, dem du unbedingten Gehorsam schuldest?«

»Ach, auf einmal?«, höhnte der Schmied. »Du spielst dich hier als Prior auf, nur weil du mit Columcille von Irland hergekommen bist. Ich schulde dir überhaupt nichts! Verstehst du? Überhaupt nichts!«

Plötzlich legte sich eine mächtige Hand auf seine Schulter. Cadog, der Steinmetz, zog ihn nicht unsanft, aber sehr bestimmt zurück. Die beiden anderen Mönche waren nur kurz in der Ferne stehen geblieben und dann zur Schmiede gegangen. Brainach gesellte sich unauffällig dazu.

»Da haben wir ja eine schöne Bescherung«, sagte Cadog mit seiner ruhigen Bassstimme. »Wir gehen jetzt alle ins Gemeinschaftshaus und dann hören wir uns mal in Ruhe an, warum Ternan so verbittert ist.« Ohne eine Miene zu verziehen, wandte er sich an Cailton und fügte hinzu: »Das wolltest du ja sicher vorschlagen.«

Vater Cailton holte tief Luft, doch im nächsten Moment stieg ihm die Schamesröte ins Gesicht und er nickte stumm. Wie viel Weisheit in dem wortkargen Steinmetz mit dem gewaltigen Körperbau steckte, vergaß man leicht. Ohne ihn wäre die Situation wahrscheinlich hoffnungslos eskaliert.

Als sie wenig später im Blockhaus saßen – Aodhán hatte die Häuptlingskinder gebeten, ins Dorf zurückzugehen –, schaute Cadog seinen Mitbruder Ternan freundlich ohne weitere Worte und erwartungsvoll an.

Der Schmied räusperte sich mehrmals, bevor er stockend begann, wobei er den Blick der anderen mied: »Ich glaub, es war der größte Fehler meines Lebens, mich hierher aussenden zu lassen. Ich gehör einfach nicht zu euch. Ich passe nicht dazu. Und das zeigt ihr mir ganz deutlich, seit wir hier sind!«

Schon holte Vater Cailton Luft, um energisch zu widersprechen, und auch Brainach fielen jede Menge Gegenargumente ein. Aber Cadog hob sachte die Hand und schüttelte fast unmerklich den Kopf.

»Lasst ihn erst mal alles sagen, was er sagen will, sonst verhärtet er sich noch mehr«, sollte das heißen. Und so lauschten sie mit innerem Kopfschütteln und zunehmender Trauer.

Ternan holte tief Luft und fuhr fort: »Ich weiß, ihr denkt, dass ich mir was einbilde. Aber so ist es nicht. Es ist für euch sicher ganz praktisch, dass ich hier bin. Meine Nägel werden verbaut. Meine Fische gekocht und gegessen. Meine Kräfte sind hilfreich, wenn Pfähle in die Erde geschlagen oder der Giftzwerg Wulfric eingeschüchtert werden soll. Ich bin euer Schmied und Universalhandwerker. Aber nicht mehr. Ihr betet in der Kapelle vor meinem Bronze-Kreuz. Aber dass ich da mein Herz und meine Seele reingesteckt habe, seht ihr nicht. Ich dachte, ich könnte euer Mitbruder werden. Aber ich bin nur euer Handlanger. Ich hatte nie das Gefühl, dass ihr euch für den Ternan hinter dem Schmied interessiert. Oder hat im Winter einer von euch gemerkt, was für schreckliches Heimweh ich nach Iouan hatte? Columcille hat mir immer ein wenig von dem gegeben, was ich früher zu Hause schmerzlich vermisst habe. Für meinen Vater war ich Luft, außer wenn er einen Grund fand, mich zu verprügeln. Für euch bin ich auch Luft, außer wenn ich euch nützlich bin. Keiner hat mich in der ganzen Zeit hier mal gefragt, wie es mir geht. Du nicht, Cailton. Und unser kleiner Möchtegern-Heiliger auch nicht. Stattdessen bevorzugst du ihn bei jeder Gelegenheit. Wenn ich das schon höre: Braínach hier und Braínach da. Schlaues Kerlchen, das muss ich zugeben. Aber kennt noch nichts vom Leben.«

Ternan schnaubte und machte eine Pause. Braínach war fassungslos. Er wäre im Traum nicht darauf gekommen, dass der Schmied so eifersüchtig und zornig sein könnte. Gleichzeitig musste er zugeben, dass er im Winter viel Hilfe gehabt hatte, um sein Heimweh zu überwinden. Da war Cormac gewesen und die Schulstunden mit Braan und Gwid. Und wen hatte Ternan? Natürlich war Braínach aufgefallen, dass der Schmied sich häufig zurückzog und dass er bei den Gebeten und Messen nicht mit ganzem Herzen dabei war. Aber auf den Gedanken, mal nachzufragen, war er nie gekommen. Scham stieg in ihm auf wie beißender Rauch. Auch wenn seine Empfindungen ziemlich übertrieben schienen, so ganz unrecht hatte Ternan nicht.

Der Schmied setzte seine Anklage fort: »Dann kam das Samhain-Fest, wo wir uns entschieden hatten, die Einladung nicht anzunehmen. Ich weiß, es war eine knappe Entscheidung. Aber Cailton hat sich meiner und nicht Brainachs und Oswalds Meinung angeschlossen. Dachte ich jedenfalls. Und dann entschuldigt er sich ein paar Wochen später bei Garnaid. Als ich ihn gefragt habe, weshalb er umgekippt sei, hat er mich so was von abgekanzelt: ›Nein du irrst‹, hast du mich angeblafft, Cailton, ›wir waren uns nicht einig!‹ Da wurde mir klar: Selbst die Leute im Dorf sind euch wichtiger als ich. Diese ganzen Gebete und Gottesdienste, das ist doch alles nur Heuchelei. Brückenkopf des Himmels? Gleichnis des Paradieses? Ich könnte kotzen.«

Ternan schnaufte heftig, während ihm zwei Tropfen rechts und links an der eindrucksvollen Nase vorbei über die Wangen liefen. Die anderen wagten kaum zu atmen, zu erschüttert und beschämt waren sie. Es entstand eine lange, betretene Stille.

Nach einer endlos langen Zeit hob Cadog schließlich den Kopf, sah jeden Einzelnen an und sagte: »Wir waren wohl nicht mehr so ganz auf Gottes Weg – jedenfalls, was unsere Gemeinschaft angeht. Wir müssen uns bekehren und Buße tun.« Er rutschte von der Bank und ging vor Ternan in die Knie. »Vergib«, bat er.

Vielleicht war dieses Bild noch erschütternder als Ternans Anklage-Rede. Der riesige Steinmetz kniete auf dem Boden, beugte seinen Kopf vor dem Schmied und verharrte dort ohne ein weiteres Wort. Zu Brainachs Überraschung tat Aodhán es ihm gleich. Der Koch schaute Ternan an und sagte ernst: »Vergib mir bitte.« Dann kam Oswald, der mit seinem steifen Bein nur halb knien konnte: »Es tut mir von Herzen leid«, sagte er und schüttelte den Kopf, als könne er nicht begreifen, wie ihm das hatte passieren können. Jetzt löste sich auch Brainach aus seiner Erstarrung. Er konnte Ternan nicht anschauen, während er murmelte: »Vergib mir.«

Wieder entstand eine kurze, unsichere Stille. Dann erhob sich Vater Cailton, schob sich zwischen die anderen, kniete sich auch hin und neigte den Kopf: »Ich habe versagt«, sagte er leise, »das ganze Jahr über bin ich an dir schuldig geworden. Und vorhin noch mal doppelt. Ich weiß nicht, ob du mir jetzt schon vergeben kannst. Aber ich hoffe es.«

Ternan versuchte, die Tränen, die ihm in die Augen stiegen, wegzuzwinkern. Aber schließlich rollten sie ihm über die Wangen, während er jeden seiner Mitbrüder ansah. »Bitte steht auf«, sagte er mit rauer Stimme und streckte den anderen seine Hände entgegen. Mit einem Hauch von Lächeln murmelte er: »Das hier ertrag ich nicht.«

Der Schmied stand auf, zog Cadog auf die Füße und drückte ihn fast ruppig an sich. »Danke!« Anschließend schob er ihn wieder auf Armeslänge von sich und sagte: »Du hast mir ... vielleicht ... das Leben gerettet.«

»Na«, wehrte Cadog ab und legte verlegen den Kopf schief, »so was Großes war das jetzt auch wieder nicht.«

Ternan wischte sich bedächtig die Tränen ab und sagte: »Doch. Doch, das war es.«

Einen nach dem anderen richtete er die anderen Mönche auf, zuletzt Cailton.

»Wird auch Zeit, hast unsern Priester lange schmoren lassen«, versuchte Aodhán zu witzeln. Als er merkte, wie unpassend das war, murmelte er: »Tschuldigung.«

Der Schmied und der Priester standen stumm voreinander. Schließlich atmete Ternan tief durch und sagte langsam, mit Gewicht in jedem Wort: »Cailton. Gib mir ein bisschen Zeit. Und ... lass mich spüren, dass ich ein Mitbruder bin. – Vater Cailton.«

Cailton sah ihm in die Augen und nickte nachdenklich: »Ja, das werde ich versuchen. Und wenn ich es dennoch versäumen sollte, dann mach mich bitte darauf aufmerksam.«

»Das will ich tun. Danke.«

Sie nickten langsam und ließen ihren Blick auf den Boden sinken. Es war noch nicht wieder alles gut. Das konnte es nicht sein. Aber es war ein neuer Weg miteinander erkennbar.

Aodhán öffnete die Tür und schaute hinaus. »Es ist Mittagszeit«, verkündete er. »Was haltet ihr davon, wenn wir nach dem Mittagsgebet was Kaltes essen und ich für heute Abend ein Versöhnungsmahl auf den Tisch bringe? Ich finde, das muss gefeiert werden. Oder hast du etwas dagegen, Ternan, mein Freund.«

An dessen Miene konnte man deutlich ablesen, dass er diese Wendung insgesamt noch nicht verdaut hatte und sich auch nicht sicher war, ob er dem wirklich schon trauen konnte. Aber er lächelte und antwortete: »Nein, ich habe nichts dagegen. Aber es ist doch Fastenzeit.«

»Ach ja«, Aodhán schlug sich an die Stirn und blickte schelmisch zu Cailton: »Du erlaubst?«

Der Priester schüttelte den Kopf: »Ich würde es gerne erlauben. Aber das widerspricht der Regel unseres Abts Columcille. Fasten ist Fasten. Morgen ist Sonntag. Da können wir Versöhnung feiern.«

»Na guut«, brummte Aodhán und fügte eifrig hinzu: »Aber ich darf heute schon anfangen mit Vorbereiten.«

Cailton lachte: »Na klar darfst du das.«

Als sie sich in der Kapelle versammelt hatten, sagte Cailton: »Wir werden heute von unserer normalen Form abweichen. Lasst uns mit einer stillen Betrachtung des Kreuzes beginnen, denn es ist das heilige und heilsame Zeichen der Vergebung.«

Die Stille, die sich nun ausbreitete, war völlig anders als die, nachdem Ternan sein Herz geöffnet hatte: Vorhin war sie ganz von tiefer Scham geprägt gewesen, jetzt aber wandelte sich die Scham nach und nach in Erleichterung.

Braínach betrachtete das kunstvolle Kreuz, das Ternan ihnen geschenkt hatte – im doppelten Sinne des Wortes »geschenkt«. Lange hatte er es nicht mehr bewusst wahrgenommen. Es war wunderbar. Kein Marterinstrument, sondern ein Bild des Friedens: der geflochtene Stamm, der Sonnenkreis und die drei Enden, an denen Engel wohnten. Dann wanderten Braínachs Gedanken zu dem, was Ternan im vergangenen Jahr offenbar durchgemacht hatte. Dass der Schmied unter seiner rauen Schale so empfindsam war, hätte er nicht gedacht. Wie mochte er als Kind von seinem Vater verletzt worden sein? Äußerlich und innerlich. Dem jungen Mönch fiel sein eigener Vater ein. Der war ganz anders gewesen. Und wieder wurde ihm bewusst, wie ungleich, wie unfair die Bedingungen waren, unter denen Menschen ins Leben geschickt wurden. Er selbst gehörte eindeutig zu denen auf der Sonnenseite.

Cailton schritt zum Pult, blätterte in ihrer Kopie der Paulusbriefe und begann zu lesen. Seine Stimme klang tief bewegt:

So zieht nun an als die Auserwählten Gottes, als die Heiligen und Geliebten, herzliches Erbarmen, Freundlichkeit, Demut, Sanftmut, Geduld; und ertrage einer den andern und vergebt euch untereinander, wenn jemand Klage hat gegen den andern; wie der Herr euch vergeben hat, so vergebt auch ihr! Über alles aber zieht an die Liebe, die da ist das Band der Vollkommenheit. Und der Friede Christi, zu dem ihr berufen seid in einem Leibe, regiere in euren Herzen; und seid dankbar.[13]

Er stimmte einen Hymnus an, den Columcille gedichtet hatte, und die anderen fielen ein.

Nach dem knappen Mittagsmahl schickte Cailton Braínach zu Garnaíd: »Frag ihn bitte, ob er mit seinen Kindern morgen zu unserem Gottesdienst und Mittagsmahl kommen will. Dann könnten wir alles Weitere für die Taufen besprechen. Ich weiß nicht, ob wir das wirklich so schnell machen sollten. Aber nächste Woche ist Ostern. Das wäre natürlich ein idealer Tauftermin. Du wirst sicher auch Gwid und Braan erklären wollen, was heute Morgen hier passiert ist. Oder?«

Braínach nickte und machte sich auf den Weg. Das war schon seltsam, dachte er. Cailton konnte ihm fast immer ansehen, was er dachte, doch bei Ternan hatte er nichts gemerkt. Auch ein Priester hatte wohl Grenzen.

Die Häuptlingsfamilie nahm die Einladung für den nächsten Tag gerne an. Der junge Mönch erzählte ihnen auch, dass der folgende Sonntag, das Osterfest, im Jahreskreis der Christen ein besonders passender Tauftag sei. Garnaíd reagierte verhalten, während Braan und Gwid begeistert aufsprangen und Braínach umarmten. Gwid gab ihm sogar einen dicken Kuss auf die Wange, was in ihm ein Gefühl auslöste, das wenig mit Ostern und Taufliturgie zu tun hatte. Er hoffte, dass keiner bemerkte, wie hoch sein Herz plötzlich schlug.

Er räusperte sich und erzählte, was die Brüder im Laufe des Vormittags mit Ternan und Cailton erlebt hatten. Die drei lauschten schweigend. Garnaíd kratzte sich am Hinterkopf und strich dann mit den Fingerspitzen beider Hände über seinen Schnurrbart.

»Wenn ich ehrlich bin«, sagte er schließlich, »tröstet mich das. Bisher schien es mir seltsam, wie glatt alles bei euch läuft. Das war doch alles zu schön, um wahr zu sein.«

»Bis auf Oswalds Unfall im Wald«, merkte Braan an.

»Ja«, wandte Garnaíd ein, »aber das ist gut ausgegangen.«

»Mit Ternan ist es aber doch auch gut ausgegangen«, entgegnete Gwid.

»Trotzdem tröstet es mich, wenn auch ein heiliger Mann wie Cailton Fehler macht – und das sogar zugeben kann. Ich hab ja auch schon einige Fehler gemacht...« Er schaute seine Tochter an und allen war klar, dass er an den vorigen Sommer dachte.

»Apropos heiliger Mann«, warf Braínach ein, »was ist mit Wulfric? Weiß er schon, dass ihr euch taufen lassen wollt?«

Garnaíd wiegte den Kopf hin und her und bekannte: »Ich habe ihm noch nichts davon verraten. Aber er ahnt bestimmt etwas. Man kann ja über Wulfric denken, was man will, aber auf den Kopf gefallen ist er nicht.«

»Und?«, hakte Braínach nach. »Wird er das einfach so geschehen lassen?«

Garnaíd zuckte die Schultern. »Keine Ahnung. Das werden wir sehen.«

Zum zweiten Mal an diesem Tag bekam die Begeisterung von Gwid und Braan einen ordentlichen Dämpfer und die von Braínach gleich mit. »Aber so ist das Leben, es geht auf und ab«, wurde ihm bewusst.

Nach einem Moment des Schweigens erkundigte er sich: »Wie geht es eigentlich Brent und seiner Frau?«

»Deutlich besser«, antwortete Garnaíd. »Ich traf Scod neulich, als sie von ihrer Mutter kam. Die Alte baut immer mehr ab, aber Scod wirkte längst nicht mehr so verzweifelt und verhärmt. Sie hat mich sogar fast angelächelt.«

Die Häuptlingsfamilie fand sich am nächsten Morgen pünktlich zum Gottesdienst ein. Braan und Gwid kannten einige der Hymnen schon und stimmten mit hellen Stimmen ein, während Garnaíd, der zwischen seinen beiden Kindern saß und zum ersten Mal an einem Sonntag teilnahm, der Liturgie stumm und mit großem Ernst folgte.

Beim anschließenden Mittagessen kamen Garnaíd und Cailton schnell überein, dass eine Taufe am kommenden Sonntag zu übereilt wäre, denn dieser gravierende Einschnitt brauchte eine ganze Reihe hinführender Schritte. Der Häuptling spürte deutlich, wie unbekannt oder fremd ihm vieles am neuen Glauben war. Seine Entscheidung würde zudem sicher Einfluss auf andere im Dorf haben. Auch deshalb wollte er vorher viele seiner Fragen geklärt haben. Und vielleicht würden ja noch weitere die Gelegenheit zur Taufe ergreifen, wenn sie Zeit hätten, sich darauf vorzubereiten.

Außerdem konnten sie Wulfric und seine Verbündeten nicht mit dieser entscheidenden Veränderung überrumpeln, wenn sie einen andauernden Konflikt im Dorf vermeiden wollten. Vielleicht fanden sie ja sogar eine Möglichkeit, wie er nicht als Verlierer aus dem Kampf hervorgehen, sondern einen Gewinn davon haben würde. Das war schwierig genug und auch dafür war Zeit nötig.

»Dinge zu überstürzen, ist nie gut«, schloss Cailton die Überlegungen ab.

Braan, der neben seinem Vater saß, drehte sich wütend zu ihm, hieb mit seinen Fäusten auf ihn ein und schrie unter Tränen: »Ich will aber getauft werden!«

Garnaíd ließ ihn einen Augenblick toben, packte dann seine beiden Handgelenke und sagte ruhig, aber streng: »Sieh mich an, Braan, Häuptlingssohn.«

Es dauerte einen Augenblick, bis der Junge den Blick hob.

»Du kannst eine wichtige Lektion für dein Leben lernen, Braan. Du wirst noch oft erleben, dass Dinge, die man sich wünscht, anders kommen. Dagegen kannst du zornig oder beleidigt aufbegehren. Aber dann machst du den Schaden größer, und zwar vor allem für dich selbst. Oder du versuchst, das Beste draus zu machen, selbst wenn es dir schwerfällt. Irgendwann wirst du erkennen, dass das sogar für etwas gut war. Glaub mir – und Vater Cailton.«

Er ließ die Handgelenke des Jungen los. Der wischte sich die Tränen weg und schaute Cailton mit schmutzverschmierten Wangen an. Der Priester zog in einer ungewöhnlich verlegenen Geste die Schultern hoch, öffnete die Hände und wies mit beiden Zeigefingern zum Himmel. »Lasst uns Gottes Segen für die nächsten Schritte erbitten.«

Gottes Segen und Weisheit – ja, das brauchten sie.

Ansehen und der Umgang mit (geistlichen) Störungen

Ansehen als Grundbedürfnis

Wie Menschen zum Glauben kommen und wie Gemeinschaft unter Christen auf Dauer gelingen kann, ist nicht eine rein geistliche Angelegenheit, sondern hat viel mit Psychologie zu tun. Laut Marshall B. Rosenberg (dem amerikanisch-jüdischen Psychologen und Therapeuten, der das Modell der »Gewaltfreien Kommunikation« entwickelt hat) ist es eins der grundlegenden Bedürfnisse, Ansehen zu haben, angesehen zu sein. Appelle, sich davon nicht abhängig zu machen, helfen zunächst überhaupt nicht, sondern das Bedürfnis muss in gesunder Weise gestillt werden.

In der Bibel ist die Erfahrung, von Gott angesehen zu werden, für viele Menschen ein Schlüssel, zum Beispiel für die verzweifelte Hagar in der Wüste, das Volk Israel in Ägypten, die kinderlose Hanna, Maria, die Mutter von Jesus, oder Petrus, den erfolglosen Fischer.[14]

In unserer Geschichte verliert Garnaíd durch die Mönche zunächst sein Ansehen, doch dann geht er auf seine Leute zu. Dadurch erlebt er, wie Gott ihm neues Ansehen und Entfaltung seiner Persönlichkeit schenkt. Das bewirkt in ihm die Entscheidung, sich von den alten Göttern abzuwenden und sich taufen zu lassen.

Ternan, der Schmied, wiederum fühlt sich permanent übersehen, weil seine psychische Befindlichkeit keinem auffällt. Dadurch entfremdet er sich nicht nur von der Gemeinschaft, sondern wird auch im Glauben erschüttert.

Sowohl Garnaíd als auch Ternan wird geholfen, indem ein Seelenfreund für sie eintritt und ihnen hilft, Beziehungen wiederherzustellen.

- Was bedeutet das konkret für die Gestaltung des Miteinanders in Familie, Beruf und Gemeinde?

- Lässt sich Achtsamkeit und Besonnenheit (wie die von Cadog) einüben?

Geistliche Störungen

Häufig geschieht es, dass gerade bei oder kurz nach einem höchst erfreulichen »Erfolg« einer Gemeinde erhebliche Störungen auftreten. Manche deuten das als Störfeuer des Teufels, der Christen diesen Erfolg missgönnt. Dieser »Teufel« ist oft aber vielleicht weniger der personifizierte Gegenspieler Gottes als ein gefährlicher Anteil in uns oder innerhalb einer besonders engagierten christlichen Gruppe. Die Fixierung auf das zu erreichende Ziel, der Wunsch nach (geistlichem) Erfolg, macht häufig ausgesprochen unsensibel gegenüber denen, die bei dem Prozess »auf der Strecke bleiben«.

Deshalb liegen am Wegesrand fast jeder aufsehenerregenden Initiative die »Leichen« derer, die so nicht mitkonnten: Sei es, dass ihnen das Tempo zu hoch war, dass ihre (oft gut begründeten) Bedenken nicht ernst genommen wurden oder dass sie für die neue Entwicklung schlicht nicht mehr gebraucht wurden. So abgehängte, enttäuschte und verletzte frühere Weggefährten werden dann verständlicherweise zu härtesten Kritikern und Gegnern, wenn sie sich nicht ganz zurückziehen.

- Gibt es Menschen in deiner Gemeinschaft oder Gemeinde, die für diese Problematik ein waches Empfinden haben und die andere darauf aufmerksam machen können?
- Gibt es Menschen, die bei Bedarf den Leitenden entgegentreten, Anwälte der »Vernachlässigten« werden und für ihr Ansehen sorgen können?
- Weshalb fällt es den Leitenden oft so schwer, die Hintergründe wahrzunehmen, solchen Störungen Raum zu geben und Buße zu tun, statt Schuldzuschreibungen zu machen?
- Was ist nötig, damit wirkliche Versöhnung entsteht?

16. KAPITEL

in dem einer durchdreht
und Schadensersatz fällig wird

Immer schon hatte Braínach den Sonntag besonders geliebt, den ersten Tag der Woche, der sich so deutlich abhob vom Rest. Nicht dass er mit den Werktagen unzufrieden gewesen wäre. Früher in Iouan war er gerne zur Schule gegangen und hatte sich als Schreiber ausbilden lassen. Hier am Loch Carron hatte er auch die harte körperliche Arbeit zu schätzen gelernt, trotz der Schwielen an den Händen.

Aber der Sonntag brachte eine andere Ebene ins Leben. Er begann mit einer ausführlichen Messe, in der sie viele Psalmen und Hymnen beteten, auf verschiedene Abschnitte der Heiligen Schriften lauschten und das heilige Mahl des Herrn feierten, die Eucharistie, in der man Christus selbst in sich aufnahm, jedes Mal neu. Immer noch empfand er das als ein großes Geheimnis und ein ebenso großes Vorrecht. Die Menschen, die noch der alten Religion anhingen, mussten Gott außerhalb suchen, in Bäumen und Quellen und in den Weissagungen der Druiden. Aber bei der Eucharistie spürte er Gott in sich selbst, seinen Geist, seine Kraft. Jedenfalls meistens.

Braínach fand auch die Predigten interessant, in denen Vater Cailton eine Bibelstelle auslegte, manchmal mehrere miteinander verband und die großen Linien der Gottesgeschichte nachzeichnete. Früher hatte er dann immer abgeschaltet, wahrscheinlich war er noch zu jung gewesen und hatte vieles nicht verstanden. Neuerdings predigte Cailton regelmäßig über das Johannesevangelium, das Christus wie einen großen Heiligen beschreibt, der als Guter Hirte sein Leben für die Schafe einsetzt und ihnen das ewige Leben schenkt.

Nach der Messe, die bis zu zwei Stunden dauern konnte, gab es ein ausführliches Mahl, das sich bis zum Mittag hinzog. Der Rest des Tages war frei. Braínach stieg dann gern zum Hochkreuz auf die Anhöhe und genoss die Aussicht oder er streifte durch die Wälder und stieg ins nächste Tal ab, um die Menschen in dem dortigen Dorf kennenzulernen.

Aber seit drei Wochen liebte er die Sonntage noch viel mehr, obwohl die Taufe der Häuptlingsfamilie verschoben worden war. Das lag nicht nur daran, dass die drei jetzt an der Messe und dem Sonntagsmahl teilnahmen, sondern vor allem daran, dass Gwid die Sonntagnachmittage nun mit ihm verbrachte. Vor zwei Wochen hatte Gwid ihm ihre Lieblingsstelle am Meeresarm ein Stück hinter dem Dorf gezeigt, wo man unter den tief herunterhängenden Zweigen einer knorrigen Trauerweide sitzen, dem Plätschern der Wellen lauschen und Wassertiere beobachten konnte. Vor einer Woche waren sie zum Hochkreuz gestiegen. Gwid war seit dem dramatischen Tag vor fast einem Jahr nicht wieder dort gewesen. Hier hatten sie sich dieses einschneidende Ereignis, das sie auf besondere Weise verbunden hatte, noch mal in allen Einzelheiten erzählt. Und dann hatte Gwid ihn über sein früheres Leben auf der heiligen Insel Iouan ausgefragt und über seine Familie in Irland.

Heute waren sie wieder unter der Weide verabredet, allerdings nicht gleich nach dem Essen. Zunächst ging Gwid mit ihrem Vater und ihrem Bruder ins Dorf zurück. Braan hatte sich nämlich heftig beschwert, dass er auf einmal ausgeschlossen war, und hätte sich bestimmt an ihre Fersen gehängt, wenn sie direkt zusammen losgezogen wären. Durch den Umweg ins Dorf hoffte Gwid, ihn abschütteln zu können.

Braínach umrundete das Dorf in einem großen Bogen, lief in einem unbeobachteten Augenblick über die Brücke am Bergbach und schlenderte zu dem markanten alten Baum unten am Loch Carron. Gwid war noch nicht da. Er suchte sich ein paar flache Kieselsteine und ließ sie über das Wasser springen. Drei-, vier-, fünfmal.

Ob sie gleich kommen würde? Bei dem Gedanken an Gwid hüpfte sein Herz noch heftiger als die Steine. Fünf – sechs – sieben – acht! So oft hatte er es schon lange nicht mehr geschafft.

Plötzlich umschlangen zarte Arme von hinten seine Brust. Ein wohliger Schauder durchlief seinen ganzen Körper und er legte sanft seine Hände auf ihre Arme, auf denen der Schimmer winziger heller Härchen lag. Mit einem tiefen Atemzug sog er ihren Geruch in sich auf. Er hätte ihn nicht beschreiben können, aber es war unverkennbar ihr wundervoller Duft. Braínach spürte, wie sie sich an ihn schmiegte und den Kopf gegen seine Schulter legte. Er fühlte die Rundungen ihrer weiblichen Brust an seinem Rücken. Und er spürte sehr deutlich, wie sich in seinem Schritt etwas regte. Eng umschlungen standen die beiden, ohne sich zu rühren. Nur ihre Herzen klopften heftig. Braínach schloss die Augen. Die Zeit stand still.

Irgendwann aber löste er ihre Umarmung ein wenig, drehte sich langsam um und schaute sie an. Ihr Blick war tief und dunkel und von süßem Ernst. Noch nie war er einem solchen Blick begegnet. Es war, als würde er von ihren Augen aufgesogen. Langsam kamen sich ihre Lippen näher, bis sie sich berührten, zart und zögerlich, zuerst mit einem feinen Kribbeln und weich wie eine reife Frucht. Dann wuchs die warme Kraft, die sie miteinander verband, sodass der ganze Körper in vielfacher Wahrnehmungsfähigkeit die Berührungen mit dem anderen spürte – und spürte – und spürte. Irgendwann lösten sich ihre Gesichter voneinander, um in den Augen des anderen zu lesen. Und dann verschmolzen ihre Lippen und Nasen wieder ineinander. Es war das Paradies auf Erden.

Plötzlich knackten ein paar Zweige und ein hässlicher Chor von Kinderstimmen plärrte los: »Häuptlings-Gwid liebt Stirnglatze! Häuptlings-Gwid liebt Stirnglatze!«

Die beiden fuhren erschrocken auseinander. Sechs, sieben dreiste Kinder hatten sich angeschlichen, tanzten von einem Bein aufs andere und kreischten mit ausgestreckten Zeigefingern: »Häuptlings-Gwid liebt Stirnglatze! Häuptlings-Gwid liebt Stirnglatze!«

Braínachs warmes Glücksgefühl verwandelte sich in brennenden Zorn. »Na wartet«, brüllte er die Störenfriede an, woraufhin die Kinder auseinanderstoben. Nur einer, offenbar ihr Anführer, der etwas älter sein musste als Braan, blieb dreist und herausfordernd stehen, machte ihnen eine lange Nase und wiederholte: »Häuptlings-Gwid liebt Stirnglatze! Häuptlings-Gwid liebt Stirnglatze!«

Mit einem Satz war der junge Mönch bei ihm, packte ihn mit der Linken am Arm und schlug ihm mit der rechten Faust mitten ins Gesicht.

»Braínach! Nicht!«, schrie Gwid, ohne sich von der Stelle zu rühren. Aber der schlug noch einmal mit voller Kraft zu und dann noch mal, auch wenn der Kleinere versuchte, mit den Händen sein Gesicht zu schützen. Die Oberlippe des Jungen platzte auf und Blut spritzte aus seiner Nase.

Endlich löste sich Gwid aus ihrer Erstarrung: »Braínach! Hör auf«, schrie sie ihn an und schubste ihn mit Wucht zur Seite, sodass er über eine Wurzel stolperte und zu Boden stürzte. Drohend stand sie über ihm: »Bist du völlig durchgedreht?! Einen kleinen Jungen blutig zu prügeln?!«

Zorn blitzte aus ihren Augen. Sie drehte sie sich um und wandte sich dem Jungen zu. Der hatte wimmernd die Hände vors Gesicht geschlagen. Blut sickerte durch seine Finger und tropfte auf sein Hemd.

Gwid zog ein Tuch aus ihrem Rock. »Lass mal sehen«, sagte sie beruhigend, zog die Hände des Jungen auseinander und tupfte vorsichtig seine Nase und Lippen ab. Der wich einen Schritt zurück, spuckte etwas in seine Hand, schaute entsetzt darauf und heulte los: »Der hat mir einen Zahn ausgeschlagen!«

Wahrhaftig, neben seinem Schneidezahn klaffte eine deutliche Lücke. Braínach kam zur Besinnung und ihm wurde heiß und kalt. »Das wollte ich nicht. Ehrlich«, stammelte er, immer noch am Boden liegend.

»Das hättest du dir früher überlegen sollen«, giftete Gwid ihn an. Sie wusch ihr Tuch im Meerwasser aus und hielt es dem Jungen hin. »Pack den Zahn in die Tasche und halt dir das hier aufs Gesicht. Das kühlt.«

Der Junge nickte und hörte auf zu heulen. Gwid legte ihm den Arm um die Schulter: »Komm, ich bring dich nach Hause.« Er schluchzte noch einmal auf, dann verschwanden die beiden ohne ein weiteres Wort, und Braínach blieb allein zurück.

Wut und Scham, bitter wie Galle, stiegen in ihm auf: »Was bist du für ein armseliger Wicht! Wie konnte dir so etwas passieren! Wem willst du jetzt noch unter die Augen treten?«, beschimpfte er sich selbst. Er starrte ins Blätterwerk der Weide und sah nur die Verachtung in Gwids Augen.

Innerhalb weniger Augenblicke war das Glück in unerreichbare Ferne gerückt. Das durfte nicht wahr sein! Jetzt wandte sich sein Zorn wieder nach außen. Warum mussten diese Giftzwerge aus dem Dorf alles zerstören? »Ich hasse euch!«, brüllte er in die Stille hinaus.

Dann rollte er sich auf dem Boden zusammen und brach in hemmungsloses Weinen aus. Er fühlte sich wie ein verlassenes kleines Kind.

Nach einiger Zeit versiegten die Tränen. Braínach lehnte sich mit dem Rücken an den Baumstamm, den Blick über den Meeresarm gerichtet. Er überlegte, welche Folgen seine grenzenlose Unbeherrschtheit haben würde. Eins war klar: Geheim halten ließe sich das auf keinen Fall. Wahrscheinlich hatte Gwid den Jungen längst nach Hause gebracht und da war die Empörung sicher grenzenlos. Womöglich handelte es sich um eine Bauernfamilie, die Wulfric unterstützte. Unfassbar, was er für einen Schaden angerichtet hatte!

Am liebsten hätte der junge Mönch sich ein Segelboot genommen und wäre davongesegelt, irgendwohin. Nur weg von hier. Wieder schwappte eine Welle von Scham, Wut und Selbstmitleid über ihn. Aber wohin hätte er segeln sollen? Etwa nach Iouan? Was würde Columcille sagen, wenn er da plötzlich auftauchte?

Außerdem war er nicht wie Cormac, der alleine durch die schwierigsten Gewässer segelte. Er konnte überhaupt nicht segeln, höchstens ein bisschen rudern. Und er hatte auch kein passendes Boot, das von einem einzelnen Mann gesteuert werden konnte. Das war also völliger Unsinn. Aber was dann?

Am Dorf würde er heimlich vorbeikommen. Aber er konnte doch jetzt nicht einfach in ihrem Gleichnis des Paradieses auftauchen, als ob nichts geschehen wäre. »Gleichnis des Paradieses«… Hatte er nicht jedes Recht verspielt, da noch dazuzugehören?

Seine Ratlosigkeit und seine Verzweiflung wuchsen im Gleichschritt. Wieder fiel ihm ein, wie Gwid ihn angeschaut hatte, und erneut stiegen ihm die Tränen in die Augen. Aber jetzt blinzelte er sie entschlossen fort. Heulen war keine Lösung.

Plötzlich kam ihm Oswald in den Sinn. Wenn ihm irgendjemand helfen konnte, dann der Zimmermann.

Langsam stand der junge Mönch auf und schlich in Richtung Kloster. Wenn er Glück hatte, würde er Oswald auf der Bank an der Rückwand des Gemeinschaftshauses antreffen, ohne dass ihn vorher jemand sah und ansprach.

Scheu huschte er durch das offene Tor im Wall, den er gefühlt vor unendlich langer Zeit gebaut hatte. Und wahrhaftig. Er hatte Glück im Unglück. Keiner lief ihm über den Weg und Oswald saß wie erhofft auf seinem Lieblingsplatz.

Der Zimmermann schaute den jungen Bruder kurz an und stutzte, er kniff die Augenbrauen zusammen, atmete durch, lächelte freundlich und klopfte auf den freien Platz neben sich. Braínach setzte sich und ließ seinen Blick wie Oswald über Loch Carron schweifen. Sie schwiegen. Irgendwann holte Brainach tief Luft und murmelte: »Ich bin für nichts zu gebrauchen, für überhaupt nichts.«

Oswald zeigte keine Reaktion. Er blickte weiter ruhig über das Wasser zu den Bergen am anderen Ufer. Schließlich räusperte er sich und sagte gedehnt: »Soso.«

Wieder Schweigen. Brainach wäre so gerne losgeworden, wie er heute Nachmittag alles zerstört hatte. Aber er hatte keine Ahnung, wie und wo er anfangen sollte.

»Soso, für nichts zu gebrauchen«, meinte Oswald ruhig, als er weiterschwieg. »Du hast also einen ziemlich gründlichen Fehler gemacht. Und weißt nicht, wie und wo du anfangen sollst. Verstehe. Fang am besten vorne an.«

Das tat Brainach schließlich, anfangs zögerlich, aber dann immer heftiger. Er schonte sich nicht und beschönigte nichts. Als alles raus war, sprang er auf und lief vor Oswald hin und her wie ein wildes Tier im Käfig. »Und was soll ich jetzt machen?«, rief er.

»Setz dich erst mal wieder hin, mein Junge«, sagte Oswald und klopfte wieder neben sich auf die Bank.

Brainach schnaufte auf und ließ sich schwer auf die Bank fallen. »Was soll ich denn jetzt bloß machen?«, flüsterte er mutlos. Das alles auszusprechen, hatte schon irgendwie gutgetan. Aber damit war ja noch nichts gewonnen. Wie sollte er den anderen unter die Augen treten? Was würde Cailton mit ihm machen? Bestimmt würde er ihn wegschicken. An die zornigen Leute im Dorf mochte er gar nicht denken.

»Punkt eins«, begann Oswald, »das war ein grober Schnitzer. Aber weder wirst du daran sterben, noch ist es das Ende aller Dinge. Wir Menschen machen manchmal grobe Schnitzer, die wir uns selbst am allerwenigsten zugetraut hätten. Doch deshalb geht die Welt nicht unter. Bilde dir ja nicht ein, einem frechen Jungen einen Zahn auszuschlagen, sei die Krönung. Denk mal an die dreitausend Toten, die Columcille auf dem Gewissen hat. Im Vergleich dazu ist deine Schuld ziemlicher Kinderkram.

Punkt zwei: Das Herzstück unseres Glaubens ist Vergebung. Jesus hat sich das ziemlich viel kosten lassen. Aber du hast bisher gedacht, du wärst so ein super Mönch, du bräuchtest das nicht. Hast du ernsthaft Lust, dich zu einem reinrassigen Pharisäer zu entwickeln? Also ich finde, es war höchste Zeit, dass du mal richtig – ich sag das jetzt mal wie die Landarbeiter hier –, dass du mal richtig in die Scheiße packst. Ist sehr heilsam. Du wirst lernen, dir selbst zu vergeben, weil du neu anfangen darfst. Du kennst doch den Satz aus dem ersten Brief des Apostels Johannes:

Wenn wir sagen, wir haben keine Sünde, so betrügen wir uns selbst, und die Wahrheit ist nicht in uns. Wenn wir aber unsre Sünden bekennen, so ist er treu und gerecht, dass er uns die Sünden vergibt und reinigt uns von aller Ungerechtigkeit.[15]

Punkt drei: Wahrscheinlich steht gleich der Vater des Jungen hier und fordert eine saftige Entschädigung.

Punkt vier, was Gwid angeht...«

In dem Augenblick hörten sie Gebrüll vom Eingang her: »Gibt es in diesem verdammten Kloster niemanden, der Beschwerden entgegennimmt? Versteckt ihr euch alle, ihr Heuchler?«

»Na, was sag ich?«, fragte Oswald mit einem Hauch von Humor in der Stimme und erhob sich. »Komm – und mach dir nicht in die Hose.«

Braínach war ziemlich verwirrt von der langen Rede, aber mehr noch von der Mischung aus Gelassenheit und ruppigem Ton. Beklommen folgte er seinem Seelenfreund Richtung Eingang.

Dort hatte sich Feoras aufgebaut, zusammen mit zwei anderen Bauern aus dem Dorf, deren Namen Braínach nicht kannte. »Ausgerechnet Feoras«, dachte er und spürte, wie sein Puls sich beschleunigte.

Feoras war im vorigen Sommer von Cailton bei dem Gottesurteil oben auf der Höhe des Ehebruchs angeklagt worden, gehörte zu den Anhängern des Druiden und hatte sowieso einen Hass auf die Mönche. Immerhin hatte er nicht auch noch Wulfric mitgebracht. Aber auch so fürchtete Braínach Schlimmstes.

Langsam ging er auf ihn zu, gefolgt von Oswald, der ihm zwar eine Art moralischer Rückendeckung gab, sich aber nicht vor ihn stellte, wie Braínach es sich insgeheim wünschte.

»Na endlich«, brüllte Feoras mit hochrotem Kopf, »da kommt ja der Übeltäter hervorgekrochen.«

Feoras war nicht groß, aber von gedrungener Gestalt und wahrscheinlich ein gefährlicher Krieger. Seine Augen funkelten zornig und verschlagen. Er hatte sich seinen Festumhang übergeworfen wie zu einer Gerichtsverhandlung und trug seinen Speer, der ihn weit überragte, aber keinen Helm, was dem Anlass angemessen gewesen wäre. Seine beiden Kumpane überragten ihn um fast einen Kopf, waren aber sichtbar von deutlich geringerer Intelligenz. Auch sie hatten ihre Speere mitgebracht.

»Wie heißt du niederträchtiger Bursche noch?«, herrschte Feoras Braínach an.

Der räusperte sich und krächzte seinen Namen.

»Wie bitte? Kannst du nicht mal vernünftig deinen Namen aussprechen?«

Braínach schluckte, holte tief Luft und versuchte es erneut. Diesmal gehorchte ihm seine Stimme.

»Soso, Braínach. Die Stirnglatze, die Häuptlings-Gwid liebt«, höhnte der andere. »Ein junger Bursche mit kräftigen Schultern und Fäusten, der sich nicht schämt, einen zarten Knaben zum Krüppel zu schlagen, meinen erstgeborenen Sohn und Erben. Du wirst mir eine angemesse Entschädigung zahlen, einen Preis, an den du noch lange denken wirst!«

Braínach sank in sich zusammen. Erneute Scham und wachsende Furcht verschmolzen zu einem heißen, schweren Klumpen in seinem Magen.

»Dir fällt ja nicht einmal etwas zu deiner Verteidigung ein«, machte Feoras weiter, »also scheinst du einverstanden zu sein. Als Entschädigung bekomme ich von dir fünf Ziegen und darf dir fünf Zähne ausschlagen, so viele wie du meinem Sohn.«

Braínach raffte sich innerlich zusammen. Das war unverschämt! Bei aller Scham, die ihn umtrieb, das war völlig überzogen! Aufsteigender Zorn vertrieb den Klumpen aus seinem Bauch und gab ihm neue Energie.

Das musste auch Oswald hinter ihm bemerkt haben, denn der raunte ihm zu: »Ruhig jetzt, bleib ruhig.«

Braínach begriff: Er musste sich wehren, aber nicht maßlos, sondern würdig. Er hob den Blick, sah seinem Ankläger in die Augen und holte tief Luft: »Ich gebe zu, dass ich mich an deinem Sohn schuldig gemacht und ihn geschlagen habe. Das tut mir leid. Aber du übertreibst, Feoras. Ich habe deinen Sohn nicht zum Krüppel gemacht und ihm auch nicht fünf Zähne ausgeschlagen, sondern nur einen. Die rechtmäßige Entschädigung dafür werde ich zahlen, aber keine überhöhten Forderungen. Und du wirst mir auch keinen einzigen Zahn ausschlagen.«

»Ach nein? Werde ich nicht? Wer soll mich denn daran hindern? Du Würstchen sicher nicht!«, giftete Feoras und seine Begleiter stimmten ihm mit dämlichem Kichern zu.

»Dann würdest du dich selbst ins Unrecht setzen und ich wäre dir gar nichts mehr schuldig«, wehrte sich Braínach tapfer.

»Das werden wir ja sehen«, knurrte Feoras und kam drohend ein paar Schritte näher, bis fast auf die Schwelle des Tores.

»Halt, keinen Schritt weiter«, kam eine gebieterische Stimme vom Gemeinschaftshaus her. Priester Cailton kam mit fliegendem Gewand herbeigeeilt, die restlichen Mönche dicht auf den Fersen.

»Oho, du kriegst Verstärkung, sonst würdest du dir noch in die Hose machen«, höhnte Feoras wieder, blieb aber stehen.

»Was geht hier vor?«, fragte Cailton streng, nachdem er sich neben Braínach gestellt hatte.

»Dieser Bursche hier hat meinen zarten Sohn zum Krüppel geschlagen. Und ich bin gekommen, um mir Genugtuung und Entschädigung abzuholen.«

»Stimmt das etwa?«, fragte Cailton seinen jungen Bruder.

»Nein und ja. Nein, weil Feoras maßlos übertreibt. Leider aber auch ja, weil ich seinen Sohn wirklich geschlagen habe. Er hat ein wenig aus der Nase geblutet und einen Zahn ausgespuckt. Er und seine Bande haben mich auf gemeinste Art verspottet und mich in meiner Ehre verletzt«, schob Braínach gleich zu seiner Verteidigung hinterher, »da konnte ich mich nicht mehr beherrschen.«

Cailton schaute ihn durchdringend an, verkniff sich aber einen Kommentar oder weitere Fragen.

»Und jetzt will Feoras mir fünf Zähne ausschlagen und fünf Ziegen von mir haben. Für eine kleine Prügelei ...«

»Stimmt das?«, fragte Cailton den Ankläger aus dem Dorf. Der zögerte kurz.

»Feoras, du hast ja Zeugen mitgebracht, wie heißt ihr beiden?«

»Nuallan.« – »Brothaigh.«

»Aha, ›Nachfahre einer Berühmtheit‹ und ›Der aus dem Graben‹. Also, Nuallan und Brothaigh: Wie viele Zähne hat Braínach dem Jungen ausgeschlagen?«

Nuallan runzelte die Stirn und zuckte mit den Schultern, während der andere wie aus der Pistole geschossen sagte: »Fünf.«

»Aha, Oberkiefer oder Unterkiefer?«

»Ähm, Oberkiefer, glaub ich.«

»So, glaubst du? Nun das wird sich ja nachprüfen lassen. Ich schlage vor, ihr holt den Knaben und dann schauen wir mal. Wir können aber auch gemeinsam zu Häuptling Garnaíd gehen und ihn bitten, Recht zu sprechen. Schließlich stammt das Opfer aus seinem Dorf.«

Jetzt wurde es Feoras sichtlich ungemütlich. Offenbar war auch ihm klar, dass er als Ankläger schlechte Karten vor Gericht haben würde, wenn man ihn der Falschaussage überführte.

»Na ja, ehrlich gesagt, so ganz genau weiß ich das nicht. Der Junge hat noch geblutet.«

»Soso. – Dann gehen wir doch mal davon aus, dass Brainach die Wahrheit gesagt hat. Ein Zahn und ein bisschen Blut. Wie alt ist dein Sohn?«

»Zehn.«

»Das ist allerdings kein fairer Kampf«, wandte er sich an Brainach, der betreten den Kopf schüttelte. »Deshalb zählt auch nicht, ob dich der Junge beleidigt hat. Nur einen gleichwertigen Gegner darf man zum Ehrenkampf herausfordern.« Brainach nickte stumm.

»Damit ist aus meiner Sicht der Fall klar«, sagte Vater Cailton. »Und ich mache dir, Feoras, einen Vorschlag zur Güte: Brainach muss dir eine Ziege und ein Schaflämmchen zahlen.«

»W-wieso …«, stotterte Brainach, »wieso zwei Tiere?«

»Die Ziege als Entschädigung für den Zahn. Und das Lämmchen, weil du als Mönch Gewalt angewendet hast, dazu noch gegen ein Kind.«

Brainach klappte den Mund auf und wieder zu, sagte aber nichts.

An Feoras gerichtet fragte der Priester: »Bist du mit meinem Rechtsspruch einverstanden oder sollen wir die Sache Garnaíd vortragen.«

»Ich bin einverstanden«, antwortete Feoras und konnte ein verschlagenes Grinsen nicht unterdrücken.

»Na los, Brainach, worauf wartest du?«, forderte Cailton den jungen Mönch auf.

Der schüttelte sich und trottete dann mit hängendem Kopf in Richtung Viehgatter. Von zwei der Tiere musste er sich trennen, die ihm doch längst alle ans Herz gewachsen waren, besonders die Lämmchen aus dem Wurf dieses Frühjahrs. Aber es half nichts.

Er überlegte nicht lange, sondern griff nach dem erstbesten Lamm und einer Ziege in seiner Nähe, band sie an einen Strick und führte sie schweren Herzens zu den Männern. Ohne ein Wort überreichte er Feoras den Strick und wandte sich ab. Der Dörfler nickte den Mönchen kurz und sichtlich zufrieden zu und machte sich mit seiner Beute und seinen beiden Begleitern auf den Heimweg.

»Puh, ein stolzer Preis für einen Zahn«, murmelte Aodhán und wiegte den Kopf hin und her.

»Ein angemessener und, wie ich hoffe, hilfreicher Preis«, gab Cailton trocken zurück.

»Was meinst du mit hilfreich?«, fragte der Koch.

»Nun, erstens wird Feoras mit Sicherheit Ruhe geben, weil er nicht riskieren will, dass wir die Sache neu aufrollen. Und vielleicht ist er uns jetzt etwas weniger gram wegen vorigem Sommer. Zweitens kann Braínach sich so hoffentlich selbst seinen heftigen Ausrutscher vergeben. Denn dieses Problem ist noch nicht aus der Welt.« Er wandte sich an den jungen Mönch. »Und deshalb gehen wir zwei jetzt in die Kapelle zur Beichte und du erzählst mir genau, was eigentlich geschehen ist.«

Mit sehr widersprüchlichen Gefühlen im Bauch und vielen Gedanken im Kopf trottete Braínach hinter dem Priester her.

Der gute Hirte und ein hilfreicher Abschied von Illusionen

Wenn man vom Pfad abkommt

Das Christus-Bild der keltischen Christen war vor allem vom Johannesevangelium geprägt. Natürlich spielte auch der Sündopfergedanke aus dem Markusevangelium und von Paulus eine Rolle. Doch sie folgten nicht der Lehre von Augustinus, wonach der Mensch von Natur aus schlecht ist, sondern der Lehre des Mönchs Pelagius aus Britannien (ca. 360-420 n. Chr.), für den der Mensch als Gottes Geschöpf grundsätzlich gut ist, aber durch die Sünde immer wieder schmerzlich von diesem Pfad abkommt. Christus ist derjenige, der wieder zurechtbringt und der nicht zulässt, dass die Ehebrecherin gesteinigt wird.[16]

In altkirchlichen Konzilien wurde die Lehre von Pelagius verworfen und die von Konstantin als einzig linientreue festgelegt. Damit wurde auch die keltische Theologie, die insgesamt ein viel positiveres Menschenbild hatte, an den Rand gedrängt und später fast ausgelöscht. Sünde und Schuld wurden bei den keltischen Christen keineswegs heruntergespielt, aber gleichzeitig wurde immer darauf geschaut, was Gott, der Schöpfer, Gutes in die Menschen hineingelegt hat. Das führte zu einem pragmatischeren Umgang mit Fehlverhalten, wo nicht hart in Gut und Böse aufgeteilt wurde, sondern Wege gebahnt wurden, vom guten Hirten und in seiner Nachfolge. Weder wurde Sünde verharmlost, noch theologisch überhöht, sondern durch den Beistand Christi überwunden, sodass der Sünder an dieser Erfahrung wachsen konnte.

- Welches Christus-Bild und welches Menschen-Bild haben dich geprägt?
- Was kannst du in der keltischen Theologie Neues entdecken? Welche Räume entstehen dadurch?

Ent-Täuschung

Dieses Kapitel ist in gewisser Weise parallel zum vorherigen. Während dort Cailton schuldig geworden ist und Ternan schwer enttäuscht hat, ist es jetzt Brainach. Er hatte hohe Ziele für sich selbst und damit verbunden große Illusionen über sich selbst. Für einen jungen Menschen kann das eine wichtige Durchgangsstufe in der Entwicklung sein, damit er sich etwas zutraut. Aber wenn jemand nie seine Grenzen kennen- und akzeptieren lernt, ist die Gefahr von Selbstgerechtigkeit und Überheblichkeit kaum zu bannen.

Auch hier wird in der Geschichte ein Weg gebahnt, auf dem sich Brainach weiterentwickeln kann, ohne zu zerschellen oder das Problem nicht ernst zu nehmen.

Wir haben bereits gesehen, dass für die keltischen Christen Nachfolge bedeutete, sich auf einen Weg zu begeben, der aus der Komfortzone führt. Das bezog sich natürlich nicht nur auf das äußere Reisen, sondern genauso auf die geistlichen Entwicklungsschritte und -wege, die bis zum Ende des Lebens nie fertig sind.

Das hat auch eine Menge mit dem sehr weiten und konkreten Verständnis des Heiligen Geistes zu tun, der die Schöpfung durchdringt, im Menschen wohnt und ihm immer wieder Türen öffnet.

Dadurch hat die keltische Theologie eine große Ernsthaftigkeit, ohne in starre Gesetzlichkeit zu verfallen. Auch hier sehen wir, wie gegensätzliche Pole ausgesprochen weise aufeinander bezogen wurden.

- Was verändert sich, wenn Fehler und Schuld nicht als absolutes »No-Go« verstanden, sondern als realistische Möglichkeit erwartet werden?
- Wie kann man einer Person, die sich für ihr Handeln unendlich schämt, helfen? Welche Schritte sind von Oswald und den anderen zu lernen?

Ethik der Bescheidenheit
Die keltischen Mönche haben ihre Pilgerschaft sehr ernst genommen und konsequent gelebt. Faule Kompromisse kamen nicht infrage. Gleichzeitig war ihre Ethik nicht fundamentalistisch-rigoristisch, sondern realistisch an der Schwäche und der Stärkung des Guten im Menschen orientiert.

Vor knapp neunzig Jahren hat Dietrich Bonhoeffer einerseits vor billiger Gnade gewarnt, andererseits zu großer Bescheidenheit aufgerufen, was unser »Gut-Sein« angeht: »Ich glaube, dass auch unsere Fehler und Irrtümer nicht vergeblich sind und dass es Gott nicht schwerer ist, mit ihnen fertigzuwerden, als mit unseren vermeintlichen Guttaten.«[17] Das Vertrauen in Gottes Vergebung führte Bonhoeffer auf einen Weg, der nicht an der eigenen weißen Weste orientiert war, sondern an »verantwortlicher Tat«.[18]

In unserer Zeit, wo innerhalb der Christenheit wie in der gesamten Gesellschaft die Stimmen moralischer Rechthaberei und ideologischer Empörung immer lauter werden (egal welches Thema gerade dazu dient), brauchen wir meines Erachtens eine solche »Ethik der Bescheidenheit«: Besserwisserei ist ebenso unangebracht und wenig hilfreich wie konturenlose Toleranz, die sich vor Auseinandersetzungen drückt. Eine »Ethik der Bescheidenheit« orientiert sich vielmehr an den Seligpreisungen: Selig sind, die geistlich arm sind (das heißt, die wissen, wie wenig sie wissen), die Barmherzigen, die Friedensstifter, die verfolgt werden, also Nachteile in Kauf nehmen, und so weiter.[19]

- Wo erlebst du moralische Rechthaberei und ideologische Empörung (bei anderen und bei dir selbst)?
- Wo könnte bei dir ein solches »Glaubenswagnis verantwortlicher Tat« dran sein?

17. KAPITEL

in dem eine große Überraschung kommt und ein Fest geplant wird

Der zweite Sommer an Loch Carron neigte sich dem Ende zu. Es war ein guter Sommer gewesen, ohne Dürre und Unwetter, in dem die Tiere viele und gesunde Nachkommen produziert hatten und sich die Ernte vielversprechend anließ. In den letzten Wochen waren alle damit beschäftigt gewesen, die Erträge zu sichern, und hatten wenig Zeit für anderes. Die begründete Hoffnung, leichter durch den nächsten Winter zu kommen als im Vorjahr, löste allgemein eine friedliche Stimmung aus.

Aodhán hatte bei Gwid ein gutes Wort für seinen jungen Mitbruder eingelegt und sie hatte sich dazu überreden lassen, ihm seinen Aussetzer zu verzeihen. Aber so unbeschwert glücklich wie vorher war ihr Zusammensein nicht mehr. Braínach hätte nicht sagen können, woran oder, genauer, an wem es lag: Ob er selbst sich noch nicht wirklich vergeben konnte? Oder ob Gwid jetzt ein Bild von ihm im Kopf hatte, dessen Risse nicht zu übersehen und nicht ohne Weiteres zu kitten waren?

Die kleine Klosterschule mit den zwei Schülern pausierte bis zum Herbst genauso wie die mönchischen Schreibarbeiten. Braínach hoffte, dass alles wieder ins Lot käme, wenn sie wieder täglich im Skriptorium zusammen waren. Er sehnte sich fast nach der kalten Jahreszeit, was ihm noch nie passiert war.

Nach seinem Tagwerk saß er mal wieder auf dem Wall mit Blick über das leicht gekräuselte Wasser von Loch Carron. Bis zum Abendbrot war noch ein wenig Zeit. Wie lange war es jetzt her, dass sein kleiner sommersprossiger Freund Braan zum ersten Mal hier aufgetaucht war? Erst knapp eineinhalb Jahre. Es kam ihm vor, als sei mindestens doppelt so viel Zeit vergangen. Was seitdem alles passiert war! Und was er alles hatte lernen müssen. »Ich war echt noch wie ein naives Kind«, dachte er und schüttelte leicht irritiert den Kopf über sich selbst.

Seit er immer mehr Zeit mit Gwid verbrachte, hatte Braan sich beleidigt oder eifersüchtig zurückgezogen und tauchte nur noch selten hier auf, außer am Sonntagmorgen zusammen mit seinem Vater und seiner Schwester zum Gottesdienst. Bisher waren sie noch nicht getauft worden. Ob es wohl in diesem Jahr noch zu einem Tauffest kommen würde?

»Hast du Langeweile?«, fragte plötzlich eine bekannte Stimme hinter ihm. Braínach fuhr zusammen. Er hatte Braan nicht kommen hören, so sehr war er in Gedanken versunken. Vielleicht hatte der Junge sich aber auch bewusst angeschlichen. Der junge Mönch drehte sich um und sah in Braans schelmisches Gesicht.

»Nö, keine Langeweile, ich hab über alles Mögliche nachgedacht.«

»Worüber denn?«

»Wie lange wir schon hier sind. Was seitdem alles passiert ist. Und wann ihr wohl getauft werdet.«

»Ja, dass wüsste ich auch gerne«, maulte Braan und setzte sich neben seinen Freund auf den Wall. »Wir wissen jetzt schon fast alles. Und wenn wir die Gebete nicht auswendig können, ist das doch so schlimm auch nicht.«

Braínach grinste: »Es wäre weniger schlimm, wenn du endlich lesen könntest.«

»Hey, beleidige mich nicht«, rief der Kleine und boxte ihn in die Seite. »Ich kann schon ziemlich gut lesen. Hab ich doch bei euch in der Schule gelernt.«

»Ja, ja, schnell wie eine Schnecke. Und wahrscheinlich hast du über den Sommer alles wieder vergessen.«

»Kein bisschen, ich üb ja jeden Sonntag mit dem Gebetbuch.«

»Das ist super! Dann wirst du es im Winter bestimmt bis zum Hilfsschreiber bringen.«

»Will ich gar nicht. Ich will Häuptling werden.«

»Ach ja«, meinte Braínach schmunzelnd, »ich vergaß.«

Das Gespräch versickerte und die beiden ließen ihre Blicke über den Meeresarm schweifen. Irgendwie war es fast wie früher. Plötzlich streckte Braan seinen Finger aus und zeigte nach Südwesten. »Da, ein Segelboot. Vom Meer her.«

Wahrhaftig! Lange hatte sich kein Schiff mehr hierher verirrt. Das sah fast aus..., nein das konnte nicht sein! Aber doch: Das sah fast aus wie das Segel von Cormacs kleinem Curragh. Braínachs Herz machte einen Hüpfer. Das wäre grandios, wenn sein Freund den Winter wieder bei ihnen verbringen würde!

Mit leichtem Westwind im Rücken kam das Boot schnell näher. Braínach informierte die anderen Brüder und folgte Braan, der zum Ufer rannte.

Ja, es war wirklich Cormac, der ihnen fröhlich zuwinkte, mit einem gekonnten Manöver beidrehte und sein Boot an der richtigen Stelle auf den Sand laufen ließ. Es lag längst nicht so tief im Wasser wie beim letzten Mal mit seiner schweren Last, sodass die drei es leicht ans Ufer ziehen konnten.

Cormac nahm erst Braínach in den Arm, dann drückte er Braan an sich und schob ihn wieder auf Armeslänge von sich: »Wow, bist du gewachsen über den Sommer. Mannomann!«

Braan strahlte über sein ganzes, sommersprossiges Gesicht und wurde gleich noch ein wenig größer.

»Das ist ja eine Überraschung! Herzlich willkommen zurück«, begrüßte Braínach Cormac fröhlich. »Kommst du wieder für den Winter zu uns?«

Cormac schüttelte den Kopf. »Wahrscheinlich nicht. Ich bin hier, um euch eine Überraschung anzukündigen.«

»Eine Überraschung?«

Cormac nickte grinsend, verriet aber nichts weiter, sondern holte seinen Reisesack aus dem Boot, schwang ihn sich über die Schulter und marschierte Richtung Kloster.

»Ey, nun sag schon«, beschwerte sich Braan und versuchte, Cormac am Arm festzuhalten. Aber der marschierte unbeirrt weiter.

Braínach folgte erst, blieb dann aber stehen: »Geht schon mal vor. Ternan ist bei seinen Reusen. Ich hole ihn schnell.«

Das gab ein Hallo der anderen Mönche, als Cormac zum Kloster kam. Oswald war noch im nahen Wald und Braan sauste gleich los, um ihn zu holen und endlich zu erfahren, was Cormac zu berichten hatte.

Natürlich waren auch die anderen neugierig, was den jungen Bruder zu ihnen führte. Aber er sagte nur: »Gleich, wenn alle zusammen sind.«

»Na«, meinte Aodhán, »in dem Fall werde ich schnell noch was fürs Abendessen zaubern. Es scheint ja keine schlechte Nachricht zu sein, die du uns überbringst.«

»Gute Idee«, freute sich Cadog. »Und weil so herrliches Wetter ist, könnten wir draußen speisen. Komm, Cormac, hilf mir den Tisch zu tragen.«

Eine halbe Stunde später saßen die sieben Brüder und der kleine Häuptlingssohn um einen festlich gedeckten Tisch.

»Das Tischgebet sprechen wir ja reihum, magst du das heute übernehmen?«, wandte sich Cailton an Braan.

Der machte große Augen: »Ich?«

»Ja, du. Es wird Zeit, dass du das lernst.«

»Aber, aber ...«, stammelte der Junge.

»Na los«, nickte ihm Cormac zu, »du bist doch sonst nicht auf den Mund gefallen.«

Braan holte tief Luft und breitete die Hände zum Dankgebet aus. Doch dann sah er die anderen ratlos an: »Und was soll ich beten?«

Braínach, der neben ihm saß, flüsterte ihm etwas ins Ohr und deutete mit dem Zeigefinger ein Kreuzzeichen an.

Braan nickte, holte noch mal tief Luft und kniff die Augen zu: »Danke, guter Gott, für Cormac, der uns gute Nachrichten bringt, und für Aodhán, der immer so lecker kocht. Im Namen des Vaters und des Sohnes und des Heiligen Geistes. Amen.« Alle machten das Kreuzzeichen und stimmten kräftig in das Amen ein.

Braan öffnete die Augen wieder und schaute Cailton erwartungsvoll an. Der lächelte ihm zu und wiederholte »Amen«.

Nachdem die Suppe verteilt war, wollten sich die Mönche nicht länger auf die Folter spannen lassen. Cormac sonnte sich noch einen Augenblick in ihrer ungeteilten Aufmerksamkeit, bevor er endlich begann: »Ihr bekommt in ein paar Tagen noch mehr Besuch. Ich bin nur die Vorhut.« Wieder machte er eine Pause.

»Oh Mann«, schimpfte Braínach, »jetzt mach doch keine Szene und spuck's aus!«

»Na gut«, tat Cormac unschuldig, »Abt Columcille ist auf dem Weg hierher.«

»Waaas?« Ungläubiges Staunen ging durch die Runde. Nur Priester Cailton nickte zufrieden und murmelte: »Das wird auch langsam Zeit.«

»Erzähl«, drängelte Braan. »Ist das der berühmte Mann, der euch hierhergeschickt hat.«

»Ja, so ist es«, antwortete Cormac. »Wir sind vor sechs Wochen mit mehreren Booten von Iouan gestartet. Columcille wollte König Brude Mac Maelchon von Fortríu besuchen, bei dem er vor einigen Jahren schon mal war.«

»Fortríu? Das ist doch bei den Pikten im Osten«, meinte Ternan verwundert. »Wie seid ihr denn da hingekommen? Es gibt doch keinen Fluss oder See, der quer durch's Land führt.«

»Nein. Aber es gibt durch die Highlands eine Art Graben, mal Meeresarm, mal Fluss, mal See. Nur ein ganz kurzes Stück geht es über Land. Da kommt man erstaunlich gut durch, ohne die Berge überwinden zu müssen.«

»Interessant, das wusste ich nicht.«

»Stimmt aber«, bestätigte Cailton, »wenn man von Iouan her südlich von Mull durch Loch Linnhe segelt, kommt erst der Spean, ein Flüsschen mit vielen Sandbänken, da muss man manchmal aussteigen und die Boote ziehen. Zwischen Loch Lochy und Loch Oich geht's etwa eineinhalb Meilen durch den Talgrund. Da muss man die Boote schleppen. Aber der Oich-Fluss nach dem kleinen See mündet schon im Loch Ness, der sich zwischen den schroffen Bergen bis zur beeindruckenden Burg von Craig Phádraig am anderen Ende des großen Landgrabens schlängelt.«

Cormac machte große Augen: »Woher kennst du dich so genau aus?« Auch die anderen sahen ihn verwundert an.

Cailton zuckte mit den Schultern und antwortete mit harmloser Miene: »Na, ich war dabei, als Columcille vor sechs Jahren das erste Mal zu den Pikten gereist ist.«

»Du warst bei den Pikten?«, schaltete sich jetzt auch Cadog ein. »Das ist doch die berühmte Reise, von der man sich die unglaublichsten Geschichten erzählt.«

»Ja, das war wirklich eine aufregende Reise, die aufregendste, die ich je gemacht habe«, antwortete Cailton.

»Erzähl bitte«, bestürmte ihn Braan.

»Heute Abend vielleicht, als Gutenachtgeschichte. Jetzt soll erst Cormac berichten, was vor uns liegt.«

»Also, hier herüberzukommen ist schon komplizierter. Aber ich habe immer freundliche Menschen gefunden, die mir geholfen haben, wo ich es allein nicht geschafft habe. König Brude in Craig Phádraig war sehr höflich zu uns, ja richtig freundlich. Den neuen Glauben findet er interessant, aber er will sich noch nicht dafür entscheiden. Das wäre ein großer Schritt, der manches bei den Pikten verändern würde. – Wie sieht es eigentlich mit deiner Familie aus, Braan? Seid ihr schon getauft?«

»Nö, total doof«, grummelte Braan.

»Dann wäre doch vielleicht jetzt eine tolle Gelegenheit«, meinte Cormac, »wenn Abt Columcille in ein paar Tagen hier ankommt…«

»Au ja!«, rief der Junge, »das machen wir.« Schon sprang er auf und sauste davon. Die anderen riefen ihm hinterher, er solle doch erst mal warten und es sei ja noch nichts… Aber da war er schon in Richtung Dorf verschwunden.

Cormac zuckte mit den Schultern, wohl um anzuzeigen, dass er keine Verantwortung für die folgenden Dinge übernehmen wollte.

»Jedenfalls kommt Abt Columcille in einigen Tagen hierher und mit ihm wahrscheinlich noch zehn Mönche und zwei Nonnen. Falls König Fortriu sich zum christlichen Glauben bekehrt hätte, wären die zwölf dortgeblieben und hätten ein neues Kloster gegründet. Dann wäre ich mit Columcille zu euch gekommen. Aber nun werden sie wahrscheinlich alle kommen. Und ich vermute, dass unser Abt dann sechs von ihnen hierlässt. Denn normalerweise gründen ja immer mindestens zwölf Brüder und Schwestern ein neues Kloster.«

»Och, wir sind hier zu sechst ganz gut klargekommen, oder?«, sagte Aodhán und erntete von allen Zustimmung. »Und zwölfe durchzufüttern müsste ich auch erst mal hinkriegen.«

»Ach das schaffst du schon«, meinte Cormac leichthin. »So wie der Sommer war, müsstet ihr doch eine hervorragende Ernte einfahren. Und es bleiben ja auch noch ein paar Wochen.«

»Und wo sollen die alle schlafen?«, fragte Oswald.

»Wir haben genügend Zelte dabei. Und wenn der Winter nicht zu früh kommt, können wir auch noch Hütten bauen.«

»Wenn das so ist, dann fange ich morgen am besten schon mal an, ein paar Bäume zu fällen. Hilfst du mir, Cormac?«

»Aber sicher doch«, antwortete der junge Mann.

Während des weiteren Abendessens wurde eifrig diskutiert, welche Veränderungen der Besuch ihres Abtes und der anderen Mönche und Nonnen bringen würde. Kurz vor Sonnenuntergang räumten sie ab, brachten den Tisch wieder in den Gemeinschaftsraum und begaben sich in die Kapelle zum Nachtgebet.

Braínach war nicht so richtig bei der Sache. Einerseits freute er sich über die gemeinsame Zeit mit Cormac, auch wenn der wohl nicht hierbleiben würde. Andererseits hatte er ein irritierend unruhiges Gefühl in der Magengegend. Wenn da nicht noch mehr im Busch war!

Nach dem Gebet gingen die beiden nicht gleich in das Gemeinschaftshaus zur Nachtruhe, sondern zogen sich auf die Bank an der Südseite zurück. Der mondlose Himmel glänzte und funkelte bis an den Horizont vom unendlichen Heer der Sterne. Eigentlich wollten sie sich noch ihre Sommererlebnisse erzählen, aber dieses Lichtermeer war zu Ehrfurcht einflößend und das Gefühl der Gegenwart ihres unbegreiflichen Gottes zu stark. So saßen sie eine Weile schweigend nebeneinander, den Blick nach oben gerichtet, bis der Nachtwind zu kühl wurde.

Die nächsten Tage waren von großer Erwartung und noch größerer Geschäftigkeit geprägt. Zwischendurch kam Garnaíd, um zu erfahren, was der Unsinn zu bedeuten hatte, den Braan ihm erzählt hatte. Nachdem Cailton ihm alles berichtet hatte, ging er sehr nachdenklich heim.

Wie seit vielen Monaten nahm die Häuptlingsfamilie auch diesmal an der sonntäglichen Messe teil, Braan aufgeregt, Gwid mit scheinbarer Gelassenheit und Garnaíd vollkommen in sich gekehrt. Im Anschluss schickte der Häuptling seine Kinder nach Hause und bat Priester Cailton um ein Gespräch.

»Lass uns ein Stück am Wasser entlangwandern«, schlug Cailton vor und ließ sich von Aodhán ein wenig Verpflegung einpacken. Braínach schaute ihnen hoffnungsvoll nach, als sie auf dem Uferweg davonschritten, würdig und in ein ernstes Gespräch vertieft.

Es war schon fast Zeit zum Abendessen, als die beiden wiederkamen und sich am Tor voneinander verabschiedeten. Cailton wirkte sehr zufrieden, gab aber keine Erklärungen ab.

Am dritten Tag der Woche kamen nachmittags endlich die zwei Boote mit der Gruppe aus dem Heimatkloster Iouan in Sicht. Der warme Nachmittag schien jeden Windhauch aufgesaugt zu haben, sodass die beiden Curraghs deutlich langsamer vorwärtskamen als Cormacs Nussschale vor ein paar Tagen. Zeit genug für die sieben Mönche und die Häuptlingsfamilie, sich am Ufer zu versammeln. Aber auch einige Leute aus dem Dorf hatten mitbekommen, dass ein besonderer Besuch erwartet wurde, und fanden sich ein, um neugierig, aber mit scheuem Abstand die Ankömmlinge in Augenschein zu nehmen.

Endlich sprangen die Ruderer ins seichte Wasser und mit ihnen Abt Columcille, der trotz der hohen Würde, die er ausstrahlte, immer noch erstaunlich jung und beweglich wirkte. Die beiden Nonnen blieben sitzen und ließen sich im Boot an Land ziehen.

Der Abt eilte auf die Brüder zu, die er nun seit eineinhalb Jahren nicht mehr gesehen hatte. Sie verbeugten sich tief vor ihm. Aber er richtete einen nach dem anderen auf und drückte jeden kurz und herzlich an seine Brust. »Wie ein guter König es mit den treuesten seiner Untertanen macht«, schoss es Braínach durch den Kopf. Als Jüngster kam er zuletzt an die Reihe.

Nach der Umarmung trat Columcille einen Schritt zurück und sein unvergleichlicher Blick drang ihm bis auf den Grund der Seele. Doch der junge Mönch verspürte keinen Impuls, diesem Blick auszuweichen. Schließlich nickte der Abt zufrieden, lächelte ihn an und sagte: »Du bist erwachsen geworden. Gut so.«

Eine heiße Welle durchflutete Braínach: Stolz, Dankbarkeit, Erleichterung? Vielleicht eine Mischung aus allem.

Die Zeit bis zum Abendessen war gefüllt mit dem Transport des Gepäcks in die Klosteranlage und dem Aufbauen der vier Zelte für die Gäste. Der Abt erhielt eine eigene Unterkunft. Die beiden Schwestern waren jeweils mit einem Bruder verheiratet, deshalb wurden für die beiden Paare zwei kleine Zelte errichtet. Zum Schluss wurde noch ein größeres aufgebaut, das sich aber nur sechs Brüder teilen mussten, denn neben Cormac war noch für zwei weitere Platz im Gemeinschaftshaus. Währenddessen führte Cailton Columcille herum und zeigte ihm nicht ohne Stolz, was sie alles aufgebaut hatten.

Das Essen, bei dem sich Aodhán selbst übertroffen hatte, wurde wieder draußen eingenommen, weil nur da alle zusammen Platz hatten – wenn sie eng zusammenrückten.

Fragen und Antworten flogen hin und her wie in einer großen Familie, die sich seit Langem mal wieder traf. Und im Grunde waren sie ja auch eine große Familie und Teil einer noch größeren Familie all derer, die an den dreieinigen Gott glaubten, der den Himmel und die Erde, die Berge und das Meer geschaffen hatte, in Jesus ihr Herr und Bruder geworden war und ihnen seine Geisteskraft schenkte.

Mitten zwischen ihnen saß die Häuptlingsfamilie, die einerseits dazugehörte, aber andererseits noch nicht richtig. Braínach hatte es so eingerichtet, dass er neben Gwid zu sitzen kam.

Jetzt ergriff er ihre Hand unter dem Tisch und raunte ihr ins Ohr: »Bald gehören wir zusammen.«

Sie schaute ihn verwundert an und öffnete schon den Mund für eine Erwiderung, als er nachschob: »Zusammen in Christus, meine ich natürlich.«

Da lächelte sie und nickte: »Ja, endlich.« Dabei drückte sie seine Hand und hielt sie noch eine Weile fest.

Erstmals seit Langem breitete sich wieder dieses selige Gefühl in Braínach aus, wie eine helle, warme Wolke. »Alles wird gut«, dachte er.

Bevor die süße Nachspeise serviert wurde, erhob sich Abt Columcille und klopfte an seinen Becher. Schlagartig wurde es still.

»Ihr Lieben, wie freut es mich, jetzt hier zu sein in diesem wunderbaren Gleichnis des Paradieses und Brückenkopf des Himmels am Loch Carron.«

Braínach spürte die warme und zugleich beeindruckende Kraft dieser Stimme, der er früher schon so oft hatte lauschen dürfen. »Ein wahrer König der Klöster«, dachte er, »und ich darf zu ihm gehören!«

»Ich habe euch zwar ausgebildet und ausgesandt, aber mir gebührt keine Ehre, sondern dem Herrn der Herren und König aller Könige«, fuhr der Abt fort, als habe er Braínachs Gedanken gehört und wollte sie korrigieren. »Euch Pilgern und Pionieren unseres Glaubens gebührt ein großer Dank für euren Einsatz hier. Ich bin beeindruckt, was ihr alles aufgebaut habt. Und ich freue mich von Herzen, dass ihr Freunde gefunden habt in Häuptling Garnaíd, seinen Kindern und wohl noch etlichen anderen Menschen im Dorf.«

Er ergriff seinen Becher und erhob ihn in Richtung des Dorfvorstehers. Alle anderen folgten seinem Beispiel und prosteten den drei Einheimischen zu.

»Heute wollen wir unsere glückliche Ankunft hier feiern. Aber morgen werden wir uns beraten und Beschlüsse fassen. Im Namen des Vaters und des Sohnes und des Heiligen Geistes.«

Der Abt schlug das Kreuz über der Gemeinschaft und alle Anwesenden bekreuzigten sich.

Am nächsten Morgen war Garnaíd mit seinen Kindern schon zum Morgengebet wieder da. Nach dem kurzen Frühstück gingen alle an die Arbeit, wobei die Neuankömmlinge sich aufteilten und den Brüdern von Loch Carron bei ihren unterschiedlichen Tätigkeiten unter die Arme griffen. Columcille, Cailton und Garnaíd aber zogen sich zur Beratung in die Kapelle zurück. Erst unmittelbar vor dem Mittagsgebet kamen sie wieder heraus, wobei der Abt und der Priester recht zufrieden wirkten, während der Häuptling hin- und hergerissen schien zwischen Entschlossenheit und Zweifel.

Ohne weitere Erklärungen machten sich die drei gleich nach dem Stundengebet auf den Weg ins Dorf.

»Bestimmt gehen sie jetzt zu Wulfric und versuchen, ihn friedlich zu stimmen«, flüsterte Gwid Braínach ins Ohr, der wie sie die Szene beobachtet hatte.

»Gebe Gott, dass ihnen das gelingt«, murmelte er skeptisch.

Es dauerte fast bis zum Abendessen, bis Columcille und Cailton zurückkamen. Rasch liefen alle zusammen und schauten den geistlichen Leitern erwartungsvoll entgegen. Mit einem Nicken forderte der Abt Cailton auf, zu sprechen.

»Am kommenden Sonntag werden wir drei Taufen feiern – mindestens.« Das letzte Wort ging bereits im Jubel unter. Gwid fiel Braínach um den Hals und Braan sprang an beiden hoch, klammerte sich ausgelassen an ihnen fest und schrie: »Juchuu!«

Als sich der Jubel endlich gelegt hatte, hob Aodhán die Hand und fragte: »Und was sagt unser liebenswerter Druide Wulfric dazu?«

»Er hat keine Einwände mehr«, antwortete Cailton.

»Wie das? Das kann ich ja kaum glauben.«

»Columcille hatte recht starke Argumente«, schmunzelte Cailton.

»Erzählt!«

»Nun ja«, sagte Columcille und schmunzelte ebenfalls, »ich habe herausgefunden, dass er noch nie aus dieser Gegend herausgekommen ist, also nicht weiter als gerade mal ins Nachbartal. Deshalb habe ich ihm angeboten, kommende Woche mit mir nach Iouan zu reisen. Im nächsten Monat werde ich in unserem Kloster nämlich den ersten König der Skoten auf schottischem Boden weihen, Fergus Mor von Dál Riata. Ich habe Wulfric eingeladen, an der Krönung teilzunehmen. Unter der Bedingung, dass er nicht versucht, die Taufen zu verhindern.«

»Und was war das andere Argument?«, hakte Aodhán aufmerksam nach.

Der Abt machte ein unschuldiges Gesicht, während Cailton antwortete: »Andernfalls hat ihm Columcille seinen persönlichen Unmut sowie den Zorn Gottes angedroht. Und das hat ihn ebenso beeindruckt, wie die Reise ihn reizt.«

Die Anwesenden grinsten, besonders die sechs Mönche von Loch Carron. Und Braínach murmelte Gwid zu: »Ich hab's schon immer geahnt. Im Grunde ist Wulfric eine kleine Leuchte.«

Woraufhin sie ihm einen Klaps gab und ihn scherzhaft rügte: »Beleidige unseren Druiden nicht.«

»Außerdem«, erhob Columcille wieder seine Stimme, »außerdem haben wir beschlossen, dass wir das Kloster hier auf zwölf Personen verstärken. Klar ist, dass Bruder Máranáin und Schwester Lúach sowie

Bruder Amhuinn und Schwester Moire hierbleiben werden. Es wird höchste Zeit, dass hier Frauen einziehen. Bei den anderen bin ich mir noch nicht sicher. Aber das müssen wir ja auch nicht heute entscheiden.«

Wieder stellte sich bei Braínach eine innere Unruhe ein, obwohl er von diesen Regelungen gar nicht betroffen war. Er versuchte, das Gefühl wieder abzuschütteln, was ihm aber nicht gelang.

Drei Tage blieben ihnen jetzt noch bis zur Vorbereitung des großen Tauffestes, an dem sich noch mehr Dorfbewohner zu dem neuen Glauben bekennen wollten. Interessanterweise waren es die ärmeren und benachteiligten, nämlich Brent und seine Frau Scod, die körperlich und seelisch wieder zu Kräften gekommen war, und Moén und Clídna mit ihren neun Kindern – vom Ältesten, schon ein Jugendlicher, bis zu den Zwillingen, die dank des Leihschafs und der Unterstützung von Garnaíd und Braínach beide überlebt hatten.

Diese Familien hatten bei Weitem nicht die intensive Einführung in den neuen Glauben bekommen wie Garnaíd, Gwid und Braan. Da sie nur einfache Landarbeiter waren, erschien eine umfassende Bildung weniger wichtig. Aber sie hatten unmissverständlich erklärt, dass sie zum Gott der Liebe gehören wollten, der Licht in ihr schweres Leben gebracht habe.

Natürlich gab es einige Leute im Dorf, die sich darüber aufregten und meinten, die beiden Paare wollten auf einmal etwas Besseres sein. Aber immerhin hatten ihre Lehnsherren keine Einwände erhoben. Offenbar hatte Wulfric im Hintergrund gewisse Anweisungen gegeben, um seine Reise nicht zu gefährden.

Gwid half Aodhán und den beiden Schwestern bei den Vorbereitungen für das Essen, daher sahen sich Braínach und sie wieder täglich. Einmal nutzte Gwid eine kurze Pause und kam zu ihm herüber, als er mit der Reparatur eines Tiergatters beschäftigt war.

»Sag mal, mir geht seit der Ankunft eurer Schwestern ein Gedanke nicht mehr aus dem Kopf«, begann sie.

Braínach legte sein Werkzeug hin und schaute sie erwartungsvoll an: »Nämlich?«

»Hm, ich dachte bisher immer, also... ihr wart bis jetzt ja nur Männer hier im Kloster. Ich dachte deshalb, das sei nur etwas für Männer. Aber es sieht so aus, als ob auch Ehepaare bei euch leben können. Stimmt das?«

»Ja, in Iouan gibt es viele Paare. Das ist da völlig normal. Und ich glaube, in den anderen Klöstern in Irland auch.«

»Hm«, sie zögerte. »Ich überlege, ob das vielleicht auch ein Weg für mich wäre – also für uns...«

»Für uns?« Braínachs Stimme überschlug sich fast vor Überraschung und Aufregung. »Du meinst..., du könntest dir vorstellen..., du hättest Lust...? – Das..., das wäre wunderbar! Das wäre... mir fehlen die Worte.«

Am liebsten hätte er sie umarmt und gedrückt und geküsst und was sonst noch alles. Aber das traute er sich nicht, hier mitten im Kloster.

Gwid grinste ihn an und drehte mit dem Zeigefinger eine Haarlocke ein. »Das ist also möglich, sagst du. Und es scheint so, als ob du dem Gedanken etwas abgewinnen könntest?«

»Und ob!«

»Gut. Sehr gut.« Sprach's, drehte sich um und schritt erhobenen Hauptes zum Gemeinschaftshaus.

Braínach starrte ihr hinterher, unfähig sich zu bewegen. Schließlich löste er sich aus seiner Erstarrung und schüttelte den Kopf. »Die macht mich fertig«, murmelte er. »Dieses Mädchen macht mich fertig.« Er bückte sich und griff nach dem Werkzeug. Aber an diesem Nachmittag brachte er nicht mehr viel zustande.

Geschlechterrollen

Die gesellschaftlichen Rollen waren bei den Kelten sehr klar geregelt. Es handelte sich um eine Feudalstruktur mit festgelegten Rechten und Pflichten. Im Unterschied zur römischen und germanischen Kultur hatten die Frauen bei den Kelten aber eigenständige Rechte und verschiedene Möglichkeiten, ihr Leben zu gestalten. Bei den christlichen Kelten standen die Frauen auch nicht unter dem ständigen Verdacht, Männer zur Sünde zu verführen, wie es im von Rom geprägten Christentum oft geschah. So bot die Gesellschaft einen breiten, klar definierten Raum für ein vielfältiges und ausgewogenes Miteinander von Männern und Frauen.

Leider ging diese Kultur verloren, als die römische Denkweise und Hierarchie in der iroschottischen Christenheit immer mehr den Ton angaben. Noch heute meinen manche konservativen Christen in allen Konfessionen, es sei christlich, Frauen niedriger als Männer einzustufen und ihnen bestimmte Rechte vorzuenthalten (z.B. geistliche Leitungsämter). Ihre Behauptung, das sei neutestamentlich, lässt sich indes nicht halten. Im Gegenteil: Die Exegese belegt, dass Frauen schon bei Jesus und auch bei Paulus geistlich den Männern nicht nachgeordnet waren (z.B. waren Frauen die ersten Zeugen der Auferstehung, erwähnt werden die Apostelehepaare Andronikus und Junia sowie Priska und Aquila und die Gemeindeleiterin Phöbe aus Kenchrea)[20].

Paulus gibt in 1. Korinther 11 zwar das traditionelle Rollenmodell wieder, geht aber selbstverständlich davon aus, dass Frauen im Gottesdienst öffentlich beten und prophetisch reden. Seine Kritik an den geschwätzigen Frauen in 1. Korinther 14 zeigt gerade, was da alles in Bewegung gekommen war und wie manches übers Ziel hinausschoss und dysfunktional wurde. Auch im großen Kapitel von den Geistesgaben in einem jeden Gemeindeglied (1. Korinther 12) spielt das Geschlecht keine Rolle.

Überhaupt ist die Überwindung von klassischen Rollenmustern in der Gemeinde für Paulus ein wesentliches Kennzeichen dafür, dass es die Gemeinde Jesu Christi ist: »Hier ist nicht Jude noch Grieche, hier ist nicht Sklave noch Freier, hier ist nicht Mann noch Frau; denn ihr seid allesamt einer in Christus Jesus« (Galater 3,28).

- Wie festgelegt sind die Rollen- und Aufgabenmuster in deiner Gemeinde? Gibt grundsätzlich die Gabenorientierung den Ton an?
- Wie kann die Überwindung menschlicher »Schubladen« in der Gemeinde geistlich und praktisch gefördert werden? (Siehe auch Impuls zum 19. Kapitel.)

18. KAPITEL

in dem Nessie das Maul gestopft wird und Lebensentscheidungen fallen

Am Abend war es noch so warm, dass sie die Mahlzeit draußen einnehmen konnten. »Hoffentlich bleibt das bis zum Sonntag so«, dachte Brainach.

Nach dem Essen blieb bis zum Nachtgebet noch ein wenig Zeit, um sich in großer Runde zu unterhalten.

Cadog ergriff zuerst das Wort: »Jetzt will ich aber wissen, wie das genau mit eurer ersten Reise zum König in Craig Phádraig war. Ich habe die unglaublichsten Geschichten darüber gehört.«

Columcille lächelte und nickte Cailton zu: »Erzähl du.«

»Gerne. Das war wirklich eine abenteuerliche Reise, vier Jahre nachdem wir das Kloster in Iouan gegründet hatten. Wir kannten den Weg nur vom Hörensagen und hatten keinen kundigen Führer dabei. Vor allem wussten wir nicht, ob die Pikten uns friedlich aufnehmen oder angreifen würden. Es ging alles gut, bis wir ans andere Ende von Loch Ness kamen. Der See geht nicht ganz bis zum Meer und man muss noch etwa fünf Meilen den Fluss Ness hinunterrudern. Der Fluss führt durch Sumpfland. Wenn man von der freien Wasserrinne abkommt, verheddert man sich hoffnungslos in Schlingpflanzen und Schlamm. Es gibt auch einen Fußweg, der in der Nähe des Ufers entlangführt. Aber der ist schmal und unsicher. Ein falscher Schritt, und du versinkst unweigerlich im Sumpf. Als wir dort vorbeifuhren, suchte gerade eine Gruppe von Männern mit langen Stangen den Sumpf ab. Wir fragten, was passiert sei, und sie antworteten: ›Das wilde Wassertier aus dem Fluss Ness hat einen unserer Männer in die Tiefe gerissen.‹

Ein Knecht, der bei uns war, ein gutherziger Dummkopf, rief: ›Da müssen wir helfen‹, und sprang über Bord, um ans Ufer zu kommen. Aber natürlich war da kein Ufer, sondern Sumpf. Er schrie um Hilfe, das wilde Wassertier hätte jetzt auch ihn gepackt. Wir versuchten, ihn rauszuziehen, was ziemlich schwierig war. Damit wir nicht umkippten, stellte Columcille sich an die andere Seite des Bootes, um es auszubalancieren. Nach der Rettung sprach er ein lautes Dankgebet. Als wir in Inverness ankamen, tuschelten die Leute und zeigten auf uns. Sie erzählten sich, dass Columcille unseren Mann aus dem Rachen des Ungeheuers gerettet und es mit seinem Fluch in die Tiefen des Flusses gejagt häte. – Das war eigentlich alles.«

Die Zuhörer schüttelten verwundert die Köpfe. Schließlich wandte sich Cadog an den Abt: »Wenn sich das alles so zugetragen hat, warum hast du die Leute nicht aufgeklärt und sie in ihrem Wunderglauben belassen?«

Columcille lächelte verschmitzt und antwortete: »Wenn die Menschen unbedingt an Wunder glauben wollen, werde ich ihnen das nicht verbieten. Schließlich kann das unserem Auftrag nur nützen.«

Braínach wusste mit dieser Antwort nichts anzufangen. Das war doch irgendwie… Weil er den Abt verehrte, wagte er nicht, seinen Gedanken zu Ende zu denken. In den Gesichtern der anderen konnte er jedoch erkennen, dass einige von ihnen mit dieser Erklärung ebenfalls nicht einverstanden waren.[21]

In diesem Moment beendete Vater Cailton die Tischgemeinschaft: »So, ihr habt die Geschichte gehört. Jetzt ist es Zeit fürs Nachtgebet.«

Schweigend und nachdenklich gingen sie in die Kapelle, die gerade groß genug für die ganze Gruppe war. Danach war es Zeit, zu schlafen, denn es warteten zwei anstrengende Tage der Vorbereitungen für das große Fest auf sie.

Für die vielen Täuflinge mussten Taufkleider genäht werden. In der Kürze der Zeit würden es nur einfache Überwürfe werden. Da im Dorf nicht genügend weißes Leinen vorhanden war, bekamen Braínach und Cormac den Auftrag, in den Nachbardörfern weiße oder wenigstens helle Stoffe zu kaufen – der eine zu Fuß, der andere mit seinem Boot.

Die anderen Männer polierten in der Zwischenzeit die heiligen Geräte aus der Kapelle, schafften Tische für das Festmahl herbei, holten Feuerholz und kümmerten sich um alles Übrige.

Mit dem bereits vorhandenen Stoff machten sich Gwid, Scod und Clídna mit der Unterstützung der beiden Nonnen Lúach und Moire ans Werk. Als die Mönche mit den gekauften Stoffen zurückkamen, baten sie weitere Frauen aus dem Dorf um Hilfe beim Nähen der Kleider.

Die Kühle der Nacht zum Sonntag zauberte leichte Nebelschwaden über Loch Carron und die Uferwiesen, und die Nordwesthänge am gegenüberliegenden Ufer hüllten sich am frühen Morgen in graue Schleier. Aber als die Sonne am wolkenlosen Himmel aufstieg, leckte sie zusammen mit einem milden Südwind die Morgenfeuchtigkeit davon. Es versprach, ein herrlicher Tag zu werden.

In aller Frühe bauten die Mönche und Nonnen vor der Kapelle und dem Gemeinschaftshaus alles für das Fest auf.

Als es so weit war, warteten sechzehn Menschen am Eingang zum Kloster auf ihre Taufe: die Häuptlingsfamilie vorneweg, dann Brent und Scod und schließlich Moén und Clídna mit ihrer Kinderschar. Mit ihnen waren mindestens dreißig Menschen aus dem Dorf gekommen, manche, weil sie mit einer der Familien befreundet oder verwandt waren, andere aus reiner Neugier.

Die Mönche und Nonnen kamen ihnen singend in einer Prozession entgegen, Braínach und Cormac als Jüngste vorneweg. Am Schluss schritten als Zeichen der Demut Priester Cailton und Abt Columcille.

Plötzlich zuckte Braínach zusammen und wäre vor Schreck fast gestolpert. Hinter der Menschenmenge stand Wulfric mit einigen seiner Getreuen. Mit verschränkten Armen und undurchdringlichen Mienen beobachteten sie das Geschehen. Soweit er es von hier aus erkennen konnte, schienen sie keine Waffen bei sich zu haben.

Die Klostergemeinschaft teilte sich in zwei Gruppen, nahm die Täuflinge in ihre Mitte und schritt zur Kapelle zurück. Dort bildeten sie gemeinsam einen Halbkreis um den Altar, die beiden Geistlichen stellten sich direkt davor. Die Dörfler waren in gebührendem Abstand gefolgt und drängten sich nun vor der Kapelle, die zu klein war, um alle aufzunehmen.

»Im Namen des lebendigen, dreieinigen Gottes, des Vaters, des Sohnes und des Heiligen Geistes. Amen«, begann der Abt mit seiner weit tragenden Stimme, sodass selbst Wulfric und seine Leute, die außerhalb der Klosteranlage stehen geblieben waren, zuhören konnten.

Dann las Cailton mit fast ebenso weit tragender Stimme den hundertsten Psalm vor:

Jauchzet dem Herrn, alle Welt! Dienet dem Herrn mit Freuden, kommt vor sein Angesicht mit Frohlocken! Erkennet, dass der Herr Gott ist…[22]

Die in der Kapelle Versammelten stimmten laut in das abschließende »Amen« ein. Auch einige Dörfler murmelten verstohlen mit, obwohl sie nicht genau wussten, was es bedeutete. Aber es schien ein kraftvolles Wort des Segens zu sein.

In der heiligen Zeremonie mit den vielen einzelnen Zeichen und Gebeten wechselten sich Abt Columcille und Priester Cailton dabei ab, die heiligen Worte auf Latein zu zelebrieren und anschließend ins Gälische zu übersetzen, sodass jeder verstehen konnte, worum es ging.

»*Ad Christianum faciendum* – das heißt, zu Christen machen wir«, übersetzte Columcille, und Cailton zählte feierlich die sechzehn Namen der Täuflinge auf. Braínach staunte, dass der Priester bei den vielen Kindernamen nicht einen Augenblick zögerte. Offenbar hatte er sie sich intensiv eingeprägt.

»Damit vertreiben wir den unreinen Geist, der Menschen von Christus fernhält und sie in der Dunkelheit festhält.«

Anschließend segnete der Abt das Wasser in dem großen Krug und die Bronzeschale, die neben dem Kreuz und der Bibel auf dem Altar stand. Die Taufschale hatte Ternan aus dem Material, das Cormac im vorigen Jahr mitgebracht hatte, gefertigt. Nachdem er sie im Groben zu Ostern fertiggestellt hatte, hatte er den ganzen Sommer über an den Feinheiten gearbeitet und sie zu einem wahren Prachtwerk werden lassen.

Unter weiteren Gebeten goss Columcille langsam und feierlich das geheiligte Wasser in diese Schale. Die Menschen aus dem Dorf, Täuflinge wie Gäste, Erwachsene wie Kinder, folgten den Handlungen in gebanntem Schweigen. Columcille und Cailton, jeder für sich eine eindrucksvolle Gestalt, erzeugten durch ihr gemeinsames und fein aufeinander abgestimmtes Auftreten eine großartige Wirkung, der sich keiner entziehen konnte.

Die Täuflinge wurden der Reihe nach zum Altar gebeten, angefangen beim Häuptling und seinen Kindern, und von Cailton an Nase, Ohren und Brust mit heiligem Öl gesalbt: »*Ungo te oleo sanctificato sicut unxit Samuel David in regem et prophetam.* – Ich salbe dich mit Öl, wie auch Samuel David gesalbt hat zum König und Propheten.«

Moén und Clídna trugen ihre Jüngsten auf dem Arm. Die anderen Kinder hatten sich an den Händen gefasst und traten mit scheuem Blick in die Mitte der großen Runde. Noch nie hatten sie alle, auch ihre Eltern nicht, so im Mittelpunkt der Aufmerksamkeit gestanden. Braínach konnte deutlich erkennen, wer gut und wer weniger gut damit zurechtkam. Aber ihre Salbung berührte ihn mehr als die der Häuptlingsfamilie: Über diesen einfachen und ärmsten Menschen aus dem Dorf entfaltete sich der Duft von kostbarem Salböl, als seien sie Könige und Propheten. Viele Taufen hatte er schon miterlebt, aber noch nie war ihm das Wort aus dem Evangelium so kraftvoll erschienen wie heute, das Wort ihres Heilandes Christus: »Kommt her zu mir, alle, die ihr mühselig und beladen seid; ich will euch erquicken.«[23]

Als alle wieder an ihrem Platz waren, wurden den Täuflingen Fragen gestellt, sodass sie klar und deutlich vor allen Anwesenden ihren Entschluss bezeugen konnten, den neuen Glauben anzunehmen:

»Widersagt ihr dem Satan und allen seinen Werken? Widersagt ihr der Sünde in allen ihren Formen? Widersagt ihr den Verlockungen des Bösen, damit es nicht Macht über euch gewinnt?«

Mit großem Ernst, wenn auch ein wenig durcheinander, antworteten die Erwachsenen und die älteren Kinder: »Ich widersage.«

»Glaubt ihr an den dreieinigen Gott, den Schöpfer, der den Himmel und die Erde, die Berge und das Meer geschaffen hat, an Christus, seinen Sohn, unseren Herrn und Erlöser, und an den Heiligen Geist, der uns erneuert zum ewigen Leben?«

Erneut antworteten sie, diesmal schon eher im Chor: »Ich glaube.«

Die Taufe begann erneut mit Garnaíd und seinen beiden Kindern. Der Häuptling hatte seinen gesamten Schmuck angelegt, der seine Würde eindrucksvoll zeigte: den kupfernen Halsreif sowie eine ganze Reihe von Ringen und Reifen an Handgelenken und Fingern und seinen festlichen Umhang. Er trat zum Altar mit der Taufschale und legte Stück für Stück alle Häuptlingszeichen auf einem bereitgestellten Tischchen ab, bis er nur noch mit seiner Hose bekleidet war. Dann kniete er nieder.

Anders als beim ersten Mal, als Braínach ihn so gesehen hatte, wirkte Garnaíd jetzt nicht unsicher hinter glänzender Fassade, sondern eher umgekehrt: Aus seiner demütigen Haltung sprach eine innere Größe, die gerne bereit ist, sich vor einem noch viel Größeren zu beugen.

Dreimal goss Abt Columcille Wasser über seinen Kopf: »Ich taufe dich im Namen des Vaters und des Sohnes und des Heiligen Geistes. Amen.«

Er reichte ihm die Hand, richtete ihn auf und drückte ihn zur Überraschung aller herzlich an seine Brust: »Bruder in Christus.«

Sie lösten sich voneinander und sahen sich ernst in die Augen. Garnaíd nickte bedächtig und sagte: »Amen.«

Jetzt traten Schwester Lúach und Schwester Moire vor und streiften dem Häuptling sein weißes Taufgewand über. Er verbeugte sich tief, sammelte seine Kleidung und Ehrenzeichen ein und ging einige Schritte zurück, um der Taufe seiner Kinder Raum zu geben.

Gwid trug die Schmuckstücke ihrer Mutter, die sie ebenfalls ablegte, und kniete nieder. Diesmal übernahm Cailton die Taufe. Nachdem Lúach und Moire sie in ihr Taufgewand gekleidet hatten, drehte sich Gwid zu Braínach um und schaute ihm kurz in die Augen, zunächst mit fast erschütterndem Ernst. Dann aber umspielte ein leichtes Lächeln ihren Mund und sie wandte sich ab, um Platz für ihren kleinen Bruder zu machen.

Braínach nahm die weiteren Taufen nur noch nebenbei wahr. Seine Gedanken bewegten sich jetzt auf ganz anderen Pfaden. Erst als die letzte heilige Zeichenhandlung begann, wachte er wieder auf. Die Fußwaschung. Am Tag vor seinem Tod hatte Christus seinen Jüngern die Füße gewaschen, um ihnen zu zeigen, wie sehr er ihnen diente und wie seine Nachfolger sich untereinander dienen sollten. Am Abend vor Karfreitag führte der Abt oder der Priester diese Handlung bei seinen Untergebenen aus. Aber das Zeichen des Dienens gehörte auch zur Taufe. Hier übernahmen das nicht die Geistlichen, sondern die Mönche und Nonnen. Vorher hatten sie sich abgesprochen, wer welchen Neugetauften übernehmen würde. Braínach hatte sich für Braan entschieden.

Als er ihm die Füße wusch, begann Braan heftig zu kichern, vielleicht, weil es ihm peinlich war, oder auch, weil es ihn an den Füßen zu sehr kitzelte. So geriet die Handlung ziemlich kurz. Dadurch hatte Braínach Gelegenheit, den anderen noch ein wenig zuzuschauen. Cadog und Ternan übernahmen die Zwillinge von Moén und Clídna. Was für ein Bild, wie sie mit ihren riesigen Händen behutsam die winzigen Füße der Babys wuschen. Diejenigen, die die größeren Kinder übernommen hatten, hatten richtig Arbeit, denn deren Füße starrten vor Dreck. Braínach musste grinsen: Da machte der Ritus doppelt Sinn.

Zum Abschluss sangen die Mönche und Nonnen einen Hymnus und Abt Columcille segnete die Versammlung ein letztes Mal. Als Braínach zum Eingang des Klosters schaute, waren Wulfric und seine Leute verschwunden.

Jetzt ging das Festmahl los – ein Mahl, bei dem neben Aodhán auch viele andere ihre Köstlichkeiten beisteuerten. Nicht nur die Mönche, die Nonnen und die frisch Getauften feierten zusammen, auch die Besucher aus dem Dorf waren eingeladen und saßen mit ihnen an der langen Tafel.

Zu seinem Leidwesen gelang es Braínach nicht, sich neben Gwid zu setzen. Nach der heiligen Feier hatte er nur ganz kurz Gelegenheit gehabt, ihr zu gratulieren und Gottes Segen zu wünschen. Jetzt hatten Lúach und Moire die Häuptlingstochter in ihre Mitte genommen und fragten sie über das Leben im Dorf aus. Braínach beobachtete Gwid, wie sie auf ihre lebendige und humorvolle Art antwortete und die beiden Nonnen immer wieder dazu brachte, herzlich zu lachen.

Das Mahl ging in die dritte Runde und Braínach überlegte, ob er es hinbekommen könnte, später am Nachmittag mit Gwid allein eine Wanderung zu machen. Da legte sich plötzlich eine Hand auf seine Schulter und die Stimme des Abtes fragte ihn leise: »Was ist hier am Loch Carron dein Lieblingsort, wenn du nachdenken willst?«

Braínach musste keine Sekunde überlegen, zögerte aber doch mit der Antwort. Warum fragte Columcille ihn das?

Der Abt wartete geduldig, immer noch die Hand auf seiner Schulter. Braínach dreht den Kopf halb nach hinten und sagte leise: »Oben auf der Höhe beim Steinkreuz.«

»Sehr gut, da bin ich bis jetzt noch nicht gewesen. Können wir uns gleich im Anschluss an die Nachspeise vor dem Tor treffen und eine gemeinsame Wanderung machen?«

Braínach schluckte und nickte. Natürlich konnte er seinem Abt eine solche Bitte nicht ausschlagen. Damit hatte sich die Zweisamkeit mit Gwid für heute erledigt.

Eine gute halbe Stunde später stand Columcille von seinem Platz auf, sah Braínach kurz an und schlenderte zum Weg, der zur Bergkuppe führte. Der junge Mönch wartete einen Moment, erhob sich ebenfalls und schlug die gleiche Richtung ein.

»Schön, dass wir heute diese kleine Wanderung machen können«, meinte Columcille und nickte ihm freundlich zu. »Du kennst den Weg.«

»Ziemlich gut«, erwiderte Braínach lächelnd. »Hierhinauf.«

Während des Anstiegs fragte ihn Columcille nach verschiedenen Ereignissen der zurückliegenden eineinhalb Jahre, von denen er schon gehört hatte, aber noch mehr erfahren wollte. Auch nach der Lebenssituation der Täuflinge erkundigte er sich. Braínach erzählte bereitwillig und wunderte sich nebenbei, wie zügig sie bergan schritten, ohne dass der Abt mit seinen über fünfzig Jahren außer Atem kam oder langsamer geworden wäre.

Schließlich kamen sie oben auf der Höhe an, wo das mächtige Kreuz mit dem Sonnenkreis in den Himmel ragte. Columcille betrachtete aufmerksam die Verzierungen und Bildelemente, tief beeindruckt von Cadogs Steinmetzkunst. Immer wieder fuhr er mit den Fingern einzelne Linien ab und nickte anerkennend.

»Ein wunderbares, starkes Zeichen für den neuen Glauben, für unseren Glauben, der die Dunkelheiten und Schrecknisse des alten Glaubens überwindet und zugleich seine wahren Reichtümer bewahrt. Ich bin stolz darauf, Christus nachzufolgen.«

Braínach nickte zustimmend, ohne recht zu wissen, was er darauf antworten sollte.

Columcille setzte sich auf einen Stein in der Nähe. Von hier bot sich der beste Blick ins Tal und in die Berge und Braínach hatte schon viele Stunden darauf zugebracht. Der Abt klopfte mit der Hand neben sich: »Das hier ist dein Platz, nicht wahr?« Der junge Mönch nickte erneut und setzte sich.

Sie ließen den Blick über das Dorf und das Kloster tief unter sich schweifen, über Loch Carron und die gegenüberliegenden Berghänge, die im Streiflicht der Nachmittagssonne lagen, und hinauf zu den Bergen im Nordosten. Hier oben wehte der Wind stärker, aber immer noch mild.

»Worin besteht der Unterschied darin, die Welt von unten aus dem Kloster oder dem Dorf zu betrachten und von hier oben?«, fragte Columcille.

Braínach lächelte: »Unten ist man näher dran am Leben, aber hier oben hat man den Überblick.«

»Wo bist du lieber?«

»Ich glaube, ich brauche beides. Nur hier oben wäre auf Dauer ziemlich einsam. Aber nur unten wäre auch nicht gut. Dann stolpert man irgendwann nur noch von Tag zu Tag und verliert den Überblick. Ich steige gerne hier hoch, um meine Gedanken zu ordnen.«

Columcille nickte, ohne das Gesagte zu kommentieren. Nach einer Weile setzte er neu an: »Was bedeutet es dir, Christus nachzufolgen aus dem Blickwinkel Kloster und Dorf – und was aus dem Blickwinkel der Höhe hier?«

Braínach schaute Columcille kurz von der Seite an, weil er nicht sicher war, wie er die Frage verstehen sollte. Der aber blickte weiter in die Ferne.

»Christus nachfolgen im Kloster und im Dorf bedeutet für mich all das, was wir als Mönche tun: beten und arbeiten, Menschen helfen und Freundschaften pflegen und so weiter.«

»Ja, aber was bedeutet es für dich? Was bedeutet es dir, so zu leben?«

Braínach runzelte die Stirn und antwortete: »Ich denke, das ist mein Platz im Leben. Das ist irgendwie meine Aufgabe. Es macht mir Spaß, wenn ich etwas Gutes tun kann.«

»Und wenn nicht?«

»Wenn nicht, dann ist es richtig schwer. Dann mag ich mich selbst nicht.«

»Was bedeutet das für die Nachfolge Christi?«

Braínach zuckte die Schultern: »Keine Ahnung.«

»Im Alltag bist du also ziemlich abhängig davon, ob du Erfolg hast oder nicht. Wenn nicht, würdest du am liebsten alles hinschmeißen.«

Braínach nickte. Zu seiner Überraschung fuhr der Abt fort. »Das kenne ich. Deshalb ist es so wichtig, dass wir Orte haben wie du hier oben. Was ändert sich hier?«

Braínach merkte, wie krumm er die letzten Minuten dagesessen hatte, und streckte den Rücken durch, bevor er erwiderte: »Hier oben spielen die Dinge aus dem Alltag keine so große Rolle. Manches wirkt auf einmal – fast lächerlich. Ich fühle mich Gott meistens ziemlich nah, egal was vorher passiert ist.«

»Und was bedeutet das für dich?«

»Hm. Wie ich schon gesagt habe: Ich brauche immer wieder den Abstand, den Überblick, damit ich nicht an irgendetwas kleben bleibe, über das ich mich ärgere…«

»…oder das du liebst.«

»Wie meinst du das?«

»Was bedeutet *peregrinatio*?«

Braínach stutzte kurz über diese unvermittelte Gegenfrage und antwortete: »*Peregrinatio* bedeutet Pilgerreise, also unterwegs sein, nicht sesshaft werden, um Christi willen nicht kleben bleiben. Du hast uns beigebracht: In der Peregrinatio sind wir Christus besonders nah, wenn wir verlassen, was uns lieb ist und woran wir gewöhnt sind.«

Columcille nickte bedächtig. Plötzlich durchfuhr es Braínach heiß und kalt und er fragte erschrocken: »Warum führen wir dieses Gespräch?«

»Ich glaube, du hast es gerade selbst erkannt.«

Braínach sprang wie von einer Wespe gestochen auf und lief ein paar Schritte vom Stein weg. »Nein! Nein!! Das kann ich nicht.«

Die Aussicht hinunter zum Kloster und zum Dorf verschwamm mehr und mehr vor seinen Augen, bis zwei heiße Spuren über seine Wangen liefen. Bilder huschten vor seinem inneren Auge vorbei und Gesprächsfetzen, in denen seine Brüder vorkamen mit ihren

Fähigkeiten und Lebensgeschichten und Schwächen. Und die Menschen im Dorf, die er längst ins Herz geschlossen hatte, nicht nur die Häuptlingsfamilie, aber die besonders: Garnaíd, der in seiner Achtung immer mehr gestiegen war. Braan mit seinem Finger in der Nase. Und Gwid. Gwid. Gwid…

Erneut kamen ihm die Tränen und er schüttelte langsam, aber unaufhörlich den Kopf.

Der Abt ließ ihm Zeit, viel Zeit. Irgendwann erhob er sich und stellte sich neben den jungen Mönch.

»Du bist hier richtig zu Hause. Du hast deinen Platz zwischen den Brüdern gefunden. Du hast deine Aufgaben. Du hast Beziehungen zu sehr unterschiedlichen Menschen im Dorf aufgebaut. Und ganz besonders zu einer Person, die dich bis in deine Träume begleitet, nicht wahr?«

Braínach schniefte und nickte.

»Das ist alles ausgesprochen wertvoll. Es ist kostbar. Und trotzdem wäre es kein weiser Rat für dein Leben, dich daran zu binden. Es würde ja nicht leichter mit den Jahren, dich wieder zu lösen. Es würde dich im Tal des Lebens festhalten. Aber du bist zu mehr geschaffen.«

Braínach starrte weiter ins Tal und regte sich nicht.

»Ich habe mit Cailton ausführlich darüber gesprochen. Er schätzt dich sehr. Und er würde dich sehr, sehr vermissen. Er hat mir erzählt, wie schnell du dich hier zurechtgefunden hast, wie du Kontakte und Freundschaften aufgebaut hast. Du bist jemand, zu dem Menschen schnell Vertrauen fassen. Und du kannst damit umgehen. Du hast in schwierigen Situationen Lösungen gefunden. Du kannst leicht…«

»Hat er dir auch erzählt, wo ich kläglich versagt habe?«, murmelte Braínach, ohne den Kopf zu wenden.

»Ja, das hat er. Das kam wohl nicht besonders häufig vor, war aber jedes Mal ziemlich lehrreich für dich. Genau deshalb bist du – alles zusammengenommen – ein Pionier, wie er im Buche steht. Und diese Gaben dürfen nicht verkümmern. Um Christi willen und um deiner selbst willen.«

Braínach schwieg.

»Du weißt, was eine der höchsten Pflichten eines Mönchs oder einer Nonne ist?«, fragte der Abt nach einer Weile.

»Du meinst vermutlich Gehorsam.«

»Ja, ich meine Gehorsam. Denn manchmal sieht jemand von außen besser als man selbst, was jetzt geboten ist.«

»Und was gebietest du mir?«

»Du sollst mit mir nach Iouan zurückreisen. Ich möchte, dass du die nächsten Schritte deiner Ausbildung gehst, damit ich dich in ein paar Jahren zum Priester weihen kann. Und du sollst Sprachen lernen, nicht nur Latein, sondern Sprachen, die heute in anderen Ländern gesprochen werden. Danach möchte ich dich mit einer neuen Pilgergruppe zu den Pikten schicken. Wie du weißt, haben wir schon gute Verbindungen dorthin, aber im Grunde ist noch nichts erreicht.«

»Zu den Pikten? Auf die andere Seite der Highlands?«

»Ja, genau dorthin, wo wir jetzt ein paar Wochen waren. Aber ich kann mir auch vorstellen, dass Gott dich später noch viel weitere Wege führt. Wer weiß. Bist du bereit, diesem Auftrag zu gehorchen? Ich könnte auch anders fragen: Möchtest du dein Leben Christus wirklich zur Verfügung stellen und dich an ihn binden, wie wir in der Lorica beten?«

Braínach spürte, wie die Worte Columcilles in ihm Wirkung zeigten. Wie sein Widerstand dagegen aufweichte. Den Rest des Lebens hier an Loch Carron zu verbringen, das entsprach ja auch nicht seinen eigenen Vorstellungen. Das wäre wirklich eine viel zu kleine Welt für ihn. Und das könnte auf Dauer selbst Gwid nicht verhindern.

Aber darauf, jetzt schon von hier aufzubrechen, wäre er im Traum nicht gekommen. Obwohl – ihm fiel die innere Unruhe ein, die ihn in den letzten Tagen gelegentlich ergriffen hatte. Da war doch schon eine Ahnung vorhanden gewesen. Und ja: Priester zu werden, davon hatte er heimlich geträumt.

Er atmete tief ein und aus und holte dann erneut langsam Luft: »Du hast mich überzeugt. Ich bin bereit.«

»Gut, das ist sehr gut. Gott segne dich«, sagte Columcille mit Nachdruck. »Wenn das so ist, dann hätte ich noch ein zweites Thema, zu dem ich gerne deine Meinung hören würde, auch wenn du dabei nichts zu entscheiden hast.«

Braínach wusste nicht so recht, was er davon halten sollte, drehte sich um und schaute den Abt forschend an. Der fuhr mit harmloser Miene fort: »Wie du weißt, schätze ich es sehr, nicht nur talentierte junge Männer nach Iouan zu holen und auszubilden, sondern genauso begabte, junge Frauen. Ich glaube nämlich, dass die schöpfungsgemäße Gemeinschaft von Mann und Frau in ein Kloster gehört und in der Pilgerschaft und Mission unverzichtbar ist. Hier im Dorf gibt es ein talentiertes junges Mädchen, das ich gerne für Iouan gewinnen würde. Unter drei Voraussetzungen. Erstens: Sie lernt diesen Winter noch fleißig hier in der Klosterschule am Loch Carron. Zweitens: Sie möchte das selbst auch von Herzen. Und drittens: Ihr Vater stimmt zu.«

Braínach starrte Columcille mit offenem Mund an und bekam keinen Ton heraus. Das war eine Wendung, mit der er ganz und gar nicht gerechnet hatte. Das war ja …

Am liebsten wäre er dem Abt um den Hals gefallen, aber das gehörte sich nicht.

»Na?«, fragte Columcille mit einem schelmischen Grinsen. »Was hältst du von der Idee.«

»Das, das … wäre wunderbar!«

»Das finde ich auch, aber freu dich nicht zu früh. Es ist noch nichts entschieden. So, aber jetzt wird es Zeit, zu den anderen zurückzukehren. Danke, dass du mich an diesen besonderen Ort geführt hast.«

»Gern geschehen«, stammelte Braínach.

Auf dem Weg ins Tal sprachen sie kaum ein Wort. Der junge Mönch war voll und ganz damit beschäftigt, sein Gefühlschaos zu ordnen. Und Columcille zeigte keine Neigung, ihn dabei zu stören.

Lebenswenden

Taufe

Die frühesten erhaltenen Zeugnisse der keltischen Liturgien stammen aus dem 8. und 9. Jahrhundert. Trotzdem kann man davon ausgehen, dass sie zur Zeit von Columcille schon ähnlich waren.

Die Bedeutung der Taufe für die Kelten kann nicht hoch genug eingeschätzt werden, während bei uns zumindest traditionell Taufen in der Landeskirche häufig einfach abgewickelt werden und die schreienden Babys einen konzentrierten Predigtgottesdienst eher zu stören scheinen. Bis zum Konfirmandenunterricht bleibt die Wirkung bei den meisten sehr überschaubar und danach erst recht.

Die Taufe von Jugendlichen und jungen Erwachsenen in Freikirchen – oft in nur einem einzigen Taufgottesdienst pro Jahr – hatte da schon ein anderes Gewicht, aber zugleich ein anderes Problem. In der Regel sind sie von klein auf in einer bewusst christlichen Familie aufgewachsen und das große Ereignis ist in Wirklichkeit überhaupt keine Lebenswende. Ich habe als Jugendlicher bei Freunden in der FEG erlebt, wie groß die Enttäuschung ein Jahr nach der Taufe war, weil sich keine spektakuläre Veränderung eingestellt hatte.

Das ist anders, wenn sich Menschen taufen lassen, die vorher keinen Bezug zum christlichen Glauben hatten. In der Iranischen Gemeinde der Berliner Stadtmission haben wir in den zurückliegenden sechs Jahren über sechzig Menschen getauft, die vorher Muslime waren. Die stundenlangen Taufgottesdienste in Gruppen von vier bis sechs Täuflingen, die mindestens ein halbes Jahr intensiv in den Glauben eingeführt und auf ihre Taufe vorbereitet wurden, sind jedes Mal ein begeisterndes Fest der Befreiung. Die meisten haben in ihrem Heimatland eine zutiefst bedrückende und Furcht einflößende Religion erlebt, obwohl der Islam längst nicht überall so ist. Und nun erleben sie ihre Taufe im unmittelbaren Sinn des Wortes als eine Erlösung.

Die Gemeinde gestaltet dieses Fest mit unglaublicher Liebe zum Detail, sei es in der Dekoration, den selbst genähten Taufkleidern, persönlich gestalteten Taufgeschenken für jeden Einzelnen oder im anschließenden Festmahl mit allen.

Das ist keine Garantie, dass die Getauften danach Jesus treu bleiben. Und trotzdem ist die Kraft des Evangeliums hier ganz anders spürbar als bei den beschriebenen volkskirchlichen »Routinetaufen«. Interessanterweise gehen – zumindest in Berlin – immer mehr landeskirchliche Gemeinden dazu über, Konfirmanden in einem See zu taufen, weil die Ganzkörpertaufe eben ein ganzheitliches Erlebnis ist.

- In vielen Gemeinden wird enorme Energie in die Organisation von besonderen »missionarischen« Veranstaltungen gesteckt, aber die Sakramente, also die von Jesus selbst eingesetzten heiligen Zeichen, werden eher schludrig behandelt. Wie ist das in deiner Gemeinde?
- Hast du schon mal eine völlig anders gestaltete Taufe in einer anderen Konfession oder einem anderen Land erlebt? Was hat dich da berührt?

Alltagssog und Lebensziele

Die Wanderung zum Hochkreuz und das Gespräch über Lebensziele und Berufung machen zwei Pole deutlich, zwischen denen sich unser Leben immer ausspannt, obwohl uns das oft nicht bewusst ist. Häufig ist auch einer der beiden Pole unterentwickelt.

Im Evangelium lädt Jesus seine Jünger zu beidem ein: jeden einzelnen Tag gegenwartsbewusst zu leben und sich nicht wegen der Zukunft verrückt zu machen – und zugleich erwartungsvoll den Kopf zu heben und weit über den Alltag hinauszuschauen.

Das gleichzeitig zu versuchen, würde uns nicht guttun. Stattdessen ist es hilfreich, beidem seine Zeit zu geben. Einkehrtage, geistliche Begleitung oder auch Klausurtage zur Visions- und Konzeptionsentwicklung sind unverzichtbar, um nicht vom Klein-Klein der tausend

Alltagsthemen aufgesogen zu werden. Von da aus ergeben sich dann auch wieder im Alltag neue Wege der Nachfolge.

- Wie viel Zeit gönnst du dir pro Woche, pro Jahr, um auf »einen Berg zu steigen« und grundsätzliche Fragen zu bewegen?
- Welche Formen und welche Personen können für dich dabei besonders hilfreich sein?
- Wie schützt du solche »Auszeiten« davor, doch wieder untergerührt zu werden und keinen Raum zu bekommen?

19. KAPITEL

in dem Weichen gestellt und Boote gepackt werden

Als Columcille und Braínach im Kloster ankamen, waren die Gäste aus dem Dorf bereits gegangen, aber die Mönche und die Nonnen und die frisch Getauften saßen immer noch um den großen Tisch, auf dem einige Getränke standen, und unterhielten sich angeregt. Die kleineren Kinder von Moén und Clídna spielten Verstecken zwischen den Gebäuden und den Zelten und streichelten die Tiere im Gatter.

Cailton war der Erste, der aufmerkte, als der Abt und der junge Mönch sich näherten. Forschend blickte er ihnen ins Gesicht und schien bereits mehr zu sehen, als die anderen auch nur ahnten.

Aodhán rief: »Na, ihr zwei verlorenen Schafe? Ich wollte schon guter Hirte spielen und euch suchen. Aber leider wurde ich hier ständig in Gespräche verwickelt.«

Die anderen schmunzelten. Columcille und Braínach setzten sich und bekamen sogleich Met gereicht.

»Wo wart ihr?«, fragte Cadog.

Columcille lächelte anerkennend und sagte: »Braínach hat mich zu dem großartigen Steinkreuz geführt. Eine wunderbare Arbeit, ich bin wirklich beeindruckt.«

»Danke«, erwiderte der Steinmetz mit einem bescheidenen Lächeln.

Oswald schaute Braínach an, dann Columcille und dann wieder Braínach. Er runzelte die Stirn und fragte: »Verratet ihr uns auch, worüber ihr gesprochen habt?«

Columcille nickte Braínach zu, aber der schüttelte den Kopf und zeigte auf den Abt zurück.

»Es waren bedeutende Themen, die das ein oder andere verändern werden«, begann der Abt seinen Bericht.

Dass sie sich so bald von Braínach verabschieden sollten, löste bei den ansässigen Mönchen und den Leuten aus dem Dorf Bestürzung aus. Ausnahmsweise war es nicht Aodhán, der als Erster seine Sprache wiederfand, sondern der sonst eher wortkarge Schmied.

»Das finde ich sehr, sehr schade für uns«, sagte Ternan. »Aber wenn die Würfel so gefallen sind, werden wir auch damit klarkommen.«

»Ja, wirklich schade«, meinte auch Cadog, »aber wir dürfen nicht vergessen, dass wir ja mindestens vier Mann Verstärkung kriegen.«

»Wieso Mann?«, warf Schwester Lúach bissig ein, »ich bin jedenfalls keiner und will auch keiner werden.«

Der Steinmetz hob beschwichtigend die Hände. »Entschuldigung, Entschuldigung, so war das nicht gemeint.«

»Warum sagst du denn was, was du nicht meinst?«

Moire, die neben ihr saß, legte beruhigend eine Hand auf ihre: »Ist schon gut, sei nicht so pingelig. Das haben wir gar nicht nötig. – Aber es hieß doch, wir sollten mit insgesamt zwölf Personen hier leben. Wenn Braínach nach Iouan geht, wer wird dann hierbleiben?«

»Ja, das ist eine gute Frage«, sagte Columcille, »bis morgen früh können sich Freiwillige bei mir melden. Und dann entscheide ich.«

»Der Winter hier ist gar nicht so übel«, meldete sich jetzt Cormac zu Wort, »jedenfalls mit einem Koch wie Aodhán, der auch aus fast nichts was zaubern kann.«

»Nummer eins«, meinte Oswald trocken.

»Was?«, fragte Cormac irritiert.

»Na, der erste Freiwillige hat sich gerade gemeldet.« Er grinste den jungen Segler an.

»N-n-nein, so hab ich das nicht gemeint«, stotterte Cormac.
»Ich aber«, gab Oswald zurück. »Dann haben wir wenigstens noch einen von euch Grashüpfern hier.«
»Interessanter Gedanke«, brach Columcille das kleine Scharmützel ab. »Aber das entscheiden wir nicht jetzt. Ich habe nämlich noch einen anderen Vorschlag.«
Er trug seine Gedanken genauso unschuldig neutral und ohne Namensnennung vor wie oben auf dem Hügel.
Es dauerte ein paar Sekunden, bis die anderen begriffen, wen er meinte. Plötzlich redeten alle auf einmal, Zustimmung und Ablehnung des Gedankens gingen wild durcheinander. Nur die Häuptlingsfamilie zeigte zunächst keine Regung. Dann aber klammerte sich Braan an Gwid und schrie: »Nein, ich lass dich nicht auch noch gehen, wenn Braínach schon abhaut.«
Die anderen verstummten. An den Kleinen hatten sie nicht gedacht.
Garnaíd räusperte sich: »Nun, auch das werden wir sicher nicht heute entscheiden. Aber danke für das Vertrauen.« Er erhob sich. »Lasst uns diesen bedeutungsschweren Tag beenden – Geschwister im Glauben. Danke für eure überaus freundliche Aufnahme. Danke für dieses schöne Fest. Wir werden uns jetzt zurückziehen. Kommt, Kinder.«
Auch die beiden Ehepaare aus dem Dorf erhoben sich. Moén stieß einen schrillen Pfiff aus und kurz darauf kamen seine Kinder von allen Seiten angeflitzt.
»Kommt, dieser schöne Festtag ist zu Ende. Wir gehen nach Hause.«
»Oh, schade«, scholl es zurück. Doch die Kinderschar gehorchte.
Braínach hatte die ganze Zeit versucht, einen Blick von Gwid zu erhaschen. Die aber schaute stets an ihm vorbei und verzog keine Miene. Doch jetzt sah sie kurz zu ihm hinüber. Für einen Augenblick huschte ein triumphierendes Lächeln über ihr Gesicht. »Was war das?«, fragte sich Braínach. »Sie wird doch nicht… nein, das kann nicht sein.« Aber sie hatte sich schon abgewandt und folgte in ihrem

weißen Taufkleid, das ihr ausgesprochen gut stand, ihrem ebenso gewandeten Vater und dem kleinen Bruder.

In dieser Nacht konnte Braínach nicht schlafen. Gedanken wirbelten ungeordnet durch seinen Kopf wie Schneeflocken im Wind. Immer wenn er einen festhalten wollte, schmolz er weg und wurde im gleichen Augenblick durch drei andere ersetzt.

Irgendwann musste er doch eingenickt sein, denn plötzlich riss ihn der Ruf der Handglocke zum Morgengebet aus bleiernem Schlaf. Er fühlte sich vollkommen zerschlagen. Aber auch dieser Morgen begrüßte ihn mit hellem Sonnenlicht, als sei seit gestern früh nichts geschehen. Wirklich geschehen war ja auch nichts, nur eine schwere Entscheidung war gefällt und eine andere vertagt worden.

Der junge Mönch tappte schlaftrunken zur Kapelle. Er war der Letzte, selbst die Häuptlingsfamilie war schon da. Braínach lehnte sich ganz hinten an die Wand. Die Frühandacht zog an ihm vorüber, ohne in seinen Gedanken Spuren zu hinterlassen.

Das anschließende Frühstück weckte seine Lebensgeister, auch wenn es wie üblich bescheiden ausfiel. Aus Platzgründen saß die eine Hälfte auf den Bänken und Hockern, die anderen aßen im Stehen. Aus den Augenwinkeln beobachtete Braínach, dass Braan mit finsterer Miene auf seinen Teller starrte, ohne etwas zu essen, und Garnaíd offenbar auch nur mühsam einige Bissen herunterbekam. Gwid hingegen schien wie üblich guten Appetit zu haben.

Nachdem die meisten zu Ende gefrühstückt hatten, erhob sich Garnaíd langsam von seinem Platz und erklärte: »Ich habe euch eine Entscheidung bekannt zu geben die mir alles andere als leichtgefallen ist. Wie ihr wisst, ist meine Frau bei Braans Geburt gestorben, und ich bin alleine mit den Kindern. Das hat bisher alles sehr gut geklappt. Wir haben unser Leben nicht nur in den Griff bekommen, sondern waren glücklich miteinander, jedenfalls meistens. – Oder?«, wandte er sich an seine Kinder.

Gwid lächelte ihn zustimmend an, während Braan weiter auf seinen Teller starrte und stumm nickte.

»Das könnte für mich und meinen Sohn gerne auch so weitergehen. Aber meine Tochter ist wild entschlossen, die Einladung von Abt Columcille anzunehmen. Sie hat mir gestern Abend so lange Vorträge über ihre Lebenspläne gehalten, bis ich nachgegeben habe. Wie ich gestern schon sagte: Die Einladung ist eine Ehre. Und mir ist klar geworden, dass ihre Zukunft nicht hier im Dorf liegen kann. Ich wüsste jedenfalls keinen einzigen Mann hier, der ihr gewachsen wäre und der sie glücklich machen könnte.

Aber den Winter über bleibt Gwid noch hier. Da kann ich auf keinen Fall schon auf sie verzichten. Wenn sie dann die Schulprüfung besteht – ich gehe mal davon aus, dass es eine Prüfung geben wird – und wenn sie immer noch will, dann werde ich sie im nächsten Frühjahr ziehen lassen.«

Schwer ließ er sich wieder auf die Bank sinken. Braan konnte ein Schluchzen nicht mehr unterdrücken, sprang auf und lief hinaus. Braínach folgte ihm.

Er fand Braan mit dem Kopf an die Kapellenwand gelehnt und bitterlich weinend. Als er sich dem Jungen näherte, um ihn zu trösten, sprang der plötzlich auf ihn zu und schlug mit seinen kleinen Fäusten auf ihn ein, so fest er konnte.

»Du gemeiner Hund! Haust ab und klaust mir auch noch meine Schwester«, brüllte er ihn an.

Braínach steckte die kindlichen Schläge ein, ohne sich zu wehren, zumal sie seiner Seele mehr wehtaten als seinem Körper. Irgendwann aber ergriff er Braan bei den Handgelenken, zog ihn an seine Brust und drückte ihn fest an sich. Jetzt klammerte sich der Kleine an ihn wie an einen Rettungsring. Nach einer Weile kam sein Schluchzen zur Ruhe.

Braínach strich ihm mit einer Hand über den roten, wirren Haarschopf und meinte tröstend: »Du heulst so, als seien Gwid und ich gestorben. Das sind wir aber nicht. Wir kommen bestimmt immer wieder her. Gwid, weil es ihre Heimat ist, und ich, weil ich euch alle mag. Schau mal, Cormac ist auch schon wieder hier.«

»Aber nur kurz zu Besuch. Das ist nicht das Gleiche, als wenn man hier lebt«, gab Braan zurück, immer noch von Schluchzern unterbrochen.

»Ja, aber jetzt überleg mal weiter: Wenn deine Schwester so einen Weg einschlagen darf, dann du später bestimmt auch, wenn du das willst. Du könntest in Iouan eine Ausbildung machen und dann als hochgebildeter Mann zurückkommen und Häuptling nicht nur über das kleine Dorf hier werden, sondern vielleicht über alle Dörfer rund um Loch Carron, so was wie ein Fürst. Wie wäre das?«

Braan hob den Kopf, wischte sich die Tränen von den Wangen und sagte: »Das wär was!«

»Nicht wahr? In jedem Abschied steckt ein neuer Anfang, auch wenn es zuerst ziemlich wehtut. Ich geh nicht gerne von hier weg. Überhaupt nicht. Ich werde bestimmt heulen, wenn wir lossegeln. Und trotzdem. Stell dir mal umgekehrt vor, wir wären nie von Iouan losgesegelt, sondern immer dortgeblieben. Dann hätten wir zwei uns überhaupt nicht kennengelernt.«

»Das wäre aber ziemlich doof!« Braan grinste ein wenig, blinzelte die letzten Tränen weg, zog die Nase energisch hoch und wischte sie mit der Hand ab. Sein Gesicht war inzwischen ziemlich scheckig.

»Komm, wieder gehen wieder rein. Wasch dir eben schnell dein Gesicht am Brunnen, und dann zeigst du deinem Vater, dass du ein Mann bist, der mit Schwierigkeiten fertigwird.«

Der Mönch hielt dem Jungen seine Faust hin und Braan boxte entschlossen dagegen.

Wieder zurück im Gemeinschaftshaus war das Frühstück bereits abgeräumt. Garnaíd und Gwid standen noch mit Cailton und Columcille zusammen, wohin Braínach jetzt auch den Jungen schob.

Der baute sich vor seinem Vater auf und sagte: »Du bist ein großer Häuptling. Ich werde aber ein größerer!«

Die Erwachsenen schauten ihn etwas sprachlos an. Columcille schaltete am schnellsten: »Ja, du wirst deinem Vater einmal alle Ehre machen. Da bin ich mir sicher.«

Garnaíd sah immer noch leicht verwirrt von einem zum anderen, zuckte mit den Schultern und sagte: »Ja, dann wird es wohl so sein.«

Braínach trat zu Gwid und raunte ihr zu: »Kann ich jetzt endlich mal mit dir reden?«

Sie nickte und folgte ihm nach draußen.

»Sag mal«, legte Braínach direkt los, »hast du das alles etwa eingefädelt?«

Verschmitzt lächelte sie ihn an: »Was meinst du?«

»Du hast mich vorige Woche gefragt, wie das mit den Nonnen und Mönchen im Kloster ist. Und ob das vielleicht etwas für uns bedeuten könnte. Mit wem hast du denn noch geredet?«

»Na, mit Cailton und mit Columcille, die haben ja das Sagen.«

Braínach schüttelte ungläubig den Kopf: »Ich fass es nicht. Du redest einfach mit einem Priester und einem Abt und fädelst deine Zukunft ein.«

»Meine? Ich würde mal behaupten: unsere. Ich bin gestern Nachmittag tausend Tode gestorben, als ihr von dem blöden Berg nicht wieder runtergekommen seid. Ich hatte schon Angst, dass du mit deiner Sturheit alles kaputt machst.«

»Ich mit meiner Sturheit«, stöhnte Braínach, »unfassbar. Und was bist du?«

»Sturer.« Sie lachte ihm ins Gesicht, gab ihm eine Kopfnuss und rannte los, Braínach hinterher. Wie die wilde Jagd ging es kreuz und quer durch die Klosteranlage und dann auf den Weg hinaus. Gwid war ungeheuer flink, aber schließlich bekam Braínach sie doch zu fassen, schleuderte sie herum und gab ihr einen dicken Kuss auf den Mund.

»Na, na, na, Herr Mönch!«, neckte sie ihn. Doch dann drückte sie sich eng an ihn. Aneinandergeschmiegt verharrten sie eine ganze Weile. Schließlich löste sich Gwid wieder von ihm und schaute Braínach tief in die Augen: »Der Winter wird hart und lang ohne dich.«

»Und erst ohne dich!«

Langsam bewegten sich ihre Gesichter wieder aufeinander zu, bis sich zunächst ihre Nasen zart berührten und dann die Lippen.

An diesem Tag ruhten alle weiteren Arbeiten, die vielleicht hätten getan werden müssen. Zu vieles gab es zu besprechen und zu klären.

Am späten Nachmittag stand fest, wer in der jungen Niederlassung am Loch Carron bleiben würde. Zunächst hatte sich Domnall gemeldet, ein älterer, aber noch sehr rüstiger Mönch mit vollständig kahlem Kopf. Er war Fischer und hatte sich in den zurückliegenden Tagen mit Ternan angefreundet. Die beiden hatten viel Zeit am Ufer von Loch Carron und an dem umgeleiteten Bach zugebracht und gefachsimpelt. Mit seinen Spezialkenntnissen im Bau von Teichen und Fischzucht hatten sie ganz neue Möglichkeiten, nicht nur die Selbstversorgung zu verbessern, sondern auch das Dorf mit Süßwasserfischen zu versorgen.

Außerdem wurde ein recht junger, aber schweigsamer und völlig unscheinbarer Bruder namens Ceallach ausgewählt. Ceallach fühlte sich nur in einer Schreibstube wohl. Die anderen hatten sich schon gewundert, wie Columcille es geschafft hatte, ihn zu der Reise zu bewegen. Mit der Aussicht, hier in der kleinen Schreibstube still vor sich hin arbeiten zu können, schien er zufrieden zu sein. Jedenfalls wehrte er sich nicht, wobei das auch sehr ungewöhnlich für ihn gewesen wäre. Zu spät begriff er, dass er nicht so ganz ungestört heilige Schriften würde kopieren können, denn auch in diesem Winter würde der Unterricht von Gwid und Braan und womöglich weiteren Kindern aus dem Dorf im Skriptorium stattfinden.

Die letzte freie Position fiel wahrhaftig Cormac zu, der sich schließlich vielen guten Gründen hatte beugen müssen. Es war sinnvoll, dass zwei Schreiber am Loch Carron blieben, und auch sonst hatte Cormac sich ja als sehr nützlich erwiesen. Für Braan war es ein echter Lichtblick, dass der junge Mönch ihm Gesellschaft leisten würde. Und im nächsten Frühjahr würde Cormac dann wahrscheinlich mit seinem kleinen Boot Gwid nach Iouan bringen, ohne dass noch mal eine Delegation losgeschickt werden müsste.

Bei dem Gedanken, wie viel Zeit Cormac mit Gwid verbringen würde, meldete sich in Braínach die Stimme der Eifersucht, die er aber schnell in ihre Schranken verwies. So wie Gwid ihre Zukunft in die Hand genommen und wie sie ihn immer wieder hatte zappeln lassen wie einen Fisch an der Angel, brauchte er sich wegen Cormac keine Gedanken zu machen.

Columcille wünschte, noch bis zum folgenden Sonntag zu verweilen und am Montag nach Iouan aufzubrechen. Die verbleibenden beiden Bootsführer Bedran und Cian hielten das aber für keine gute Idee. Man wusste nicht, wie lange das Wetter noch halten würde, und sie wollten nicht die halbe Strecke gegen herbstlichen Westwind ankämpfen müssen. Deshalb wurde beschlossen, schon am übernächsten Tag aufzubrechen. Der Abt ging daher vor dem Abendbrot mit Vater Cailton ins Dorf, um Wulfric über die geplante Abreise zu informieren und ihm zu danken, dass er das Tauffest nicht gestört hatte.

Am nächsten Tag machte sich Oswald mit Bedran daran, einen größeren Tisch zu fertigen. Immerhin wären sie ab jetzt zu zwölft. Unterdessen waren einige der Mönche im Wald, um Bäume für den Bau eines Männerschlafsaals zu fällen.

Brainach packte gerade im Skriptorium sein kostbares Schreibzeug ein, als Cailton zu ihm trat und ihn aufhielt: »Ich muss dich enttäuschen. Diese Geräte musst du leider Ceallach überlassen. Er hat nichts mitgebracht, was für dauerhafte Schreibarbeit geeignet wäre. Und Columcille hat versprochen, dass du im Heimatkloster mindestens ebenso gutes Material bekommst. Er hat voriges Jahr einen neuen Händler gefunden, der hervorragende Qualität liefert.«

Das hörte sich zwar gut an, trotzdem fiel es Brainach nicht leicht, sich von den vertrauten Federn und Messern zu verabschieden. Überhaupt war dieser Tag für ihn schwierig. Immer mehr wurde ihm bewusst, was er durch diesen Abschied verlieren würde. Nach dem Mittag erbat er sich eine halbe Stunde mit Oswald auf ihrer Bank hinter dem Gemeinschaftshaus.

Danach lief er ins Dorf, um sich von allen zu verabschieden, die er kennen- und schätzen gelernt hatte. Viele waren sichtbar traurig, dass er sie verlassen würde, wünschten ihm aber alles Glück der Welt. Natürlich hatte sich längst herumgesprochen, dass Häuptlings-Gwid ihm nächstes Jahr folgen würde, und alle wollten mehr darüber wissen. Aber an dieser Stelle hielt sich Braínach sehr zurück, um nicht noch mehr Gerüchte in die Welt zu setzen.

Dann verabredete er sich mit Gwid zu einem Seespaziergang zwischen Abendbrot und Nachtgebet.

»Wo ist eigentlich Braan?«

Gwid zuckte die Schultern. »Er ist heute Morgen weggegangen und noch nicht wieder aufgetaucht.«

Als Braínach bald darauf an der Klosteranlage ankam, saß Braan auf dem Wall, genau an der Stelle, wo sie sich kennengelernt hatten. Der Junge schaute ihn wortlos an und bohrte in der Nase. Braínach fiel auf, dass er diese Angewohnheit bei seinem jungen Freund zuletzt nur noch selten gesehen hatte. Ihm kam der Verdacht, dass Braan das sehr bewusst tat, um ihn an den Anfang ihrer Freundschaft zu erinnern.

»Weißt du was«, sprach Braínach ihn an, »bevor wir jetzt beide hier sitzen und Trübsal blasen, schlage ich dir vor, dass wir ein Wettrennen zu allen schönen Stellen machen, wo wir was zusammen erlebt haben.«

Braan zog energisch den Finger aus der Nase. »Auch auf den Berg zum Steinkreuz und in den Wald, wo wir Oswald nach seinem Unfall gefunden haben?«, fragte er erwartungsvoll.

»Oh wei, da hab ich dir was vorgeschlagen. Nein, das schaffen wir heute Nachmittag nicht mehr, aber alles hier rund ums Kloster bis zum See.«

»In Ordnung, aber ich gewinne.« Schon sauste der Kleine los in Richtung Tiergatter.

Zum Abendessen kamen die beiden Arm in Arm und ziemlich verschwitzt, aber in guter Stimmung.

Am nächsten Morgen wurden die beiden Boote nach dem Frühgebet zügig gepackt, und dann gab es noch mal ein ausführliches

Frühstück an dem neu gezimmerten Tisch. Natürlich nahmen auch Garnaíd, Gwid und Braan daran teil. Aodhán hatte mit Unterstützung von Moire und Lúach dicke Verpflegungspakete für die Reise zusammengestellt.

Am Schluss erhob sich Columcille von seinem Platz am Kopfende der Tafel und sagte: »Ich möchte euch sechs Pionieren danken für den Brückenkopf des Himmels, den ihr hier aufgebaut habt. Möge dieser Ort durch seine neuen Bewohner weiter gesegnet werden. Ich möchte euch danken für eure wunderbare Gastfreundschaft. Möge sie weiterhin Menschen anziehen. Ich möchte euch danken für euren tiefen Glauben und eure Treue zu Christus, so unterschiedlich diese sich auch bei jedem von euch ausdrückt. Möge unser Herr euch dermaleinst reich belohnen in seiner himmlischen Welt. Und ich danke euch«, er schaute die Häuptlingsfamilie an, »die ihr euch für den neuen Glauben geöffnet habt. Mögt ihr diesen Schritt niemals bereuen.«

Zum Schluss sprach er einen Reisesegen für alle, die gleich aufbrechen würden.

Am liebsten hätte sich Braínach noch ausführlich von jedem der fünf Brüder verabschiedet, mit denen er so viel erlebt und denen er so viel zu verdanken hatte. Aber die beiden Bootsführer drängten bereits ungeduldig zum Aufbruch.

Gemeinsam zogen sie hinunter zum Meeresarm, wo Bedran und Cian die Boote bereits vor dem Frühstück zum Ablegen bereit gemacht hatten. Ein Stück vom Ufer entfernt schaukelte ein weiteres Curragh, das mit sechs kräftigen Ruderern besetzt war. Wulfric hatte darauf bestanden, mit einem eigenen Boot zu reisen.

Viele Dörfler hatten sich eingefunden, um die Reisenden zu verabschieden, Freunde der Mönche genauso wie Freunde des Druiden. Angeregt diskutierten sie miteinander, wann man wohl wen zurückerwarten durfte. Unbemerkt stiftete so dieser Abschnitt neue Verbindungen unter den Zurückbleibenden.

Braínach warf sein Verpflegungspaket in das Boot, mit dem er reisen sollte, und lief noch einmal zu Gwid zurück. »Ich liebe dich«, sagte er laut und für alle verständlich und gab ihr einen ebenso hörbaren Kuss. Gwid umarmte ihn kurz und heftig, stieß ihn dann aber von sich: »Mach, dass du fortkommst. Sonst bin ich noch vor dir in Iouan.«

Die Szene löste großes Gelächter und Gejohle aus. Für einen Augenblick war der Abschiedsschmerz verflogen. Aber als die Boote ins tiefere Wasser geschoben waren, die Ruderer sich ins Zeug legten und die Boote Richtung Südwesten davonglitten, blieben die Menschen am Ufer noch lange stehen und winkten. Und mancher wischte sich verstohlen eine Träne von der Wange.

Brainach war zum Rudern eingeteilt worden. So konnte er zwar nicht winken, aber zurückschauen, bis die Menschen am Ufer zu Punkten zusammenschmolzen. Die Pilgerreise musste weitergehen, was auch immer noch auf ihn zukommen würde.

Milieuverengung überwinden

Für die Ausbreitung des christlichen Glaubens spielten herausragende Leitungspersönlichkeiten eine entscheidende Rolle. In der Regel entstammten sie dem Adel oder wie Columcille sogar dem Hochadel, waren also bereits von ihrer Herkunft ausgesprochen gebildete und zu Führungsaufgaben prädestinierte Personen. Zugleich waren sie in der Lage, mit den politischen Führern auf Augenhöhe zu kommunizieren. Dabei ging es häufig nicht nur um Aspekte der Religion, sondern auch um Fragen des Gemeinwesens, also (gesellschafts)politische Themen. Mehrfach verhinderte Columcille durch seinen Einsatz bewaffnete Konflikte und stiftete Frieden zwischen konkurrierenden Königen.

Auf der anderen Seite kamen die Mönche und Nonnen aus allen Gesellschaftsschichten, wodurch sie sich den unterschiedlichsten Gegebenheiten anpassen konnten. Dies half dabei, allen Bevölkerungsgruppen das Evangelium zu vermitteln.

Die Taufe der Häuptlingsfamilie zusammen mit den Ärmsten aus dem Dorf, wie ich sie hier erzählt habe, zeigt einen Kerngedanken neutestamentlicher Theologie: »Hier ist nicht Sklave noch Freier, hier ist nicht Mann noch Frau; denn ihr seid allesamt einer in Christus Jesus« (Galater 3,28).

Seit dem 19. Jahrhundert ist Kirche in der westlichen Welt dagegen vor allem ein Mittelstandsphänomen geworden. In den letzten fünfzig Jahren haben weitere Milieuverengungen stattgefunden, weil Gemeinden sich auf eine gesellschaftliche Schicht und kulturelle Prägung »spezialisiert« haben – teilweise erfolgreich, aber im Widerspruch zum Evangelium.

Deshalb braucht es ein ganz neues Verständnis von Gemeinde, die nicht für ihresgleichen da ist, sondern als Gemeinschaft von unterschiedlich geprägten Menschen die Botschaft der Liebe von Jesus zu allen Menschen verkündet und verkörpert: lebensnah, bedürfnis- und gabenorientiert, dienend, in Ergänzung unterschiedlichster Gaben und Prägungen – geistliche Gemeinschaften, die Menschen in Verbindung bringen, die sich sonst aus dem Weg gehen würden. So könnten heute Brückenköpfe des Himmels entstehen.

- Ist die Leitung deiner Gemeinde im Gespräch mit kommunalen Verantwortungsträgern? Setzt sie sich »für das Beste der Stadt« oder des Dorfes ein?
- Welche Möglichkeiten hast du, Kontakt zu Menschen aufzubauen, die deinen Horizont erweitern und nicht zum typischen Gemeinde-Milieu gehören?

GRUNDTHEMEN KELTISCHER SPIRITUALITÄT

In den letzten drei Kapiteln habe ich die verschiedensten Erzählfäden und Grundthemen keltischer Theologie und Spiritualität ineinandergewoben, wie die Zierranken der kunstvollen Kreuze von Cadog und Ternan.

Die keltische Theologie und Spiritualität stellt einen eigenständigen Strang innerhalb der christlichen Kirchen dar, unabhängig von der orthodoxen Ostkirche, der römisch-katholischen und protestantischen Westkirche und weiteren alten Kirchen, wie wir sie etwa in Äthiopien oder Indien finden. Die Wiederentdeckung dieses Strangs ermöglicht es uns, aus Denkmustern herauszufinden, die uns über Jahrhunderte geprägt haben, aber in der Gegenwart einer zunehmend nicht christlichen Welt nicht mehr tragen und das Zeugnis für Christus mehr behindern als fördern.

Da die keltischen Völker überall im Römischen Reich verbreitet waren, hatten sie ihre eigenen Verbindungslinien. Galatien (wohin einer der Paulusbriefe gerichtet ist) war damals von keltischen Stämmen bewohnt. Von dort führt in der ersten Hälfte des 4. Jahrhunderts eine Verbindung zu Sankt Martin, also dem Bischof Martin von Tours (Südfrankreich). In der ebenfalls von vielen Kelten bewohnten römischen Provinz Britannia wurde um 400 n. Chr. St. Patrick geboren. Zusammen mit anderen brachte er den christlichen Glauben nach Irland, wo er sich verwurzeln konnte, während in den anderen Gebieten die Völkerwanderung den größten Teil der Strukturen und Traditionen zerschlug.

Ein offenes Weltbild

Die Charakteristika der keltischen Theologie mit einem offenen Weltbild verhinderten viele Engführungen, die sich in der römischen Kirche verfestigten. Dort galt der Satz »*extra ecclesiam salus non est*« (»Außerhalb der Kirche gibt es kein Heil«). Dadurch wurde auch der Heilige Geist vollständig auf die innerkirchliche Wirkung begrenzt. Insgesamt wurde ein geschlossenes dualistisches Weltbild entwickelt (wobei die Lehre des Kirchenvaters Augustin eine wesentliche Rolle spielte beziehungsweise, wie sie in der Folge verstanden und angewendet wurde). Drinnen und draußen, gefallene Schöpfung und Erlösung, wurden streng getrennt. Die kirchliche Hierarchie wurde zur Heilsvermittlerin, alles andere war vom Teufel.

Auch Martin Luther und die anderen Reformatoren haben sich von diesem dualistischen Weltbild nicht gelöst. Bis heute vertreten selbst die größten Teile der Pfingstbewegung ein solches dualistisches Weltbild und sehen den Heiligen Geist exklusiv auf die Gemeinde bezogen.

Eine Folge waren vom Mittelalter bis in die beginnende Aufklärung in der Westkirche die Hexenverfolgungen: Alles, was man sich nicht erklären konnte und was außerhalb der kirchlichen Genehmigung geschah, war zutiefst verdächtig und gehörte auf den Scheiterhaufen. Das gab es in der Ostkirche nie, weil sie eine weite Theologie des Heiligen Geistes einschließlich einer »Schöpfungs-Pneumatologie« hat.

Die Lehre vom Geist Gottes als universalem Schöpfergeist[24] ist für die keltische Kirche fundamental. Eine fehlende Schöpfungspneumatologie hat in der Westkirche wesentlich dazu beigetragen, dass die westliche Kultur sich auf einen Weg gnadenloser Ausbeutung der Schöpfung gemacht hat und wir jetzt mühsam wieder Schöpfungsverantwortung lernen müssen. In der keltischen Spiritualität ist es undenkbar, die Natur nur als Kohlenstoff-Chemie oder Ressourcen-Steinbruch zu sehen. Für sie ist die Schöpfung ein Raum des Staunens, des Entdeckens und großer Ehrfurcht vor Gott. Damit folgt sie einem breiten biblischen Zeugnis, das in der Westkirche weitgehend ausgeblendet wurde.

Damit verbunden ist eine grundsätzlich positive Sicht der Welt und des Menschen. Er ist nicht nur sündig-verdorben, sondern kann mit Gottes Hilfe die Welt gestalten und ist nicht mehr an die zerstörerischen Mächte gebunden.

So mussten die keltischen Christen auch die breiten naturkundlichen Kenntnisse und Weisheiten der Druiden nicht pauschal verteufeln, sondern konnten sie wertschätzen. Die Druiden durchliefen grundsätzlich langjährige intensive Ausbildungen von bis zu zwanzig Jahren. Auch wenn in dieser Erzählung Wulfric als Charakter schlecht wegkommt, hatte er ebenfalls solche breiten Kenntnisse, wie im Zusammenhang mit seinem Unterricht für Braan deutlich wird. Columcille setzte sich auf höchster politischer Ebene für den Erhalt der Druidenschaft ein. Dadurch wurden ganz andere Dialoge möglich, als die römische Kirche zulassen konnte.[25]

In den fünf (keltischen) Königreichen Irlands entwickelte sich ab dem 4. Jahrhundert parallel zur Christianisierung ein Gesellschafts- und Rechtswesen, das bis zu den Wikingerüberfällen ab dem Ende des 8. Jahrhunderts erstaunlich hohe soziale und rechtliche Standards hervorbrachte – und eine für den Übergang von der Antike zum Mittelalter ebenso erstaunliche Position der Frauen. Diese knapp 400 Jahre gelten als die Blütezeit des christlichen Irlands, das nie römische Provinz war und nicht in die Strudel der Völkerwanderung kam. So konnte hier das frühere keltische Erbe wie nirgends sonst weiterentwickelt werden.

Die Rolle von Frauen und die Hierarchie

Schon aus römischer Zeit ist die Existenz von Druidinnen überliefert. Im altirischen Rechtswesen konnten Frauen studieren und hohe Positionen als Richterin oder »Staatsanwältin« übernehmen (Dalaigh). Wie schon mehrfach thematisiert, gab es auch keinen (Pflicht-)Zölibat, sondern Mönche und Nonnen lebten gleichberechtigt miteinander, teilweise auch als Ehepaar oder Familie. Manche Äbtissinnen waren berühmt und genauso angesehen wie die Äbte (z. B. die heilige Brigida von Kildare, geb. 453).

Die Rolle der Frauen in der keltischen Kirche hängt zusammen mit einem weiteren Punkt: einer flachen Hierarchie. Äbte und Äbtissinnen genossen höchstes Ansehen, was aber vor allem auf ihrer Führungskompetenz beruhte.

Das wirft auch ein anderes Licht auf den für uns heute eher problematischen Begriff Gehorsam. Ohne Zweifel spielte Gehorsam gegenüber dem Abt oder der Äbtissin eine sehr große Rolle, aber nicht als blinder Gehorsam, sondern unter Anerkennung ihrer geistlichen Kompetenz. Letztlich sah man sich an den dreieinigen Gott und seine Engel gebunden und nicht an einen Menschen (vgl. das Schutzgebet »Lorica«).

Zur flachen Hierarchie gehört auch das enorm flexible System der kleinen Gruppen, die ausgesandt wurden und dann auf sich gestellt waren. Das entspricht dem, was wir heute Netzwerkstruktur nennen, und nicht einer Organisation oder Körperschaft. Es spiegelt das urchristliche Gemeindemodell wieder und zugleich die Entwicklung unserer Gesellschaft im 21. Jahrhundert. Die Zeit der Orientierung an Kirchtürmen ist für die meisten Menschen vorüber.

Das Verständnis Gottes als dreieinig oder dreifaltig ist in der keltischen Theologie völlig anders als in den altkirchlichen Konzilien. Diese versuchten, durch immer kompliziertere und ausgefeiltere Formulierungen die Trinität zu definieren, also festzulegen, was richtiger Glaube und was Irrglaube sei. Dadurch wurde aber die Dreieinigkeit Gottes innerhalb der Westkirche zu einem reinen Gelehrtenstreit, der mit der Spiritualität der Gläubigen wenig zu tun hatte. Die keltischen Christen dagegen wollten nicht etwas festlegen, sondern staunend immer wieder neu dem Beziehungsgeheimnis Gottes in Gleichnissen und Bildern nachspüren.

Pilgerschaft

Auch im letzten Kapitel zeigt sich, wie wesentlich der Gedanke der Pilgerschaft für die Gestaltung des christlichen Lebens war. Pilgerschaft war Nachfolge und Zeugesein in einem. Es gab bei den keltischen Christen keine »roten Märtyrer«, also Christen, die durch ihr Blut, ihren Tod, den Glauben bezeugt hätten, dafür umso mehr »weiße Märtyrer«, die durch ihr Leben als Pilger Zeugen Jesu Christi waren.

So sind wir heute durch die Wiederentdeckung keltisch-christlicher Spiritualität auf vielfache Weise eingeladen und herausgefordert, unser Leben als Christen in dieser Welt zu überdenken und miteinander neu zu gestalten.

Ein Lied aus den USA, das in der Iona-Community gesungen wird, fasst diese Haltung wunderbar in Verse:

> As a fire is meant for burning
> with a bright and warming flame,
> so the church is meant for mission,
> giving glory to God's name.
> Not to preach our creeds or customs,
> but to build a bridge of care,
> we join hands across the nations,
> finding neighbours everywhere.
>
> We are learners; we are teachers;
> we are pilgrims on the way.
> We are seekers; we are givers;
> we are vessels made of clay.
> By our gentle, loving actions,
> we would show that Christ is light.
> In a humble, listening Spirit,
> we would live to God's delight.

As a green bud in the springtime
is the sign of life renewed,
so may we be signs of oneness
'mid earth's peoples, many hued.
As a rainbow lights the heavens
when a storm is past and gone,
may our lives reflect the radiance
of God's new and glorious dawn.

Wie der Sinn von Feuer ist,
mit heller, wärmender Flamme zu brennen,
so ist Mission der Sinn von Kirche:
Gottes Namen die Ehre zu geben.
Nicht um unsren Glauben oder unsre Sitten zu predigen,
sondern um eine Brücke der Zuwendung zu bauen,
reichen wir Hände zwischen den Nationen
und finden überall Nachbarn.

Wir sind Lernende, wir sind Lehrende,
wir sind Pilger auf dem Weg.
Wir sind Suchende, wir sind Gebende,
wir sind Gefäße aus Ton.
Durch unsre achtsamen, liebevollen Taten
mögen wir zeigen: Christus ist das Licht.
In demütigem, hörendem Geist
mögen wir leben zur Freude Gottes.

Wie eine grüne Knospe im Frühling
ist das Zeichen eines erneuerten Lebens.
So mögen wir Zeichen der Einheit sein
inmitten der vielfältigen Völker der Welt.

Wie ein Regenbogen den Himmel erhellt,
wenn ein Sturm vorüber und vergangen ist,
so möge unser Leben den Glanz widerspiegeln
von Gottes neuem und herrlichem Anbruch des Tages.[26]

NACHWORT

Liebe Leserin, lieber Leser,

wenn du hier angekommen bist, hast du dich auf meine Einladung zur wiederholten Zeitreise eingelassen. Vielen Dank dafür.

Ich lade dich nun ein, dich mit den Gedanken, die dir wichtig geworden sind, auf eine weitere Entdeckungsreise zu machen, und zwar durch unsere Zeit und unsere Welt, am besten mit anderen zusammen. Ich bin überzeugt, dass ihr mit so geschärftem Blick viele Orte findet, wo Jesus heute anzutreffen ist und seine heilsame Gegenwart Wirkung zeigen kann.

Möge dein, möge euer Leben auf diese Weise »den Glanz von Gottes neuem herrlichen Tagesanbruch widerspiegeln«.

DANKSAGUNG

Von Herzen danke ich allen, die zur Entstehung dieses Buches beigetragen haben. In besonderer Weise sind das:

Lorenz Bührmann, mein früherer Vikar in Köln und späterer Kollege in Berlin, Associate Member of the Iona Community, der 2004 die Gemeindefahrt auf die »heilige Insel« organisiert und mich so auf die Spur der keltischen Christen gebracht hat.

Michael Zirngiebl und seine Tochter Hannah, die zu den Fans der ersten Braínach-Episoden als Erzählpredigten in meiner Gemeinde in Köln gehören. Sie haben immer daran geglaubt, dass daraus mal ein Buch werden könnte.

Katharina Schridde, meine inspirierende und klostererfahrene Kollegin in Berlin, die meine Liebe zur keltisch-christlichen Tradition teilt. Sie war Testleserin einer Zwischenfassung und hat durch ihre Neugier, Braínach & Co. genauer »kennenzulernen«, erheblich zur Lebendigkeit der Erzählung beigetragen.

Tabea Halbmeyer und Christiane Kathmann, meine Lektorinnen: die eine hat nicht lockergelassen, bis wir diese hybride Form aus Erzählung und Übertragung gefunden haben. Auch sonst habe ich sehr viel von ihr gelernt. Und die andere hat mit größter Sorgfalt und Feingefühl für den letzten Schliff gesorgt, was dem Buch noch mal richtig gutgetan hat.

Meine Familie, die in intensiven Diskussionen zur Titelfindung beigetragen hat.

Und vor allem danke ich meiner wundervollen Ehefrau Christiane, die mich, seit wir uns kennen, beflügelt und erdet, liebevoll ermutigt und korrigiert. Was wäre ich ohne sie!

AUSGEWÄHLTE LITERATUR

Adamnan: Life of St. Columba (Medieval Sourcebook). Entnommen: William Reeves (Hrsg.): Life of Saint Columba, Founder of Hy. Written by Adamnan, Ninth Abbot of that Monastery, 1874. https://sourcebooks.fordham.edu/basis/columba-e.asp (letzter Abruf 09.01.2023).

Ian Bradley: Colonies of Heaven. Celtic Models for today's Church. Darton, Longman and Todd, 2000.

Tobias Faix, Martin Hofmann, Tobias Künkler: Warum ich nicht mehr glaube. Wenn junge Erwachsene den Glauben verlieren. SCM R.Brockhaus, 2014.

John Finney: Recovering the past. Celtic and Roman mission. Darton, Longman and Todd, 1996.

Mairéad Ash Fitzgerald: Exploring the World of Colmcille also known as Columba. The O'Brien Press, 2000.

Armin Hüttermann: Irland auf Tour. Spektrum Verlag, 2011.

Werner Jentsch: Der Seelsorger. Beraten, Bezeugen, Befreien. Grundzüge biblischer Seelsorge. Brendow, 1984.

Jörg Meyrer: Zusammenhalten. Als Seelsorger im Ahrtal. Bonifatius, 2022.

Duncan Norton-Taylor: Die Kelten. Time-Life International, 1975.

Marshall B. Rosenberg: Konflikte lösen durch Gewaltfreie Kommunikation. Herder, 2004.

Harald Sommerfeld: Mit Gott in der Stadt. Die Schönheit der urbanen Transformation (Transformationsstudien Band 8). Francke, 2016.

Jens Stangenberg: Exkurs. Keltische Spiritualität und ihre Relevanz für heute. Podcast: NT Bibelkunde #29 (letzter Abruf 09.01.2023).

Dieter Trautwein: Heil von den Inseln. Bonifatius und die Iroschotten neu gesehen. Revision eines Vorurteils. Christliche Verlagsanstalt, 1993.

ANMERKUNGEN

1 Die Hinweise zur Aussprache orientieren sich an den Hinweisen von »Bitesize Irish« (https://www.bitesize.irish) und der Homepage der keltischen Krimis von Peter Tremayne »International Sister Fidelma Society« (https://www.sisterfidelma.com). Der britische Historiker und Experte für diese Epoche gibt mit seinen Krimis mit der Hauptfigur Fidelma, einer Nonne und Rechtsgelehrten, einen breiten Einblick in die Lebensweise sowie das Staats- und Rechtswesen in Irland am Ende des 7. Jahrhunderts.
2 Antikes und mittelalterliches Längenmaß, damals etwa 32 cm.
3 CENTRAL e. V. (Homepage). https://www.central-richtsberg.de/ (letzter Abruf 15.12.2022).
4 Z. B. Let's go Ireland (Hrsg.): 68 Irische Segenswünsche. Der komplette Leitfaden für jede Gelegenheit. https://www.letsgoireland.com/de/irische-segenswuensche/
5 Bspw. Jentsch: Der Seelsorger, S. 254-297.
6 Jetzt ist Sommer. Text und Melodie: Daniel Dickopf, © 2001 meinsongbook Verlag, Niederkassel.
7 Wann sich die Sonn erhebet. Text: Gerhard Tersteegen (1745). Melodie: Heinrich Scheidemann (1651).
8 Galater 4,3-4.
9 Zur Zeit der keltischen Missionare war die Bibel noch nicht in Kapitel und Verse unterteilt. Die in diesem Kapitel zitierten Worte stammen aus Galater 4,4-8.
10 Sommerfeld: Mit Gott in der Stadt, S. 58.
11 Meyrer: Zusammenhalten, S. 207-208.
12 Sommerfeld: Mit Gott in der Stadt, S. 429.
13 Kolosser 3,12-15.
14 1. Mose 16,13; 2. Mose 3,7; 1. Samuel 1–2; Lukas 1,48; Lukas 5,1-11.
15 1. Johannes 1,8.
16 Johannes 8.
17 Widerstand und Ergebung, DBW Band 8, Chr. Kaiser 1998, S. 31.
18 »Freie Verantwortung beruht auf einem Gott, der das freie Glaubenswagnis verantwortlicher Tat fordert und der dem, der darüber zum Sünder wird, Vergebung und Trost zuspricht.« Widerstand und Ergebung, S. 24.
19 Matthäus 5,3-10.

20 Matthäus 28; Markus 16; Lukas 24; Johannes 20; Römer 16,1-7.
21 Die Legende vom Wunder von Loch Ness findet sich in der um 700 n. Chr. entstandenen »Vita Columbae« von Adamnan (Teil I, Kapitel 10). Die »aufgeklärte« Darstellung Columcilles stammt aus meiner Feder. Es ist breit bezeugt, dass der Abt sein Leben lang ein Schlitzohr blieb, weshalb mir diese durchaus realistisch erscheint.
22 Psalm 100,1-3.
23 Matthäus 11,28.
24 Bspw. 1. Mose 1,2; 2,7; Psalm 104,30; Hiob 34,14-15; Weisheit 12,1.
25 Eine Ausnahme wäre bspw. der wertschätzende Besuch von Franz von Assisi bei Sultan Al-Kamil Muhammad al-Malik im Jahr 1219.
26 As A Fire Is Meant For Burning. Text: Ruth Duck. Melodie: überliefert, © 1992 GIA Publications; Für D, A, CH: Small Stone Media Germany, Köln; Übertragung ins Deutsche: Gerold Vorländer.